간추린 **한국
교회의
역사**

김인수 지음

한국장로교출판사

머리말

　우리 민족은 역사를 소중히 알아 잘 기록하였고, 사료를 극진히 간직하여 왔다. 왕 앞에는 반드시 사관(史官)이 앉아 있어서 왕이 말하는 일체의 내용과 대신들의 말하는 내용을 성실히 기록해서 후세에 전했다. 아무리 왕이라 해도 자신에 대해 쓴 것은 절대 볼 수 없게 하여 공정한 역사 전수를 생명처럼 여겼고, 사료도 전국 여러 곳에 분산 보관하여 역사 기록 보전에 만전을 기하였다. 따라서 군왕 뿐만 아니라 대신들도 '후세의 사가'(史家)들을 두려워하여, 그 역사 기록 때문에 함부로 처신하거나 말하지 않았다.
　한국의 교회도 역사 기록에 소홀하지 않았다. 장로교회 총회는 일찍이 역사 기록에 대한 결의를 하고 「장로회사기」(長老會史記), 「장로교회사전휘집」(長老敎會史典彙集) 같은 역사책을 발간하여 그 교회의 역사를 오늘에 전하고 있다.
　그런데 근래에 이르러 우리 민족과 교회는 역사에 대한 의식이 약해졌고, 기록은 말할 것도 없고 공부하는 사람들조차 많지 않은 것은 부끄러운 일이 아닐 수 없다. 그렇게 된 것은 세상이 바뀌면서 사람들의 취향이 달라졌기 때문이기도 하겠지만, 역사 의식의 결여가 더 큰 원인일 것이다. 그런데 다행한 것은 근래에 이르러 여러 교회가 개교회사

기술(記述)에 관심을 갖고 계속 개교회사가 출판되어 나오는 것은 고무적인 현상이라 아니할 수 없다.

근래 여러 교회에서 교사대학을 개설하고 교사교육에 힘을 쓰면서 교회사 과목에서 한국교회의 역사를 공부하게 하는 것은 반가운 일이다. 필자는 여러 교회의 교사대학과 평신도대학 과정에서 강의를 하는 동안, 평신도와 교사들을 위한 간단한 교회사 책이 필요하다는 점을 절실히 느꼈다. 왜냐하면 필자가 저술한 기존의 책들은 그 양이 방대하여 교재로 부적당하다는 것을 알게 되었기 때문이다. 따라서 한국교회의 역사를 간단히 이해할 수 있는 작은 책이 있어야겠다고 생각되어 이 책을 내놓게 되었다. 따라서 이 책은 필자의 기존 출판된 책을 체제를 약간 바꾸고 내용을 대폭 요약하여 내놓은 것이다. 이러한 목적으로 이 책이 쓰여졌기 때문에 각주나 참고도서 등을 생략하고 간소화하였다는 점을 밝힌다.

각 교회에서 이 책을 한국교회사 교재로 쓴다면 교사들이 부담 없이 읽고 우리 교회 역사의 흐름을 이해할 수 있을 것이다. 교사들 뿐만 아니라 일반 평신도들도 이 책을 통해 쉽게 우리 교회의 역사를 이해할 수 있었으면 하는 바람이다.

모쪼록 더 많은 교회들이 교사들에게 역사교육을 바르게 시켜 우리 조상들과 선배들이 우리 교회를 위해 어떻게 헌신, 희생했는지를 바르게 터득할 수 있기 바란다.

이 책이 나오기까지 장로회신학대학교 대학원에서 역사신학을 전공하면서 '한국교회사연구원'의 조교로 일하는 김은정 전도사가 교정을 위해 많은 수고한 일에 감사한 마음을 가지며, 한국장로교출판사 사장 채형욱 목사와 직원 여러분들의 수고에 따뜻한 감사의 말씀을 드린다.

1998년 10월
광나루 선지동산에서
저 자 **김 인 수**

간추린
한국교회의 역사

차례

머리말 / 3

제1편 로마 가톨릭교회의 한국선교 13

제1장 가톨릭 선교 이전의 천주교 15
1. 경교의 동양선교 / 15
2. 루브룩의 한국 소개 / 16
3. 한국에 처음 온 가톨릭 성직자 쎄스페데스 / 17
4. 중국에서 소현세자의 가톨릭 접촉 / 19
5. 유학자들의 서학 접촉 / 21

제2장 한국 천주교회의 창시 23
1. 이승훈의 영세 / 23
2. 초기 천주교의 태동과 가(假)성직시대 / 26
3. 을사추조적발사건 / 27
4. 초기 천주교회의 배교자들 / 29

제3장 수난 속에 생존하는 천주교회 31
1. 신해교난 - '무군무부'의 종교로 오인된 천주교회 / 31
2. 신유교난 - 최초의 성직자 주문모 신부의 입국과 순교 / 34
3. 황사영의 백서사건 - 선교방법론의 문제 / 36

제 4장 조선 교구의 창설과 계속되는 박해 ·················· 39
   1. 조선 교구의 설정 / 39
   2. 계속되는 박해 - 기해교난 / 41
   3. 한국인 최초의 신부 김대건의 순교 - 병오교난 / 42
   4. 병인교난 / 43
   5. 천주교회의 문서사업 - 한글 보급의 공헌 / 45

제 2편 개신교의 전래와 수용   47

제 5장 선교 이전의 개신교와의 접촉 ·················· 49
   1. 조선에 처음 온 개신교인들 / 49
   2. 새벽을 깨운 사람들 - 조선에 처음 온 개신교 성직자들 / 51
   3. 외지에서 입교한 한국인들 / 53

제 6장 선교사들의 내한과 선교사역의 시작 ·················· 57
   1. 선교를 위한 정지작업 / 57
   2. 선교사들의 입국 / 59
   3. 선교사들의 선교활동 / 62

제 7장 선교부의 선교정책 ·················· 65
   1. 네비어스 선교정책의 채택 / 65
   2. 교역자들의 교육문제 / 69
   3. 초기 선교사 순교자들 / 71

제 8장 초기 한국교회 급성장의 원인 ·················· 74
   1. 무국교 / 75
   2. 난국 / 76
   3. 국왕의 후원 / 76
   4. 비서구 식민지 / 76
   5. 한국인의 전도열 / 77
   6. 언문성경의 확보 / 77

7. 신앙과 생활의 일치 / 78
8. 기도운동 / 79
9. 사회개혁과 애국애족의 신앙 / 80
10. 치리의 교회 / 80

제 9장 초기 기독교의 형성과 수난 ········· 82
1. 기독교 신앙을 받아들이는 형태 / 82
2. 초기 기독교가 당한 수난들 / 86

제 10장 1907년 대부흥운동 ········· 90
1. 기원과 진행 / 91
2. 운동의 발전 / 92
3. 운동의 결과 / 93
4. 100만 명 구령운동 / 96

제 11장 교회의 사회개혁 활동 ········· 99
1. YMCA와 YWCA의 창립 / 100
2. 여성인권의 신장 / 100
3. 사회 신분제도의 타파 / 102
4. 노동의 신성 강조 / 103
5. 조상제사 문제 / 104
6. 한글 전용 / 105

제 12장 한국교회의 조직 ········· 107
1. 장로회신학교의 시작과 독립노회의 창립 / 107
2. 장로교회 총회 창립과 해외선교의 시작 / 109
3. 감리교회의 조직 / 111
4. 성결교회의 시작 / 112
5. 구세군 / 113
6. 예수재림 제7일 안식일교회 / 114

제 3편 일제 치하의 한국교회 · 115

제 13장 한국교회에 대한 일제의 탄압 · 117
　1. 일제의 기독교 정책 / 117
　2. 105인 사건 / 118
　3. 기독교 학교의 탄압과 개정사립학교 규칙 / 121
　4. 춘원 이광수의 교회 비판 / 123

제 14장 교회의 항일활동 · 125
　1. 교회와 항일의 문제 / 125
　2. 신앙운동을 통한 항일 – 나라를 위한 기도회 / 126
　3. 시위와·무장투쟁을 통한 항일 / 127
　4. 경제적 항일 / 127

제 15장 한국교회와 3·1독립운동 · 133
　1. 운동의 기원 / 133
　2. 진행과정 / 135
　3. 교회의 피해 / 137
　4. 결　과 / 138

제 16장 1920~1930년대의 교회상황 · 142
　1. 길선주 목사의 사경회 / 142
　2. 김익두 목사의 이적 집회 / 144
　3. 이용도 목사의 신비주의 / 146

제 17장 1920~1930년대의 분파운동 · 150
　1. 사이비 접신파들 / 150
　2. 황국주의 혼음교리 / 151
　3. 김교신의 무교회주의 / 152
　4. 최태용의 복음교회 / 155
　5. 적극신앙단 / 156

제 18장 사회적 변화에 대한 교회의 대응 · 158

1. 공산주의 사상의 대두와 교회의 피해 / 158
   2. 교회의 농촌문제 대처 / 159
   3. 사회계몽운동 – 절제운동 / 161
   4. 신학적 갈등 – 교회분열의 조짐들 / 163

제 19장 일본 군국주의 통치하의 교회의 시련 ················· 166
   1. 황국신민화 정책 / 166
   2. 기독교 학교에 대한 억압 / 167
   3. 교회 지도자들의 굴복 / 168
   4. 굴절된 교회의 모습 – 장로교회의 굴복 / 169
   5. 신사참배를 거부한 주기철 목사 / 171

제 20장 교회의 친일과 변절 ··· 174
   1. 교회의 친일행각 / 174
   2. 혁신교단 / 178
   3. 교회의 병합 및 통합 / 179
   4. (후)평양 장로회신학교와 조선신학교의 설립 / 180

제 4편 해방 후의 한국교회   183

제 21장 해방 후의 북한교회 ··· 185
   1. 교회의 재건운동 / 186
   2. 조선기독교도연맹의 출현 / 189
   3. 신학교의 문제 / 191
   4. 교회의 와해 / 192

제 22장 남한에서의 교회재건 ··· 193
   1. 남부대회의 와해 / 193
   2. 장로교회의 재건 / 195
   3. 여러 교파의 재건 / 196
   4. 고려신학교의 설립과 경남노회의 분립 / 200

제 23장 한국전쟁과 교회의 수난 ·················· 202
  1. 전쟁 발발의 배경 / 202
  2. 교회의 피해와 순교자들 / 204
  3. 교회의 대처 / 206

제 24장 1950년대 이단운동의 발흥 ·················· 211
  1. 나운몽의 용문산 기도원 / 212
  2. 박태선의 전도관 / 213
  3. 문선명의 세계기독교통일신령협회(통일교회) / 216

제 25장 장로교회의 통합과 합동측의 분열 ·················· 219
  1. 분열의 도화선 - 3,000만 환 유용 사건 / 219
  2. 경기노회 총대사건 / 220
  3. 장로회신학교와 총회신학교의 분립 / 223
  4. NAE측과 고려파의 연합, 그리고 또 분열 / 225
  5. 합동측 주류와 비주류의 분열, 성경장로교회 / 226

제 26장 1960~1970년대의 신학 논쟁 ·················· 228
  1. 토착화 논쟁 / 228
  2. 민중신학 논쟁 / 230
  3. 도시산업선교 / 232
  4. 1967년도 신앙고백 논쟁 / 234

제 27장 1960~1970년대의 교회 일치운동 ·················· 236
  1. 복음화운동 - 3천만을 그리스도에게로 / 236
  2. 장로교 일치를 위한 노력 / 237
  3. 감리교회의 통합 / 238
  4. 미군철수 반대를 위한 연합 / 239
  5. 구속자를 위한 신 구교 기도회 / 240
  6. 「공동번역성경」 출판 / 241
  7. 「통일찬송가」 출간 / 242
  8. 일본교회의 한국교회에 대한 사과 / 243

제 28장 1960~1970년대의 부흥운동과 사회운동 ·················· 245
    1. 전군신자화운동 / 245
    2. 대형 전도집회 / 246
    3. 기독교 정의구현 전국성직자단 구성 / 249
    4. 장로교(통합측) 교단측의 대정부 입장 천명 / 251
    5. 기독교교회협의회(NCC) 선교자유 수호를 위한 결의 / 252

제 29장 한국교회의 여성운동과 선교 100주년 기념 ············ 253
    1. 한국 여성운동의 태동 / 253
    2. 한국 여신학자협의회 / 254
    3. 여성안수의 실현 / 255
    4. 한국교회 선교 100주년 기념 / 257
    5. 언더우드 내한 100주년 기념 연합예배 / 258
    6. 교황 요한 바오로 2세의 방한 / 259
    7. 정의 평화 창조질서의 보존대회 / 260

제 30장 새로운 세기를 향하여 – 통일을 위한 전진 ·················· 262
    1. 남북교회 교류의 시작 / 262
    2. 평화통일 논의의 시작 / 264
    3. 평양에 첫 예배당 건립 – 봉수교회 / 265
    4. 남북교회 대표 회동 – 스위스 글리온에서 / 266
    5. 통일을 위한 범종단 협의체 구성 / 268

결 론 / 271
한국기독교회사연표 / 275

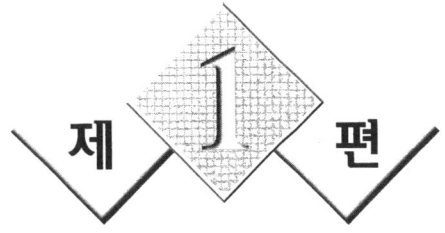

로마 가톨릭교회의 한국선교

제 1장 가톨릭 선교 이전의 천주교
제 2장 한국 천주교회의 창시
제 3장 수난 속에 생존하는 천주교회
제 4장 조선 교구의 창설과 계속되는 박해

제 1 장
가톨릭 선교 이전의 천주교

1. 경교의 동양선교

기독교가 한국에 언제 전래되었느냐 하는 문제는 한국 기독교의 태동과 연결되므로 중요한 문제이다. 한국에 기독교가 처음 접촉된 것은 경교(景敎)의 한국 전래라고 주장하는 학자들이 몇 있다. 경교란 콘스탄티노플(Constantinople : 현재 터키의 이스탄불)의 주교로 있던 네스토리우스(Nestorius)가 마리아를 '하나님의 어머니' 가 아니고 '그리스도의 어머니' 라고 주장한 것을 431년 에베소에서 모인 교회회의에서 이단으로 정죄하여 추방함으로써 비롯된 것이다.

이집트로 추방된 네스토리우스는 제자들을 많이 길러냈는데, 그 중에 일부가 페르시아(현재의 이란)로 건너가 수도원을 세우고 선교사들을 사방으로 보냈다. 그 선교사들 중 알로펜(Alopen)이라는 사람이 635년에 인도를 거쳐 중국에까지 오게 되었다. 알로펜은 중국 당(唐)나라 태종(太宗)의 환대를 받았고, 자유롭게 선교하라는 허락을 받고 열심히 전도하여 크게 성공하였는데, 중국에서는 이 네스토리안주의가 광명의 종교라는 의미인 경교(景敎)로 불리우게 되었다. 당나라에서 약 200년 간 번창하던 경교는 800년경에 무종(武宗)이 외래 종교에 대한 박해를 가함으로 완전히 사라지고 말았다.

여기서 우리의 관심은 경교가 우리 나라에 전해졌을까 하는 것이다. 당나라와 신라의 교역이 활발했던 점을 고려하면 경교의 신라 전래를 가정해 봄직하다. 경교가 신라에 전래되었다고 가장 먼저 주장한 사람은 고든(E. A. Gordon)이라는 영국의 여류 고고학자였다. 그녀는 경교의 한국 전래 근거로 불국사의 관음보살상, 나한상, 능이나 묘 앞에 세운 무인상 등에서 경교의 흔적이 있다고 하였다. 고든의 이 같은 주장은 국내의 몇몇 학자들에 의해 계승되었는데 그 중 한 사람이 한국교회사 연구의 권위자였던 김양선 목사였다. 김 목사는 경교의 한국 전래의 근거로 1956년 불국사 경내에서 발견된 돌십자가, 마리아를 닮았다는 관음상, 또 전남 대흥사에 소장되어 있는 동(銅)십자가 등을 내세웠다.

그러나 이러한 증거들은 하나의 가능성을 제시한 것일 뿐 직접적인 증거는 되지 못한다. 따라서 경교가 한국에 들어왔을 가능성은 인정되지만, 확실한 증거가 나타나기 전까지는 '낭만적인 하나의 화제'로 남겨 둘 수밖에 없겠다.

2. 루브룩의 한국 소개

13세기 중엽 중국에서는 몽고족의 추장 징기스칸이 일어나 송(宋)나라를 멸망시키고 원(元)나라를 세우면서 그 전투적 기상으로 서양을 침공하였다. 파죽지세(破竹之勢)로 서쪽으로 휘몰아쳐 들어가는 기마병들을 로마 가톨릭교회의 본거지인 바티칸에서는 한편 기쁜 마음으로, 또 다른 한편으로는 근심스러운 눈으로 바라보고 있었다. 기쁜 마음이란 11세기 이래로 7~8차례의 십자군 원정에도 성공하지 못한 성지(팔레스타인)를 점령하고 있던 이슬람을 쳐부수고 서쪽으로 오고 있는 것이고, 근심스러운 것은 그들이 만일 이탈리아까지 쳐들어온다면 자기들이라고 무사할 리 없었기 때문이었다.
 이슬람을 잔멸하는 몽고족들과 화친을 맺고, 또 선교의 기회를 갖는 것이 좋겠다고 생각한 교황 인노센트(Innocent) 4세는 불란서 리용(Lyons)에서 공의회를 소집하여 사절단을 파송하기로 결의하였다. 이에 따라 프란시스칸 소속의 카르피니(Giovanni de Carpini)가 사절단을 이끌고 1245년 4월 리용을 떠나, 이듬해 7월 몽고의 수도 카라코룸에 도착하였다. 그들은 교황의 친서를 전달하고 정종의 답신을 받아 1247년에 다시 구라파로 귀환하였다. 두 번째 사절로 다시 몽고를 찾은 이가 바로 루브룩(William Rubruck)이었다. 그는 몽고에 와서 사절단의 사명을 다했는데, 그가 그 곳에 있을 때 한국과는 끊을 수 없는 한 가지 일을 남기고 갔다.
 몽고는 고려를 침략하고 그 여세를 몰아 일본까지 점령하려고 고려로 하여금 일본에 군사들을 싣고 갈 선박을 제조하게 하였고, 호말(豪馬)을 제주도에 보내 사육케 하였다. 이런 일로 몽고와 고려 사이에 왕래가 잦았으므로 자연히 루브룩은 고려에 대한 관심을 갖게 되었다. 그는 고려라는 나라에 대해 알아보려고 만주를 거쳐 압록강까지 왔다가 강을 건너지는 못하고 다시 몽고를 거쳐 귀국하기에 이른다. 그는 귀국한 후에 기행문을 썼는데 거기에 고려에 대한 얘기도 쓰면서 고려를 '까울레이'(Caulej, 고려의 중국식 발음)라고 적었다. 이것이 효시가 되어 꼬레(Corre) → Corea → Korea로 변천하여 오늘 한국이 '코리아'라는 이름으로 전세계에 알려지게 된 것이다. 따라서 루브룩은 한국을 세계에 소개한 사람으로 우리 교회사에 기록되게 되었다.

3. 한국에 처음 온 가톨릭 성직자 쎄스페데스

 가톨릭교회의 수도단 중 하나인 예수회선교회(Society of Jesus)의 창립멤버였던 프란시스 사비에르(Francis Xavier)는 동양선교의 뜻을 품고, 인도를 거쳐 일본에 상륙하였다. 그는 당시 일본의 통치자였던 오다 노부나가(織田信長)의 종교관용 정책에 힘입어 가톨릭 선교를 활발하게 진행시켰다.

일본의 새로운 통치자로 부상한 도요토미 히데요시(豊臣秀吉)는 자국 내의 여러 세력들의 힘을 소진시킬 목적으로 조선침공을 획책함에 따라 1592년 임진년에 왜란이 일어나게 되었다. 조선에 온 장수 중 고니시 유키나가(小西行長)는 철저한 가톨릭 신자였고, 그의 휘하에 많은 가톨릭 교인들이 있었으므로 고니시 유키나가는 일본 가톨릭 본부에 종군신부를 요청하게 되었다. 그의 요청에 따라 쎄스페데스(Gregorio de Cespedes)라는 스페인 출신의 신부가 1593년 초에 우리 나라에 왔다. 그가 이 땅에 온 것은 4천년 조선 역사에 있어서 기독교 성직자가 조선에 처음 발을 디딘 뜻깊은 일이었다.

여기서 우리가 관심 갖는 것은 그가 한국에서 기독교 선교를 했느냐 하는 점이다. 그러나 그가 한국에서 선교를 했다는 기록은 남아 있지 않다. 그는 선교를 위해 온 것이 아니고 침략군인 일본군 중 가톨릭 신자들을 위해 왔으므로 한국인들에 대한 선교는 그의 임무 밖의 일이었다. 뿐만 아니라 그는 일본군 진영 안에서만 유숙했고, 또 조선 정부는 일본군이 가는 곳의 모든 주민들을 깊은 산속으로 피난하게 하였으므로, 쎄스페데스는 한국인을 만날 수 없었다.

다만 한 가지 관심을 끄는 사건은 쎄스페데스가 몇 달 머물다 간 경남 창원의 웅천이라고 하는 작은 마을이 주기철 목사의 고향인 점이다. 일본 점령군과 함께 온 가톨릭 성직자가 머물다 간 곳에서 신사참배를 철저히 거부하면서 죽음으로 일제의 천황제 체제를 거부하여 순교한 개신교 성직자가 태어났다고 하는 것은 역사의 아이러니가 아닐 수 없다.

불교를 신앙하는 동료 장군들의 거센 항의에 밀려 쎄스페데스는 한국에 오래 머무를 수 없어 몇 달 만에 다시 일본으로 귀환하고 말았다. 일본에 돌아온 그는 한국에서 붙잡혀 온 포로들이 간악한 노예상들에 의해 노예로 팔려 가는 것을 목도하고 그들을 구원할 목적으로 모금운동을 벌여 속전(贖錢)을 주고 조선 소년들을 구출해 냈다. 그는 그 소년들을 자기 숙소에 머물게 하면서 교리서를 한국어로 번역케 하였고, 교리를 가르쳐 적지 않은 소년들이 가톨릭 신앙에 귀의하였다.

이국 땅에서 망향(望鄕)의 한을 달래고 있었던 소년들에게 쎄스페데스는 생명의 은인이었고, 그의 친절은 더할 수 없는 위로와 기쁨이었다. 그들 중 후에 도꾸가와(德川家康)가 가톨릭을 박해할 때 일본 가톨릭들과 함께 순교한 사람들이 21명에 이르렀다. 쎄스페데스의 한국 입국은 첫 기독교 성직자의 입국이라는 의의는 있었으나 국내 선교의 흔적은 없었고, 다만 일본에서 한국인 가톨릭 신자가 생겨났고 순교자까지 나오게 한 일을 해낸 사람으로 기록되게 된다. 점령군과 함께 온 가톨릭은 차라리 한국에 전파되지 않았던 것이 다행이었다. 기독교가 우리 역사에 전무후무한 대재난이었던 임진왜란과 정유재란을 통해 일본군들과 함께 들어온 기독교 성직자에게서 선교가 시작되었다면, 기독교는 한국에 그 뿌리를 내리지 못하고 영원히 배척을 받았을지도 모를 일이기 때문이다.

4. 중국에서 소현세자의 가톨릭 접촉

만주의 오랑캐인 여진족들이 그 호전적 기상으로 세력을 확장해 가더니, 드디어 1636년 국호를 청(淸)이라 정하고 기울어져 가는 명(明)나라를 넘보게 되었다. 그들은 조선에게 자신들을 대국으로 섬기라고 명하였지만 이를 거부하자 1636년 말에 태종이 직접 10만의 대군을 이끌고 조선을 침공했다. 황망(遑忙)중에 남한산성으로 도피한 인조는 달포를 견디었으나 끝내 백기를 들고 나와 오랑캐라고 얕잡아보던 청 태종에게 그들의 항복 의식에 따라 무릎꿇고 절하기 3번, 이마를 땅에 대기 9번을 함으로써 청나라를 대국으로 섬기기로 맹약하는, 역사에 길이 남을 오점을 찍고야 말았다.

청 태종은 퇴각하면서 소현세자(昭顯世子)를 비롯한 많은 사람들을 인질로 끌고 갔다. 만주로 잡혀 간 세자 소현은 그 곳에서 8년 간 연금

생활을 하다가, 청이 명나라를 완전히 무너뜨리고 북경을 점령하여 수도를 그 곳으로 옮기자 소현도 따라 옮기게 되었다. 북경에는 이미 가톨릭 선교사들이 오래 전부터 머물러 있으면서 선교를 하고 있었다. 소현이 북경에 온 것을 알게 된 그 곳의 가톨릭 선교사들은 의도적으로 그에게 접근하여 여러 가지 서양의 선진된 과학기구들과 천문학, 산학, 역학 등 세자가 흥미를 끌 수 있는 것들을 보여 주면서 그를 가톨릭 신자로 만들기에 전력하였다.

가톨릭은 전통적으로 위에서 아래로 내려오는 선교방법을 채택하고 있다. 즉, 일국의 왕이나 영주, 혹은 추장 등 상위 통치자를 개종시켜 그 백성들 전체를 개종케 하는 방법인 것이다. 이런 선교방법은 일찍이 프랑크(Frank) 왕이었던 클로비스(Clovis)가 496년 자신의 신민을 이끌고 3천여 명이 침례를 받는 것을 시점으로 중세 구라파가 선교되는 과정에서 줄기차게 이어 온 정책인 것이었다.

북경에 머무르고 있던 가톨릭 신부들은 소현세자를 조선의 차기 왕으로 인식하였고, 그를 개종시키면 그의 백성 모두를 개종케 할 수 있다는 가능성을 놓치지 않았다. 마침 세자가 머무르고 있던 곳 근처에 가톨릭 사제관이 있어서 사제들은 그에게 접근하기에 용이했고, 무료한 연금생활을 하고 있던 소현은 접근해 오는 서양인들과 그가 관심 갖기에 충분한 서양의 여러 선진된 기구들과 학문에 매료될 수밖에 없었다. 특히 소현에게 관심을 갖고 접근한 사람은 아담 샬(Adam Schall)이라는 독일인 신부였다.

그러나 소현은 북경에 머무른 지 2개월 만에 귀국하기에 이른다. 그가 귀국한다는 말을 듣고 샬은 그에게 서양의 서적과 천주교 교리서, 그리고 천주상(天主像)까지 주면서 모두 갖고 귀국하도록 권했다. 그러나 세자는 서양의 서적은 받으면서 교리서나 천주상은 아직 조선이 이런 것을 받을 단계가 아니라며 정중히 거절하였다.

귀국한 세자는 긴 세월의 볼모생활과 또한 힘든 귀국과정의 여독이 제대로 풀리지 않은 상태에서 귀국한 지 두 달 남짓 되어 열병에 걸려 세상을 떠나고 말았다. 따라서 소현을 통해 가톨릭 국가가 될 뻔했던 조선은 다시 새로운 선교의 기회를 기다려야만 했다.

5. 유학자들의 서학 접촉

조선왕조를 건국한 태조 이성계는 건국 초부터 천 년 동안 민족의 종교와 정신적 지주 노릇을 했던 불교를 억압하고 유교를 건국의 이념으로 삼는 정책을 폈다. 따라서 조선인들에게는 공자와 맹자의 사상인 유교가 삶과 윤리, 그리고 학문의 전부가 되었다. 따라서 유학자들에게는 공자와 맹자의 사상 외에는 더 이상의 학문이나 윤리가 있을 수 없었다. 그러나 조선조 말에 이르면서 공허한 이론이나 허황된 논리로 일관하는 유교의 공리공론(空理空論)에 한계를 느낀 일부의 유학자들이 새로운 학문과 기술에 대한 욕구가 증대되기 시작하였다. 서양에서 소개되는 새로운 학문, 문명의 이기(利器)들은 그들의 호기심을 자극하기 시작하였다.

일년에도 몇 번씩 청나라를 왕래하던 사절단들은 북경에 가면 자연히 서양 선교사들을 만나게 되었고, 그들이 소개하는 서양의 학문과 지금까지 보지 못했던 여러 가지 기구들에 관심을 쏟을 수밖에 없었다. 1720년에 사절단으로 북경에 갔던 이이명(李頤命)이 남성당에서 독일인 신부 괴글러(I. Gögler)를 만나 천문과 역학에 대해 배우고 돌아왔고, 1766년 홍대용(洪大容) 역시 남성당에서 서양 신부들과 서양학문(西學)에 대해 토론도 하고 천문, 지리책들을 갖고 돌아왔다. 그러나 이들은 아직 서양의 종교에 대한 관심이나 흥미는 없었고 오직 선진국의 학문, 기술, 기구에 관심을 가질 뿐이었다.

청국 왕래가 잦아짐에 따라 신부들과의 접촉도 자연히 많아졌고, 그들의 전도로 서양 종교에 대한 관심도 학문적인 접근에서 서서히 시작되었다. 주로 기호(畿湖)지방의 학자들을 중심으로 이 일이 이루어지기 시작하였는데, 그들 중에는 권철신, 권일신, 정약종, 이 벽, 이승훈 등이 포함되어 있었다. 이들은 중국에 다녀온 사신들에 의해 전수된 교리서를 받고 학문적 연구에 몰두하다가 스스로 그 신앙을 받아들이고, 자생적 천주교인들이 되었다.

이들은 1777년(정조 원년) 서울 동쪽, 지금의 양주군 마현면의 양수리 근처에 있는 앵자산 사찰이었던 주어사(走魚寺)와 천진암(天眞庵)에 모여 강학회(講學會)를 열고 교리를 연구하고, 교리서에 규정되어 있는 대로 주일을 준수하여 노동을 금하고, 아침, 저녁으로 기도를 드리며, 육식을 금하는 날을 정하는 등 그들이 지킬 수 있는 계율들을 지켜 나갔다. 이것을 한국 천주교회에서는 그들 교회의 시작으로 보고 있는 학자들도 있다.

이리하여 한국의 천주교회는 학자들의 학구적 호기심에 의해 시작됨으로써 이들이 관직에 나가 정치에 관여하는 과정에서 정치와 필연적으로 연계되었고, 이는 한국의 천주교회가 정쟁(政爭)과 밀접하게 연관됨으로써 교회와 정치의 상관관계 속에서 많은 피를 흘려야 되는 것을 예고하고 있었다. 이 글에서는 한국에 천주교회가 선교되기 전에 한국이 기독교와 접촉했던 과정을 대강 살펴보았고, 다음에 천주교의 한국 선교 시작과 그 과정의 대강을 살펴보기로 한다.

제 2 장
한국 천주교회의 창시

1. 이승훈의 영세

한국 천주교회는 그 시작을 이승훈(李承薰)이 북경에서 영세를 받는 사건으로 잡는다. 왜냐하면 이것이 한국인으로는 처음으로 영세를 받은 사건이었기 때문이었는데, 영세란 하나님과 사람들 앞에서 공적으로 신앙을 고백하는 일이며, 천주교회에서는 영세가 바로 7성례의 시작이기 때문이다. 따라서 이승훈의 영세는 한국 천주교사에서 가장 뜻 깊은 사건이며, 한국에 기독교가 시작된 분기점이라는 점에서도 크게 기록될 사건이라 할 수 있다.

이승훈은 1756년(영조 32년) 강원도 평창(平昌)의 양반 가문에서 태어나 어릴 때부터 그 재주가 널리 알려졌고, 20세 전후에 그 학식과 명성이 소문나기 시작하였다. 25세 때 진사(進士) 시험에 합격한 그는 평택 지방의 현감(縣監)을 지냈다. 그는 정약용의 매제가 되었고, 이 벽과는 사돈의 관계가 되었다. 따라서 이들 모두는 남인(南人)에 속한 학자들이었고, 서학에 심취해 있는 진보적 인사들이었다.

이 무렵에 이승훈의 아버지 이동욱(李東郁)이 1783년(정조 7년) 중국에 가는 동지사(冬至使) 겸 사은사(謝恩使)인 황인점(黃仁點)의 서장관(書狀官)으로 북경에 가게 되었다. 이 때를 이용하여 기왕에 서학을 연구하던 이들이 이승훈을 동지사 일행에 딸려 보내 중국으로부터 서학 서적을 구해 오도록 하는 계획을 세웠다. 이들의 지도자 이 벽은 다음과 같은 말로 이승훈에게 당부하였다.

> 이번에 자네가 북경으로 가게 된 것은 참으로 하늘이 우리에게 성교(聖敎)의 참된 뜻을 가르치고자 하시는, 천 년 만에 한 번 있을까 말까 하는 좋은 기회이다. 이 교리만이 성현의 도이며 만물을 만들어 낸 주인인, 오직 하나뿐이고 모든 일을 다할 수 있는 천주에게 봉사하는 참된 교(敎)이므로 구라파 사람들은 이것을 가장 높이 받든다.……
> 천주께서 이 작은 나라를 불쌍히 여기시어 백성을 구하시려는 특별한 섭리가 있는 줄 믿는다. 북경에 들어가거든 곧 천주당을 찾아 선교사를 만나 모든 것을 자세히 문의하여 교의(敎義)의 심오한 뜻을 깨달아 오기 바란다. 천주교의 예배의식을 살피고 중요한 교리서적을 많이 가지고 돌아오기 바란다. 중대한 문제가 너에게 달려 있으니 몸가짐을 조심하여라.

이 내용으로 보아도, 그들이 이전의 학자들과는 달리 서양의 학문보다는 천주교의 교리에 더욱 관심과 열정을 나타내 보이고 있는 것을 알 수 있다. 북경에 도착한 이승훈은 그 곳의 천주교 신부들과 교제를 가지면서, 서양의 여러 학문에 접하고 연구를 하는 한편 천주교에 대한 교리강습도 받았다. 언어가 상통하지 않았기 때문에 이들은 필담으로 서로의 의사소통을 하였다. 이승훈은 교리강습을 받는 동안 크게 깨닫고, 이 교리야말로 참진리가 되는 것이라고 확신하고 더욱 교리교육에 매진하여, 귀국할 무렵인 1784년 2월 공개적으로 신앙을 고백하고 북경에 있는 북성당(北聖堂)에서 예수회 소속 신부 그라몽(L. de Grammont)으로부터 영세를 받아 한국인 최초의 수세자라는 영예를 얻게 되었는데, 그때 그의 나이 27세였다. 따라서 1784년, 즉 이승훈이 영세를 받은 이 해가 한국 천주교회의 시작이 되는 해가 되는 것이다.

이승훈의 수세는 북경에 머무르고 있던 여러 천주교 선교사들에게 일대 뉴스가 되었고 관심의 초점이 되었다. 벵타봉(de Ventabon) 신부는 이 일에 대해 본국에 다음과 같은 보고서를 전달했다.

> 아직 성직자가 한 사람도 들어가지 못한 한 왕국에 복음의 빛이 빛나게 하기 위하여 천주께서 쓰시려고 하신 바의 한 사람이 개종하게 된 이야기를 그대는 위안과 즐거움으로써 들으시리라고 믿는다. 개종자를 일으킨 사실을 나는 기쁨으로 알린다.…… 작년 겨울에 입경한 사절들이 …… 우리 성당을 구경하려 하므로 우리는 그들에게 몇 가지 교리서를 선물로 주었다. 그들 중, 나이가 27세 되는 학식이 풍부한 청년은 이 서적을 읽던 중에 성총(聖寵)으로 마음문이 크게 열려 우리 종교를 믿겠다고 신앙을 고백하게 되었다.…… 만약 국왕이 그대에게 신앙을 버리라고 강제로 요구하면 어찌할 생각이냐고 하였다. 그는 서슴지 않고 대답하기를 "내가 진리라고 믿는 종교를 버리느니보다 오히려 어떠한 고문이나 죽음이라도 달게 받겠다."고 대답하였다.…… 그는 베드로라는 성명(聖名)을 받았다.

이승훈은 한국교회의 초석이 되라는 의미로서 '베드로,' 즉 반석이라는 영세명을 받고 다음 달에 여러 권의 교리서, 십자가상, 성화, 묵주 등 천주교 관계 물품들을 갖고 귀국하여 기다리던 서학파의 여러 동료 학자들의 환영을 받았다. 한국의 천주교회는 결국 선교사가 입국하여 선교한 결과로 신자를 얻는 일반적 형태와는 달리, 한국인들이 외국에 가서 스스로 신부를 찾아가 신앙을 고백하고 영세를 받는 구도(求道)의 형태를 보여 주었다. 한국의 천주교회는 그렇게 한국인 자신들에 의해 시작되었다.

이승훈이 영세를 받은 해인 1784년은 한국 개신교의 첫 선교사인 미국 북장로교회 소속 의사 알렌(Horace N. Allen)이 입국한 1884년에서 정확히 100년 전으로서 개신교보다 1세기를 앞선 교회로 출발하는 기록을 남겼다.

2. 초기 천주교의 태동과 가(假)성직시대

이승훈으로부터 천주교 서적들을 인수한 이 벽은 열심히 교리서를 탐독한 끝에 기독교 진리와 접하게 되고 감동을 받아 신앙을 받아들이기로 작정하고, 이승훈에게서 영세를 받고 영세명을 '요한'이라고 하였다. 물론 성직자가 아닌 이승훈이 영세를 줄 수 없는 것은 당연한 일이지만 당시에 천주교에 대한 교리나 규칙을 잘 알지 못하였기 때문에 일어난 일시적 사건이었다. 이 벽은 그가 발견한 새 진리를 전하지 않고는 견딜 수 없어서 경기도 양근(楊根)에 사는 권철신을 전도하여 개심케 하였고, 그 아우 권일신에게도 전도를 하여 새 신자로 만들었다. 뿐만 아니라 초기 선교역사에 그 업적을 크게 남긴 정약전, 정약종, 정약용 3형제를 개심시켰고, 이승훈은 이들에게 세례를 베풀었다.

이들은 1785년 봄부터 서울 명동에 살던 역관(譯官) 김범우(金範禹)의 집에 모여 예배도 드리고 교리강습도 하였다. 이 때의 모임은 정식 성직자는 없었지만 자기들끼리 모여서 한국에 천주교회를 세우기로 하고 이승훈이 주교로, 정약전 등 10인을 신부로 정하여 성무(聖務)를 보게 하였다. 이들 성직자들은 강론을 하기도 하고 영세도 주고, 견진성사뿐만 아니라 신도들의 고백을 단 위에 높게 세운 의자에 앉아서 들었다. 이렇게 정식 성직자 없이 자기들 나름대로 법을 정하여 신앙생활을 약 2년 동안 계속하였다.

그러나 그들은 이 같은 일이 잘못된 것이라는 점을 깨닫게 되었다. 1787년에 이르러 여러 교리서를 연구한 결과 서품받지 않은 평신도가 성례를 집례하는 것은 잘못이라는 것을 간파하게 되었다. 이에 저들은 이런 일에 대해 더 자세히 알아보기 위해 북경에 사람을 보내기로 하고 윤유일(尹有一)을 중국에 파송하였다. 그는 장사꾼으로 변장하고 1789년 10월 북경으로 출발하였다. 북경에 도착한 그가 그 곳에 주재하고 있는 구베아(A. de Gouvea) 주교를 찾아가 갖고 간 편지를 전하고 한국 교회의 형편을 보고했을 때 그 곳의 신부들은 놀라움과 감격으로 윤유일의 보고를 받았다. 이 일에 대해서 달레(C. Dallet)는 다음과 같이 그 때의 형편을 기록하였다.

> 아무 신부도 일찍이 예수 그리스도의 이름을 전파한 일이 없는 나라에서 와서, 그 나라에 신앙이 얼마나 기묘하게 보급되었는지를 설명하는 이 천주교인의 존재는 선교사들과 특히 구베아 주교에게 가장 즐거운 광경이었다.

윤유일은 북경에서 영세를 받고 1790년 2월 구베아 주교의 친서를 휴대하고 귀국하였다. 주교는 서품받지 않은 사람이 성례를 집행하는 것은 불법이므로 절대 해서는 안 된다고 못박아 주의하였다. 이에 따라 이승훈 이하 여러 사람들이 행했던 성례를 더 이상 집행하지 않았고, 이 일을 수행할 신부의 파견을 북경에 요청하기로 하였다. 이 사명도 다시 윤유일에게 맡겨졌는데, 마침 중국의 건륭(乾隆) 황제의 80회 생신을 당해 조선에서는 축하 사절단을 보내게 되었다. 이 사절단 중에 우(禹)라는 관리가 들어 있었는데, 그는 예비 신자로서 북경에서 몇 가지 물건을 사오라는 왕명을 받고 가게 되었다. 윤유일과 우씨는 북경에 무사히 도착하여 주교께 신부 파견의 간절한 편지를 전하게 되었다. 또 이 편지에는 우리 나라의 미신, 조상제사 등 여러 가지 당면한 문제들을 열거하였다. 그러나 신부 파송 문제는 그렇게 간단치 않아 시일이 걸리게 되었다.

3. 을사추조적발사건

한국의 천주교회는 시대상으로 보나 기존 문화와의 만남에서 보나 그 정착과 생성과정에서 박해와 고난을 피해 갈 길은 없었다. 오랫동안 유지되어 왔던 보수적, 전통 지향적 인습에 젖어 온 민족은 쉽게 외래 문화와 종교를 소화해 낼 능력이 없었다. 1785년(정조 9년) 이승훈은 서울 장례원(掌禮院 : 지금의 명동) 앞에 있는 김범우의 집에서 신도들을 모아놓고 설법(說法)을 하였다. 이러한 모임은 날을 정해 놓고 모였는데 차차 그 횟수가 늘어나면서 집회 인원도 수십 명으로 증가하게 되었고, 모이는 사람들도 사대부(士大夫 : 양반)를 위시하여 중인(中人)들도 함께 하기 시작하였다. 그러던 중 그 해 봄에 추조(秋曹 : 刑曹)의 형리(刑吏)들이 김범우의 집 앞을 지나다가 여러 사람들이 모여 무엇인가를 하는 것을 보고, 투전을 하는가 의심하고 들어가 조사를 하여 보니, 천주교 서적과 화상들이 있는 것을 보고는 압수하고 모두 형조로 압송하였다. 당시 형조판서 김화진(金華鎭)은 이 일을 크게 확대하지 않고 양반 자제들은 훈방하여 방면하고, 김범우에게도 배교하도록 종용하면서 온갖 고문을 가하였다. 그러나 그는 끝까지 신앙 지키기를 다짐하면서 배교를 거절하였으므로 할 수 없이 충청도 단양(丹陽)에 유배를 보냈다. 그는 그 곳에서도 계속 공공연히 자기 종교를 신봉하였을 뿐만 아니라 용기와 인내심으로 많은 사람들에게 자기 신앙을 가르쳤다. 그러나 그는 문초시에 받은 고문의 후유증으로 고통을 받다가 결국 그 곳에서 일 년 후에 세상을 떠남으로써 한국 천주교회사에서 첫 순교자의 영광을 안게 되었다. 또한 그가 살던 집 근처에 오늘의 명동성당이 자리잡아 한국 천주교회의 중심이 된 것은 뜻깊은 일이 아닐 수 없다.

  김범우가 형조에서 견디기 어려운 고문을 받고 있다는 말을 들은 권일신, 이윤하 등 여러 신도들이 형조에 자진하여 들어가 자기들도 모두 벌하여 주기를 청하는 두터운 신심(信心)을 드러내 보였다.

  이 사건이 을사년에 일어났으므로 을사추조적발사건(乙巳秋曹摘發事件)이라 칭한다. 이 사건은 한국 천주교회가 앞으로 정부와 어떻게 어려운 투쟁을 전개할 것인가를 보여 주는 비극의 전조로서, 교회가 걸어가야 하는 수난의 가시밭길을 예시해 주는 불길한 예표였다. 뿐만 아니라, 이 사건으로 천주교라는 생면부지의 종교가 국내에 자리잡고 있음이 조정에 알려지는 계기가 되었고, 성균관의 유생들에게는 용납될 수 없는 사학으로 여겨지게 되어, 그들은 천주교를 고발하는 선전문을 널리 돌리어 초기부터 싹을 자르려는 시도를 감행하게 하는 계기가 제공되는 사건으로 비화되게 되었다.

4. 초기 천주교회의 배교자들

한국에 뿌리내리기 시작한 천주교회는 그 시작부터 모진 비바람에 휘몰리기 시작하였다. 아직 확실한 교회의 교리도 모르고, 지도해 줄 성직자도 없는 상태에서 뿌리 깊은 신앙을 갖는다는 것이 무리였는지도 모른다. 조정과 사회 일각에서는 처음 보는 사학(邪學)에 대한 탄핵의 소리가 들려오기 시작하였는데, 맨 먼저 유생들의 규탄의 소리가 드높아 갔다. 박해의 손길이 거세어지자 초기에 신앙을 가졌던 이들이 하나씩 배교(背敎)의 길을 걷게 되었다. 무엇보다도 안타까운 사실은 맨 처음 영세를 받아 한국 천주교의 여명을 밝혔던 이승훈이 배교한 일이었다.

그는 1789년 가을에 평택(平澤) 현감이 되었는데, 그의 동생 치훈(致薰)의 끈질긴 설득에 넘어가 결국 1791년 척사문(斥邪文)인 벽이문(闢異文)을 쓰고 배교를 선언하였다. 1791년 그는 소위 '이승훈 구서사건'(購書事件)에 연루되어 서학의 서적을 인쇄했다는 죄목으로 치죄될 때 그 공안(供案) 속에 "사설(邪說)인 까닭에……(북경에서) 가져온 책들과 각종 의기(儀器)를 다 불살라 버리고……(서교를) 통척무여(痛斥無餘)했다."라고 하였다. 이로써 조선 천주교회의 반석이 되라고 베드로란 이름까지 받았던 이승훈은 배교자로서 오명을 남기고 말았다. 그는 1801년 2월 신유교난 시에 배교한 상태에서 목숨을 잃었는데, 달레는 그의 죽음에 대해 다음과 같은 글을 남겼다.

> 이승훈의 죽음은 이가환의 죽음보다도 훨씬 더 비참하였다. 죄를 뉘우치기에 이보다 더 훌륭하고 더 쉬운 기회가 주어진 일은 어떤 죄인에게도 아마 없었을 것이다.…… 그러나 그의 거듭되고 고집스러운 비겁이 하느

님의 인내심을 지치게 한 모양이었던지 그는 자신의 배교를 철회하지 않고 통회한다는 조그마한 표시도 하지 않고 숨을 거두었다. 맨 먼저 영세한 그가, 자기 동포들에게 성세(聖洗)와 복음을 가져왔던 그가 순교자들과 함께 죽음을 향하여 나아갔으되, 순교자는 아니었다. 그는 천주교인으로 참수당하였으나, 배교자로 죽었다. 하느님, 당신의 심판은 얼마나 무섭습니까?

순교자들과 함께 천주교도라는 이름으로 죽으면서도 끝까지 참회하지 않고 배교자로 죽은 이승훈의 죽음이야말로 초기 한국 천주교회사의 영예를 짓밟은 가장 비극적인 사건임에 틀림없다.

정약용도 1797년 자명소(自明疏)를 지어 자신의 배교를 입증하였고, 이 벽은 천주교를 버리지 않으면 목을 매어 죽겠다며 오랏줄을 목에 매는 부친을 보고 교인들과 교제를 끊고 신앙을 버리겠다고 말하고는, 번민에 빠져 괴로워하다가 페스트에 걸려 8일 동안 앓다가 33세로 급사하고 말았다. 이 때는 이승훈이 배교하던 때보다 4년이나 앞선 때였다. 초기 한국 천주교회의 두 선각자가 배도의 길을 간 것은 앞으로 다가올 천주교의 박해를 견디어 나가야 하는 교우들의 신고(辛苦)를 예고해 주는 불길한 전조(前兆)임에 틀림없었다. 초기 한국 천주교인들의 배교의 원인을 달래는 그의 책에서 신자들이 물론 신앙에 대한 확신이 없었던 데 기인하기도 했지만, 무엇보다도 무서운 고문을 극복하지 못한 것이 가장 중요한 원인이었고, 난을 피해 외딴 곳에 은거하고 있던 이들은 대개 굶주림을 참지 못하고 배교한 것으로 분석하고 있다.

제 3 장
수난 속에 생존하는 천주교회

1. 신해교난 - '무군무부'의 종교로 오인된 천주교회

한국의 천주교회가 그 기초를 놓는 과정에서 혹독한 핍박을 받게 된 원인은 여러 가지가 있겠으나 그 중에서도 가장 큰 이유는 소위 '무군무부'(無君無父)의 종교, 즉 임금도 없고 아비도 없는 종교라는 오해 때문이었다. 일찍이 1785년 음력 4월 장령(掌令) 유하원(柳河源)이 상소를 올리면서 쓰기를, "천주교는 다만 천(天)이 있는 줄만 알고 임금과 어버이가 있음을 모르며 천당과 지옥이 있다는 설로써 백성을 속이고 세상을 의혹케 함이 큰 물이나 무서운 짐승의 해(害)보다도 더하다."라고 말한 적이 있었다.

천주교회가 무군의 종교로 오인된 것은 신부들이 "왕보다 교황에게 복종하라."고 가르친 데 기인하였다. 그런데 유하원의 글에서 보이는 임금과 어버이가 있음을 모른다는 말을 입증할 만한 사건이 터졌다. 이것이 곧 전라도 진산(珍山)에서 일어난 '진산사건'이다. 윤지충(尹持忠)은 25세 때 진사 시험(1783)에 합격한 호남의 선비요, 정약용의 외종(外

從)이었다. 그가 1784년 상경했을 때 김범우의 집에 들렀다가 「천주실의」(天主實義)와 「칠극」(七克)을 읽어 보게 되었고, 고향에 돌아와서는 그의 외사촌 되는 권상연(權尙然)과 함께 서학을 열심히 연구하여 개심하고 천주교에 입교하였다. 그는 천주교회의 가르침대로 전통에 따라 집안에 보관하고 있던 신주(神主)를 즉시 불살라 버렸다.

한국 천주교회사에 커다란 비극을 몰고 온 원인 중 하나는 이 교회가 조상제사를 금지한 일이었다. 이 문제는 천주교회가 앞으로 수많은 순교자와 배교자를 속출케 하는 근본적 원인이 되었다. 그러던 중 1791년 윤지충의 모친 권(權)씨가 세상을 떠나게 되었다. 신앙심이 돈독한 그는 모친의 사망에 상복을 입고 호곡은 하였으나 시신에 절하거나 위패를 모시지 않았고, 후에 제사도 지내지 않았다. 따라서 당시 국법과 같이 규정되어 있던 유교의 전통의례를 거부하고, 특히 중요 덕목 중 하나였던 조상제사를 폐지하는 행위를 한 결과를 가져온 셈이었다.

제사에 관한 문제는 일찍이 중국에서도 천주교가 전파되면서 근 100년 동안이나 의례(儀禮)의 문제로 심각한 논쟁이 일어났었다. 예수회 소속 마테오 리치(Matteo Ricci)가 1601년 북경에 들어와 선교하면서, 중국 사람들이 전통적으로 행해 왔던 제사는 단순히 정치적 의식으로 간주하고 제재를 하지 않았고, 기독교도 유교의 발전된 형태라고 선전하여 유교의 상제(上帝)는 기독교의 하나님과 같다고 하는 소위 보유론(補儒論)적 입장에서 선교를 하여 크게 성공할 수 있었다. 그러나 프란시스코회 소속 선교사들이 와서 이러한 사실을 보고 천주교가 유교와 혼합되어 이상한 기독교의 모습을 하고 있는 것을 발견하게 되었다. 따라서 프란시스코회 선교사들은 교황청에 이 사실을 보고하게 되었고, 드디어 1715년 3월 교황 클레멘트(Clement) 11세는 조상제사 금지에 대한 회칙을 내리게 되었으며, 1742년 7월에는 교황 베네딕트(Benedict) 14세 역시 조상제사를 절대 허락해서는 안 된다는 엄명을 내렸다. 이에 따라 1773년 교황 클레멘트 14세는 조상제사를 인정한 예수회를 해산시키고 전세계에 나가 선교하고 있던 수많은 예수회 소속 선교사들에게 소환령을 내리고 말았다.

한국 천주교회사를 피로 물들게 하는 비극의 시작인 조상제사의 폐지 문제는 윤유일이 신부 파송을 청원하기 위해 북경에 갔다 돌아오던 때인 1790년부터 비롯되었다. 주교는 조선 교인들이 질문한 조선의 미신과 조상숭배에 대한 질문에 답하기를 제사, 의식(儀式), 배례(拜禮) 등에 참여하는 것은 하느님 숭배에 반대되는 것임을 선언하고 이를 엄격히 금하라고 명령하였다. 이는 참으로 수많은 초기 신자들이 걸려 넘어지는 거침돌과 배교의 원인이 되었다.

구베아 주교는 로마교회의 원칙에 따라 조선의 천주교 신도들에게 조상제사를 금할 것을 명하였고, 신자들은 그렇게 따를 수밖에 없었다. 두말 할 필요 없이 조상제사 금지는 유교전통의 조선 사회에서는 결코 받아들여질 수 없는 반사회적 행위임에 틀림없었다. 그러나 이 문제는 단순히 교리적인 문제를 떠나서, 정치적 상황과도 관련이 있었다. 호남의 양반들은 대개 남인 계열에 속해 있었는데, 남인은 서교를 용인하는 신서파(信西派)와 서교를 반대하는 공서파(攻西派) 둘로 나뉘어 있었다.

공서파는 천주교에 동정적이던 좌의정 채제공의 세력을 꺾을 목적으로 천주교의 문제를 끌어내어 윤지충과 권상연의 제사폐지 문제를 트집잡고 나왔다. 홍낙안은 채제공에게 장문의 서한을 보내 윤지충의 처형을 요구하였다. 정조(正祖)는 신서파에 동정적이었으나 사학을 없애야 한다는 명분에 밀려 윤지충, 권상연 두 사람을 체포하여 신문케 한 후 목을 베어 죽였다. 그 때가 1791년 11월로 윤지충이 33세, 권상연이 41세로서 조선 천주교회사에 최초의 순교자로 기록되게 되었다. 이 사건 직후 홍문관에 소장되어 있던 많은 서양 서적들이 불태워졌으며, 모든 사가(私家)에 서양 서적을 소유한 자들은 자수하여 그 책들을 소각하라는 엄명이 내려졌다.

여기에서 한국 천주교회가 양반 학자들의 학구적인 탐구에서 시작되어 양반 관리들의 입교가 뒤따름으로써 필연적으로 천주교의 신앙이 사색당쟁의 피비린내 나는 싸움의 와중에서, 적대 세력을 공격하는 좋은 구실로 작용했을 것이라는 사실을 추론하기 어렵지 않다. 따라서 한국의 초기 천주교회가 혹독한 박해를 받은 원인은 교리적인 요인도 있지만, 그보다는 정치 싸움의 와중에서 적대세력을 제거할 목적으로 서학을 신봉하고 있다는 점을 이용함으로써 억울하게 희생되는 경우가 많았음을 간과할 수 있다.

2. 신유교난 – 최초의 성직자 주문모 신부의 입국과 순교

교회의 성격상 천주교회는 성직자, 즉 신부 없이는 교회가 성립될 수 없다. 가톨릭교회의 오랜 전통은 "교회 있는 곳에 성직자 있고, 성직자 있는 곳에 교회 있다."라는 교리를 지녀왔다. 이 말의 의미는 신부가 집례하는 미사와 성례가 있어야 비로소 교회가 성립된다는 것이다. 따라서 개신교회와는 달리 천주교회는 교회가 존재하기 위해서는 성직자가 절대적으로 필요한 것이다. 성직자 없이 10여 년을 지내 온 한국의 초기 교회는 신부를 보내 주기를 북경의 주교에게 청원하고 그 결과를 애타게 기다리고 있었다. 목자 없는 양떼들은 국가의 혹독한 핍박 속에서 혹은 배교도 했지만, 꿋꿋하게 신앙의 절개를 지키면서 순교의 길을 가는 교우들이 늘어나고 있었다.

북경의 주교는 조선에서 신부를 보내 달라는 청원을 받고 1791년 2월 마카오에서 자란 중국인 신부 레메디오스(Johanne dos Remedios)를 파송하였으나 여러 가지 사정으로 입국하지 못하였고, 그 후 1795년 초에 신부가 한 사람 서울에 잠입해 들어왔는데 그가 바로 중국인 신부 주문모(周文謨)였다. 주 신부가 조선에 갈 신부로 발탁된 것은 그의 얼굴 모습이 조선 사람과 매우 흡사했기 때문이었다.

1794년 2월 주문모 신부는 윤유일과 지황 두 사람의 안내를 받으며 역부(驛夫)로 가장하고 국경을 넘어 낮에는 숲속에 숨어 있다가 밤이 되면 걸어서 서울에 잠입해 들어오는 데 성공하였는데, 그 때가 1795년 1월이었다. 이승훈이 영세를 받은 때로부터 10년이 경과한 때에 비로소 조선 천주교인들은 정식으로 신부를 맞게 되었다. 주 신부는 숨어서 한국말을 배우면서, 목자 없이 유리하는 조선의 교도들에게 영세를 베풀고 미사를 집전했다. 그 해 부활절에 마침내 주 신부는 최초로 미사 성제(聖祭)를 드리고 그 전날 고해성사(告解聖事) 받은 사람들에게 성체(聖體)를 나누는 영예를 갖게 되었다. 이로써 조선 천주교회는 비로소 정식 교회의 틀을 잡아 나가게 되었다.

이즈음 조정에서는 큰 변화가 일어났는데, 이 변화는 천주교회에도 큰 영향을 미치게 되었다. 정조(正祖)가 승하하고 나이 11세인 순조(純祖)가 등극하였는데, 그의 나이가 어렸으므로 그의 증조모이며 영조의 계비(繼妃)인 정순(貞純)왕후가 수렴청정(垂簾聽政)을 하면서 조정의 판도가 역전되고 있었던 것이다. 당시 조정은 두 파로 나뉘어져 있었는데, 정조의 아버지 사도세자가 뒤주에서 죽임을 당할 때, 그에게 동정적인 태도를 보였던 남인 시파(詩派)와 세자에 대해 등을 돌린 노론 벽파(僻派)가 그것이었다. 따라서 정조는 자기 아버지에 대해 동정적이었던 시파를 등용하게 되었고, 벽파를 멀리하게 되었다. 그런데 공교롭게도 시파에 천주교를 믿는 사람들이 많이 있어서 조정은 자연히 서교 탄압의 고삐를 늦추게 되었다.

그런데 순조의 섭정이 된 정순왕후는 정조 시에 정죄되어 귀양을 가서 죽은 김귀주(金龜柱)의 누이로서 시파에 대한 원한을 갖고 있었으므로 시파를 박멸할 목적으로 시파가 천주교와 깊은 관계가 있음을 꼬투리 삼아 탄압의 채찍을 거머쥐게 되었다. 순조 원년인 1801년(辛酉)에 이미 죽은 시파의 거두 채제공을 사후(死後) 삭탈관직(削奪官職)하고 시파의 모든 고관들을 파직하였으며, 그 때까지 관직에 있던 대신들을 모두 파면하였다. 그리고 이들이 차지했던 자리를 모두 노론으로 대치하고 서교를 박멸하라는 교서를 어린 임금과 대왕대비의 이름으로 포고하였다.

조정의 이러한 서학 박멸 정책으로 인하여 많은 천주교도들이 처형되기에 이르렀다. 신유년 2월에 권철신, 정약종, 최필공, 홍교만, 홍낙민 등이 서소문 밖에서 목베임을 당하였고, 이승훈도 이때 참수형을 당하였다. 정약전, 정약용은 배교하고 각각 전라도 흑산도와 경기도 장기에 귀양을 가게 되었다. 이때 왕족 은언군(恩彦君)의 부인 송(宋)마리아와 그녀의 며느리 상계군(尙溪君)의 부인 신(申)마리아에게는 사약(賜藥)이 내려졌고, 이 일이 있고 나서 얼마 되지 않아 정조의 서제(庶弟) 은언군 자신도 천주교인이 아니었음에도 불구하고 사약을 받고 죽임을 당하게 되었다. 이 밖에도 백서(帛書)로 유명한 황사영과 황심이 참수형을 받아 순교자의 반열에 서게 되었다.

신유교난 때 순교한 이들 가운데는 조선에 처음 들어온 신부 주문모도 들어 있었다. 주 신부가 조선에 와서 은밀히 활동하던 동안 교우 중 한 사람이 배교하면서 관가에 주문모 신부의 잠입을 밀고하였다. 주 신부는 처음에는 피신을 하였으나, 당국이 자신의 거처를 대라고 수많은 신도들을 끌어다 고문을 가하는 것을 알고는 의금부에 자수하고 말았다.

조정은 주 신부가 중국인이었기에 처음에는 조심해서 다루었으나, 그가 변장하고 밀입국한 죄를 물어 사형에 처하기로 결정하고 새남터에서 조선에 잠입한 지 6년 만인 1801년 4월 19일 참수하였는데, 그때 그의 나이 32세였다. 조선에 처음 들어온 주문모 신부가 순교하자 조선 천주교회는 다시 목자 없이 흩어진 양떼가 되어 다음 신부가 올 때까지 30년이라는 길고 지루한 시간을 더 기다려야만 했다.

3. 황사영의 백서사건 – 선교방법론의 문제

천주교를 사학(邪學)이라 단정하고 무군무부의 종교로 치죄하던 조정에 또다시 그 신념을 확인해 주는 불행한 사건이 터져 나왔다. 이것이 이른바 황사영(黃嗣永)의 '백서(帛書)사건'이다. 황사영은 정약용의 형 약현(若鉉)의 사위로서 주문모 신부에게서 알렉산더라는 이름을 받고 영세를 받은 신앙이 돈독한 신자였다. 그는 경상도 창원 사람으로 17세에 진사 급제하여 그 영특함이 널리 소문난 사람이었다. 1801년 신유

박해가 일어나자 그는 충청도 제천 배론의 어느 옹기장이 토굴 속에 숨어서 난을 피하고 있었다. 이때 그는 친구 황심(黃沁)과 더불어 조선 조정의 천주교에 대한 극심한 핍박을 북경에 있는 주교에게 보고하여 이 박해를 면하게 해보고자 하는 심정에서, 폭 62센티미터, 길이 38센티미터의 흰 비단에 붓으로 장장 1만 3천자에 이르는 놀라운 양의 편지를 쓰게 되었다. 이 편지는 비단에 쓰여졌기 때문에 '백서'(帛書)라 일컫게 되었다.

이 백서가 다 쓰여진 며칠 후에 황사영이 은신처에서 체포됨으로써 그 계획은 실패로 끝났고 현장에서 압수된 백서가 만천하에 공개되었다. 편지의 내용이 공개되자, 온 조정과 백성들이 그 내용에 경악을 금치 못하게 되었고, 조정은 기왕에 해왔던 박해가 정당했다는 확신을 갖게 되었다.

편지의 내용은 조정의 실정과 앞으로 조선에 선교의 자유를 확보하기 위한 몇 가지 방도를 제시하였다. 그런데 이 백서가 문제된 것이 바로 황사영이 제시한 몇 가지 방도 중에 "조선은 2백 년 이래 평화가 계속되어 백성은 전쟁을 모르니 군함 수백 척과 강한 병사 5, 6만으로 대포, 군물(軍物) 등을 싣고 와서 선교의 승인을 강력하게 요구할 것과 서양 선교대를 조직하여 와서 선교사의 포교를 쉽게 할 것이다."라고 한 대목이었다. 또 더 문제가 된 것은 그가 마지막으로 한마디 덧붙인 말인데, "······비록 이 나라는 전멸한들 성교(聖敎)의 겉모양에 해로울 것이 없고······"(雖殄滅此邦이라도 亦無害於聖敎之表樣云云)라고 쓴 바로 그 말이었다. "이 나라가 전멸해도······"라는 말은 한 나라의 국민으로서는 도저히 쓸 수 없는 배역무도의 말로서 모든 사람들로부터 만고의 역적이라는 비난을 받게 되었다. 황사영은 조정의 박해를 종식시키고 선교의 자유가 확보되어 온 나라 백성이 천주의 자녀가 되어야겠다는 일념으로 이 편지를 쓰면서 나름대로 그 방책을 제시한 것이 조정이나 백성들이 볼 때는 도저히 용납할 수 없는 반역적 글이 되고 말았다.

황사영은 1801년 신유교난 때 대역모반의 죄를 쓰고 능지처참에 처해졌고 가산은 몰수되었으며, 그 모친은 거제도에, 처는 제주도에, 자녀들은 추자도에 유배되어 그의 혈족 모두가 무거운 형을 받았다. 그 해에 박해를 받아 순교한 교도가 300명을 넘어섰다. 백서는 의금부에 보관되어 있다가 1894년에 서울 교구 주교였던 뮤텔(G. C. Mutel)이 입수하여 보관하고 있다가, 1925년 7월 로마에서 조선 순교 복자 79명의 시복식이 거행될 때 이것을 가져다가 교황 비오 11세에게 바쳤다. 백서는 그 동안 교황청 지하 고문서 보관소에 소장되어 있다가 현재는 민속박물관에 보관되어 있다. 뮤텔 주교는 이 백서를 불어로 번역하면서 서문에 그 내용이 대부분 "공상적이며 위험천만"하다고 말하면서, "조선 정부가 그 필자에 대하여 엄벌을 가했다는 점도 이해할 수 있다."라고 술회하였다.

이 백서사건은 선교방법론을 가늠하는 좋은 본보기가 되었다. 교회의 역사를 찾아보면 전통적으로 가톨릭교회에서는 물리적 힘을 동원하여 선교하는 방법을 택해 온 것이 사실이다. 따라서 목적이 선하면 방법은 물리적 힘을 동원해도 좋다는 결론에 이르게 되는 것이다. 그러나 분명한 것은 서양의 속담처럼 "성경을 읽기 위해 양초를 도둑질해서는 안 된다."라고 하는 경구, 즉 목적이 선해도 그 방법이 비도덕적이거나 비복음적이면 용납될 수 없다고 하는 진리를 보여 주는 좋은 역사적 교훈이었다.

제 4 장
조선 교구의 창설과 계속되는 박해

1. 조선 교구의 설정

조정에서는 천주교를 물리적 방법으로 박멸하면 그 뿌리가 뽑히리라고 생각했는지 모르지만, 기독교회는 박해 속에서 자라가며 순교자들의 피 위에서 더욱 성장해 가는 본질을 갖고 있다. 조선의 천주교회도 모진 박해 속에서 잠시 움츠러 들기도 했지만 결코 그 성장의 속도를 늦추지 않았다. 이러한 불굴의 신앙은 곧 내외에 알려지게 되었고, 결국 조선 교구의 독립이라는 뜻깊은 일을 이루어 냈다.

조선에 천주교회가 시작되었다는 사실이 1790년 10월 구베아 주교를 통해 교황 비오 6세에게 알려졌다. 교황은 이 소식을 듣고 천주께 감사의 기도를 드리고 조선교회를 위해 강복을 하면서 이 신생교회의 관리를 1792년 4월 북경주교 구베아에게 위임하였다.

지금까지 북경주교의 관리하에 놓여 있던 조선교회는 이제 그 성장의 속도가 가속화되어 가고 무시 못할 교회로 성장하여 이제는 독립된 교구로 설정될 때가 되었다. 지금까지 조선 조정은 모든 면에서 청국의 간섭을 받았고, 중국을 대국으로 섬겨 오고 있는 터에 우리 민족 교회가 먼저 중국의 간섭으로부터 독립했다는 사실은 실로 그 의의가 크다고 아니할 수 없다. 그러나 그것이 실현되기까지는 우여곡절을 겪어야만 했다.

1811년 북경에 가는 동지사 일행에 이여진(李如眞)이 동행하여 북경 주재 주교와 로마교회에 보내는 편지 한 통씩을 갖고 북경에 도착하여 뻬레스(Pres) 주교 대리에게 신부 파송을 원하는 조선교회의 염원을 전달하였다. 그러나 중국에서는 1805년부터 천주교에 대한 박해가 일어나 어려움에 처해 있었고, 북경 주교구를 후원하던 불란서가 혁명(1789년)을 치르고 나서 경제적 원조가 여의치 못하여 신부 파송은 쉽지 않은 형편이었다.

약 5년이 지난 1816년에 북경에 간 정하상은 주교에게 신부 파송을 다시 요청하였고, 교황청에도 간절한 편지를 써 보냈다. 1827년 교황 레오 12세(Leo XII)는 편지를 읽고 감동을 받아, "조선에 독립된 포교지를 설치하여 교황청에 직속하게 하고, 포교 사업은 파리 외방선교회에 맡기기로 결정하였다."는 회칙을 공포하였다.

이 결정이 있은 후 태국에서 선교하고 있던 프랑스인 신부 브루기에르(B. Bruguiere)가 교황 그레고리 16세의 명으로 조선 교구의 주교로 임명되었고, 조선 교구 설정을 공포하기에 이르렀으니, 이 때가 1831년 9월로 이승훈이 첫 영세를 받은 때로부터 반세기가 다 된 때였다. 이로써 조선의 천주교회는 중국으로부터 완전히 독립한 독자적인 교구로 확정케 되었다.

제1대 주교로 임명받은 브루기에르 신부는 여러 가지 연유로 입국에 실패하고, 1836년 1월 서양인 신부로서는 최초로 모방(P. Maubant) 신부가 삿갓을 눌러 쓰고, 상복차림으로 얼어붙은 압록강을 건너 서울에 잠입했다. 이것은 주문모 신부가 순교하고 나서 36년이 지난 후의 일이었다. 이듬해 모방의 뒤를 이어 조선 교구의 제2대 주교로 임명된, 사천성에서 활동하던 앙베르(L. M. J. Imbert) 신부와 불란서인 신부

샤스땅(J. H. Chastan)이 서울로 잠입해 들어옴으로써 조선교회는 눈에 띄게 늘어나면서, 신도가 9천 명에 이르게 되었다.

2. 계속되는 박해 - 기해교난

조선의 천주교회라는 나무는 순교자들의 피를 먹고 자라 왔다. 당시 조선교회는 1명의 주교와 3명의 신부들이 암암리에 신자들을 찾아 심방하고 성사를 거행하고 전도에 힘써 교우들의 사기는 진작되었고, 개종하는 사람들이 늘어가고 변절자들이 교회로 돌아오는 등 교회가 활기를 되찾아가기 시작하였다. 그러나 이런 교회의 성장과 활기도 잠깐, 또다시 박해의 회오리바람이 휘몰아쳐 오기 시작하였다.

늘 그래왔던 것같이 천주교의 박해는 이번에도 정변과 더불어 오고 있었다. 1801년 신유박해를 선도했던 정순왕후 김씨가 1805년에 죽고 나서 그녀가 지녔던 정치 권력이 순조의 장인이었던 김조순(金祖淳)에게 넘어가게 되었는데, 이것이 바로 외척 안동(安東) 김씨 세력의 부상이었다. 시파 소속의 김조순은 자연히 천주교에 대해 온건한 태도를 보였으나, 이에 반대하고 나온 세력이 순조의 아들 효명(孝明)세자의 부인 풍양조씨 조만영(趙萬永)의 딸로서 풍양조씨의 세력이었다.

1832년 안동 김씨 세력의 주축이었던 김조순이 죽고, 2년 후에 순조가 죽자 헌종이 즉위하고 나서는 순원(純元)왕후가 섭정을 하면서 풍양조씨 세력에 의해 천주교도 박멸을 명한 '사학토치령'(邪學討治令)을 1839년 4월에 반포하였다. 이것이 기해(己亥)교난의 시작이었다. 오가작통법(五家作統法)을 강화한 토치령에 따라 전국적으로 천주교도 체포가 본격화되면서 수많은 교우들이 처형되었다.

이때 앙베르 주교를 포함해서 모방, 샤스땅 신부 등 세 사람의 불란서 신부도 국사범의 죄명을 쓰고 그 해 9월 21일에 새남터에서 참수형에 처해져 군문효수 되었으니, 이역만리 선교지에서 서양 신부로서는 처음으로 조선에서 그 순결한 생들을 순교로써 끝마쳤다. 그들이 순교당한 다음날 정하상을 비롯하여 이때 순교자의 수가 54명, 옥사한 이들이 60여 명, 그리고 배교하고 석방된 자들이 50여 명이었다.

3. 한국인 최초의 신부 김대건의 순교 - 병오교난

성직자 없이는 지탱되기 어려운 천주교회는 조선 천주교 초기 역사에서 신부 없이 지낸 세월이 많았다. 가끔 외국에서 잠입해 온 신부들이 없었던 것은 아니었지만 외국인이라는 한계가 극복되기는 어려웠다. 그런데 조선 천주교회도 이제는 조선인 신부를 맞게 되는 새로운 시대에 접어들게 되었다.

한국인 최초의 신부로 서품을 받은 영예를 안게 된 사람은 김대건(金大建 : 안드레)이었다. 그는 1821년 8월 충청도 강진군(康津郡) 지천면(芝川面)에서 태어났다. 그는 조부와 부친 모두가 박해로 인해서 순교를 한 독실한 천주교 가정에서 자라났다. 그의 나이 16세가 되었을 때 모방 신부가 김대건, 최양업(崔良業), 최방제(崔方濟, 방지거) 등 세 명의 소년을 선발하여 마카오(Macao)로 유학을 보냈다. 이것이 근대 한국의 해외 유학의 효시가 된 셈이었다. 이들은 1837년 마카오에서 신학 수업을 마치고, 먼저 김대건이 상해로부터 20리쯤 떨어진 긴가함(Kin-ka-ham, 金家巷)이라는 교우촌의 성당에서 신부 서품을 받았는데, 그때가 1845년 8월 17일이었다. 조선교회가 창설된 지 60년 만에 첫 번째 조선인 신부가 탄생하는 경사가 난 것이었다.

김대건은 페레올(J. J. Ferreol) 주교와 함께 조선에 들어가기 위해 만주 변경까지 왔으나 감시가 삼엄하여 주교와 같이 입국치 못하고 혼자 밀입국하였는데, 이 때가 1845년 정월로 고국을 떠난 지 실로 10년 만의 일이었다. 그는 목자 없이 유리방황하는 교도들을 찾아 위로하는 한편 조선에서의 박해상을 청국 선교본부에 보고하기 위해 그 해 4월 목선을 타고 2주 후에 상해에 도착하였다.

그는 이 곳에서 그와 함께 입국치 못하고 다시 마카오에 가 있던 페레올 주교와 다블뤼(M. A. N. Daveluy) 신부와 함께 온 주교를 만나게 되었다. 김대건은 배를 세내어 1845년 10월 페레올 주교와 다블뤼 신부와 함께 충청도 강경(江景)을 통해 밀입국하는 데 성공하였다. 이들은 서울과 충청도 지방에서 선교 활동을 벌이는 한편, 페레올 주교는 만주에서 입국의 기회를 찾고 있는 매스뜨르 신부와 최양업을 밀입국시키기 위해 김대건을 보냈다. 김대건은 이 일을 위해 서해로 나갔다가 황해도 해안의 등산곶(登山串)에서 1846년 6월 관리들에게 체포되어 서울로 압송되었다.

다행히 페레올과 다블뤼 신부는 체포되지 않았으나, 기해박해 때 죽임을 당한 세 사람의 불란서 신부의 죽음에 대한 책임을 묻기 위해 불란서 함대가 충청도 홍주 앞바다에 나타나 시위를 하면서 책임 있는 답변을 요구하는 일이 있자, 이에 자극을 받은 조정은 김대건 신부를 현석문, 남경문, 한이형 등과 함께 참수형에 처했다.

김 신부는 1846년 7월 새남터에서 목이 떨어져 한국 천주교회 위에 그 짧은 생을 바쳤는데 그때 그의 나이 25세였다. 그리하여 최초의 한국인 신부였던 김대건도 순교의 영예를 안고 초기 한국 천주교회 위에 고귀한 피를 뿌렸던 것이다. 이 일이 1846년 병오(丙午)년에 일어났기 때문에 병오교난이라 부른다. 1857년 교황 비오 9세는 김대건에게 가경자(可敬者)의 칭호를 주었고, 1925년 7월에 복자(福者)의 칭호를 주었으며, 1984년 교황 요한 바오로 2세가 한국 천주교회 창설 200주년을 축하하기 위해 내한했을 때 복자 103위에 대해 성인(聖人) 칭호 시성식을 할 때 그도 거기에 포함되어 있었다. 그의 머리는 현재 서울 가톨릭 신학대학 성당에 모셔져 있다.

4. 병인교난

1844년 헌종(憲宗)이 후사 없이 승하하자, 강화도령으로 유명한 철종(哲宗)이 왕위를 계승하였다. 그런데 철종은 바로 천주교 박해로 목숨을 잃은 은언군의 손자가 되는 사람이었다. 철종은 신유교난 때 천주교와 연루되어 죽임을 당한 은언군 내외와 며느리 신씨, 이승훈 등의 죄를 씻어 달라는 청원을 받아들였다.

이런 분위기 속에서 천주교는 움츠렸던 가슴을 펴면서 전에 없는 발전을 하였다. 1855년 4대 주교로 임명받은 베르뉘(S. F. Berneux) 신부가 다른 네 사람의 선교사를 대동하고 입국하여 선교 활동에 박차를 가하여 신도수가 급격히 늘어나면서, 1857년에는 1만 3천에 이르렀고, 그로부터 10년이 안 된 1865년(고종 2년)에는 2만 3천으로 늘어났다. 이에 따라 신부들의 숫자도 늘어나 밀입국하여 활동하는 서양 선교사들만 해도 12명이나 되었다.

그러던 중 철종이 대를 이을 후사 없이 1863년 12월 갑자기 승하하자, 생존을 위해 광인(狂人) 행세를 하며 살아가던 흥선군(興宣君)의 아들이 고종(高宗)으로 등극하게 된 것이다. 나이 어린 고종을 대신해서 흥선군이 대원군(大院君)이 되어 섭정으로 나서면서 조선 근대사와 천주교회사에 지울 수 없는 비극이 예고되고 있었다.

이 무렵 러시아는 겨울에 항상 얼어붙는 항구들만을 갖고 있어서 긴 겨울 동안에는 해운(海運)이 불가능하기 때문에 부동항(不凍港)을 얻는 데 모든 노력을 경주하고 있었다. 이를 위해 러시아는 동아시아로 관심을 돌리기 시작하였다. 1853년 4월부터 러시아 함대들이 동해안에 출몰하여 통상을 요구하면서 구체적으로 침략의 구실을 찾기 시작하였다. 대국 러시아의 위협은 조정의 골칫거리로 등장하게 되었고, 대원군은 자연히 이 문제 해결의 길을 모색하게 되었는데, 이때 천주교회의 지도자들은 이 기회에 조선과 불란서가 동맹을 맺어 이에 대처하면 정치적으로도 유리할 뿐만 아니라, 더 나아가서 천주교 선교의 자유도 획득할 수 있겠다는 생각을 하게 되었다. 천주교 신자 남종삼은 대원군을 만나 이런 제안을 했고 대원군도 좋게 여기고 주교를 만나자고 했으나 주교의 미온적 반응에 대원군은 실망을 했다. 그러는 동안 러시아의 출몰이 뜸해지자 대원군은 오히려 천주교 박해쪽으로 정책을 수정하면서 많은 교우들과 신부들이 처형되는 악순환이 반복되었다.

당국의 손길을 피해 중국으로의 탈출에 성공한 리델 신부는 불란서 함대에 조선에서 무고한 불란서 신부들이 죽임을 당한다는 보고를 했다. 이에 격분한 함대 사령관 로즈는 3척의 중무장한 불란서 함대를 이끌고 서해로 나가 강화도를 점령하여 그 곳에 보관되어 있던 은괘 18상자 약 900kg을 탈취하였으며, 사고(史庫)에 보관되어 있던 귀중한 사료(史料)들을 약탈해 갔고, 병사들은 읍내에 불을 질러 전소시켰다. 로즈 함대와 조선과의 전투가 병인년에 일어났으므로 이를 가리켜 병인양요(丙寅洋擾)라 한다.

또 한 가지 비극적 사건이 이즈음에 일어났는데, 그것은 소위 남연군(南延君) 묘소 도굴(盜掘)사건이 그것이다. 사건의 발단은 조선인들의 정보에 따라 중국에 난을 피해 가 있던 페롱(S. Feron) 신부가 당시 실권을 쥐고 있던 대원군의 부친 남연군의 묘를 파내어 그 곳에 있는 유골을 담보로 하여 대원군과 협상을 해보려는 음모였다. 즉, 대원군이 그의 부친의 유골을 찾아가는 대신, 천주교에 선교의 자유를 보장해 준다는 내용이었다.

페롱은 묘지 속에 있는 보물을 탐내고 있던 독일계 유태인 오페르트(Ernest Oppert)라는 상인과 함께 1868년 5월 잡역꾼 100여 명과 더불어 남연군의 묘가 있는 충청도 예산군(禮山郡) 덕산면(德山面)에 당도하여 묘를 파헤쳤으나 결국 실패하여 퇴각하고 말았다. 후에 이 일이 조정에 알려지게 되었고, 이것이 천주교 신부와 신자들의 음모였음이 드러나자 분기탱천(憤氣撑天)한 대원군은 지금까지 그의 행위가 정당했음을 확신하고 또다시 수많은 천주교인들을 잡아 죽이는 살인극이 재연되었다. 지도자 한 사람의 어이없는 발상이 얼마나 많은 무고한 인명을 살상케 하는지를 여실히 보여 주는 좋은 본보기였다.

5. 천주교회의 문서사업 – 한글 보급의 공헌

조선에 전래된 천주교는 처음에는 주로 유학자들을 중심으로 전파되다가 세월이 지나면서 차차 서민들에게 확대되었고, 그들이 읽을 수 있는 한글로 된 교리서들이 필요하게 되었다. 이에 따라 1802년에 「성경직해」(聖經直解)와 「성경광익」(聖經廣益), 「성교절요」(聖敎切要), 「성교요리문답」(聖敎要理問答) 등이 한글로 번역되어 나왔다. 조선인 교우들이 쓴 교리서들인 이 벽의 「성교요지」(聖敎要旨), 정약종의 「주교요지」 등의 책자도 나왔다. 1837년에 입국한 앙베르 주교는 늘어나는 교우들의 교리서 수요를 위해 비밀리에 1864년에 태평동에 두 대의 인쇄기를 차려놓고 각종 교리서들을 인쇄하여 배포하였다. 이러한 서적의 출판으로 한글용어의 정리, 한글활자의 주조(鑄造) 등의 일들이 진행되어 후에 진행된 개신교의 성경번역과 각종 서적출판에 크게 기여하였고 일반 서적출판에도 이바지하였다.

1906년 10월에는 문화사업의 일환으로 주간신문인 「경향신문」(京鄉新聞)을 순 한글로 발간하여 조국 근대화에 공헌하였다. 이런 일련의 사업들은 일반 대중들에게 한글을 보급했을 뿐만 아니라, 글을 깨우쳐 문맹을 면케 하고 식자(識者)로 만들어 놓은 공은 높이 평가해야 할 것이다.

우리는 여기에서 일단 초기 천주교회의 전래와 그 수용 과정에서의 수난의 역사 기술을 일단락짓는다. 한국의 천주교회가 한국인들의 구도(求道)에 의해 시작되었고, 또한 고난의 세월 속에서도 자력으로 국내에 교회를 세웠다는 점은 '세계 포교 사상 하나의 기적'을 이룬 것이라는 평가를 받아 마땅하다. 고난과 순교의 가시밭길을 걸어온 오늘의 한국 천주교회는 그 교도가 3백만을 웃돌아 전체 국민의 7.5%에 이르고 있으며, 여러 면에서 한국 사회를 이끄는 지도적 위치에 있음을 입증하고 있다.

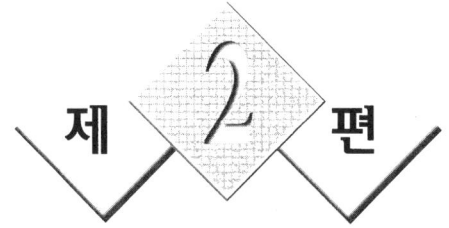

개신교의 전래와 수용

제 5장 선교 이전의 개신교와의 접촉
제 6장 선교사들의 내한과 선교사역의 시작
제 7장 선교부의 선교정책
제 8장 초기 한국교회 급성장의 원인
제 9장 초기 기독교의 형성과 수난
제10장 1907년 대부흥운동
제11장 교회의 사회개혁 활동
제12장 한국교회의 조직

제 5 장
선교 이전의 개신교와의 접촉

1. 조선에 처음 온 개신교인들

- 벨트브레

한국에 처음 온 서양인이 누구냐 하는 문제가 그리 중요한 문제는 아니지만 흥미있는 일임에 틀림없다. 또한 그가 만일 기독교인이라면 당연히 한국교회사에 중요한 사건일 수밖에 없다. 기록에 의하면 한국에 처음 발을 디딘 서양 사람은 조선왕조 때인 선조 15년, 그러니까 주후 1582년 제주도에 표착한 마리이(Ma Ri-I, 馬里伊)였다. 그러나 그에 대한 더 이상의 자세한 기록을 우리는 갖고 있지 않다. 우리가 여기서 관심 갖는 것은 누가 한국에 처음 발을 디딘 개신교도인가 하는 것이다.

지금까지 알려진 바로는 1627년 네덜란드 사람 벨트브레(Jan J. Weltevree : 한국명 朴燕)가 항해하던 배가 난파되어 일행 3인과 함께 경주 앞바다에 표착(漂着)한 것이 처음으로 되어 있다. 그들은 관원에 의해 서울에 압송되었고, 조정에서는 그들을 군대에 편입시켜 전쟁에 출전케 하였다. 벨트브레는 후에 전투에 나간 공을 인정받아 한국에 귀화가 허락되었고, 한국 여자와의 결혼도 인정되어 가정을 이루고 살다가 천수를 누리고 죽은 것으로 되어 있다. 그러나 그가 네덜란드 사람이었기 때문에 기독교 신자일 것이라는 가능성에 대해서는 인정하지만 확실히 기독교인이라는 증거를 갖고 있지는 못하다.

- 하멜

벨트브레 다음으로 한국에 온 개신교인은 1653년, 역시 동아시아에 교역차 항해하다가 난파되어 내한한 하멜(H. Hamel)이다. 그는 일본으로 가다 폭풍을 만나 제주도에 표착하였다. 그는 일행 36명과 함께 서울로 압송되었고, 전후 13년 동안의 억류생활을 하다가 탈출하여 귀국하였다. 그는 귀국하여 「표류기」를 써서 한국에서의 억류생활에 대한 기록을 남겼다. 그는 이 「표류기」에서 한국에 남아 있는 동료들에 대해 하나님께서 함께하시기를 바라고, 억류생활 동안에 하나님께서 도와주시고 함께하신 사실에 대해 감사하는 글을 여러 곳에 남겨, 그가 확실히 기독교 신자인 것을 확신시켜 주고 있다. 따라서 그는 한국에 온 최초의 개신교도로 기록되고 있다.

- 맥스웰과 홀

다음으로 한국에 온 개신교도들은 맥스웰과 홀(M. Maxwell and B. Hall) 대령이다. 이들은 영국 해군 소속 군인들로서 한국 서해안의 해도(海圖)를 작성하는 임무를 띠고 군산만(群山灣) 마량진(馬梁津)에 정박하였다. 이들은 자기들을 맞이한 첨사(僉使) 조대복(趙大福)에게 한문성경 한 권을 주었다. 따라서 조대복은 한국인으로서는 처음으로 성경을 손에 쥔 사람이 되었다.

위에서 본 몇 사람의 개신교인들은 선교와는 전혀 무관하게 단순히 자기들의 어떤 임무를 수행하다가 파선으로 또는 임무 수행을 위해 한국 땅에 발을 디뎠던 사람들이었다. 따라서 저들은 한국에 먼저 왔다는 의미 외에 교회사적 의미를 찾을 수는 없다.

2. 새벽을 깨운 사람들 - 조선에 처음 온 개신교 성직자들

- 칼 귀츨라프의 선교여행

한국에 주재(駐在)하는 선교사들이 오기 반세기 전에 선교의 가능성을 탐지하기 위해 한국을 다녀갔던 선교사들이 몇 있다. 한국에 처음 발을 디딘 선교사는 의사이며 목사였던 칼 귀츨라프(Karl Gützlaff)이다. 그는 유태계 독일인으로 네덜란드선교회의 파송을 받고 동남아의 바타비아(Batavia)에서 선교를 시작하였는데 후에 중국으로 가게 되었다. 그는 마카오에서 선교사역을 감당하던 중 동인도 회사 소속 무역선 로드 앰허스트(Lord Amherst)호가 한국, 일본, 오키나와, 대만 등지로 교역을 트기 위한 항해를 하게 될 때에 이 배의 통역, 선의(船醫), 선목(船牧) 등의 자격으로 승선하여 한국에 옴으로써 한국에 온 첫 개신교 목사라는 기록을 남기게 되었다.

로드 앰허스트호는 1832년 2월 중국 마카오를 떠나 7월에 한국 서해안 황해도 백령도 근처 섬에 상륙하였다. 그 후 이 배는 다시 남쪽으로 내려와 충청도 홍주만(洪州灣) 앞에 있는 고대도(古代島)에 도착하여 그곳에서 관리들을 만나 교역을 시작하자는 편지를 국왕에게 보냈다. 그는 편지의 회답이 오기를 기다리면서 섬에 상륙하여 섬사람들을 만나 한문성경과 의약품을 나누어 주었고, 또한 주기도문을 우리 나라말로 번역하기도 하였다. 이것이 부분적으로나마 한글로 성경이 번역된 첫 번째 일이었다.

귀츨라프는 또한 섬사람들에게 감자씨를 주면서 그 심는 법과 재배방법을 가르쳐 주었다. 기아에 굶주린 우리 민족이 감자를 재배하여 배고픔을 모면할 수 있게 된 것은 귀츨라프의 공헌이 아닐 수 없었다. 그러므로 그는 우리 민족에게 생명의 양식인 성경과 육신의 양식인 감자까지 주고 간 고마운 사람으로 기억되어야 할 것이다.

- 토마스 목사의 순교

선교사들이 한국에 와서 본격적으로 선교하기 이전에 한국선교의 가능성을 찾다가, 개신교 최초의 순교자로서 이 땅에 순교의 피를 뿌린 사람은 로버트 토마스(Robert J. Thomas) 목사였다. 그는 1840년 9월 영국 웨일즈(Wales) 지방의 회중교회 목사의 아들로 태어났다. 그는 신학을 마친 후에 목사 안수를 받고 런던선교회의 파송을 받아 중국 선교사로 떠났다. 그러나 상해에 도착하자마자, 불행하게도 그의 부인이 세상을 떠나고 말았다.

토마스는 아내를 잃은 슬픔에다가 현지 런던선교회 책임자들과도 뜻이 맞지 않아 선교사직을 사임하고 산동성 지푸로 가서 세관에 취직하여 일을 하였다. 그는 우연히 한국에서의 천주교 박해를 피해 목선을 타고 산동성으로 피난을 온 한국인 천주교 신자 두 사람을 만나게 되었다. 그들에게서 한국 천주교회가 어떻게 박해를 받고 있는가를 알게 된 그는 한국선교의 꿈을 불태우게 되었다. 그가 세관에 사표를 내고, 한국선교의 기회를 엿보던 중 마침 한국으로 가는 배를 한 척 만나, 한문성경들을 많이 갖고 한국의 서해안으로 떠난 것이 1865년 9월이었다.

그는 황해도 연안의 창린도(昌麟島)에 도착하여, 약 두 달 반을 머물면서 섬사람들에게 성경을 나누어 주는 한편, 한국말을 배우면서 열심히 전도를 하였다. 북경으로 귀환한 후에도 계속 한국선교의 기회를 엿보다가 천진에 체재중인 미국 상선 제네랄 셔먼(General Sherman)호가 한국에 상업차 떠난다는 소식을 접하고 1866년 7월 통역 겸 안내자로 그 배에 동승하였다.

약 일주일 후 셔먼호는 대동강 입구 용강군에 도착하였다. 관리들에게 무역을 하러 왔다는 통보를 하자, 관리들은 외국과의 무역은 국법으로 금지되어 있으므로 물러가라고 말했지만, 셔먼호는 이를 무시하고 강 상류로 항진을 계속하였다. 강변의 병졸들과 성민들은 물러가라고 소리를 지르며 돌을 던지고 활과 화승포를 쏘기 시작하여 양쪽 사이에 전투가 벌어졌다. 셔먼호는 화공(火攻)을 받고 불타기 시작하였다. 배에 불이 붙기 시작하자, 선원들이 강으로 뛰어내려 강변으로 헤엄쳐 나오자 대기하고 있던 병졸들이 선원들을 닥치는 대로 칼로 쳐죽였다. 토마스는 성경 몇 권을 품에 품고 강변으로 헤엄쳐 나왔는데, 대기하고 있던 병졸 박춘권(朴春權)이 칼로 쳐죽임으로써 그는 한국에서 순교한 최초의 개신교 성직자가 되었다. 토마스 목사는 자기를 죽이는 박춘권에게 성경들을 던져 주었다. 그는 이 성경을 읽고 예수를 영접하여 후에 안주(安州)교회의 영수(領袖)가 되었고, 그 성경을 뜯어 벽지로 썼던 영문주사(營門主事) 박영식(朴永植)의 집은 평양 최초의 교회인 널다리골 예배당 터가 되었다. 박춘권의 조카 이영태(李榮泰)도 예수를 믿고 미국남장로교회 선교사 레널즈(William Reynolds)의 조사(助事)가 되었고, 한국인 성서번역위원의 한 사람으로 큰 공헌을 하였다.

토마스 선교사가 칼을 맞고 개신교 목사로서 이 땅에 최초의 순교의 피를 흘린 것이 1866년 9월 2일로 그의 나이 27세였다. 토마스 목사의 순교의 피가 섞인 대동강 물을 마신 평양 성민들이 예수를 가장 많이 믿었고, 평양이 후에 동양의 예루살렘이라는 말을 듣게 된 것은 우연이 아닐 것이다.

3. 외지에서 입교한 한국인들

- 만주에서 입교한 의주 청년들

외국의 선교사들이 한국선교를 위해 끊임없이 한국의 해안을 스쳐 지나가고 있을 때 서양의 선진된 기술문명과 문화에 관심을 갖고 외지의 선교사들과 접촉하면서 개신교의 신앙을 받아들였던 한국인들이 만주와 일본에서 나타났다.

1872년 스코틀랜드 선교회는 로스(J. Ross)와 그의 매부 매킨타이어(J. McIntyre) 목사를 중국 선교사로 파송하였다. 이들은 임지를 만주의 영구(營口)로 정하고 그 곳에서 선교사역을 시작하였다.

로스는 이 곳에서 토마스 목사의 순교에 대한 소식을 듣고 한국선교에 관심을 갖게 되었다. 그는 1874년 압록강 하류 국경지방에 있는 고려문(高麗門, Korean Gate)을 방문하였는데 이 곳에는 약 3천 명 정도의 한국인이 거주하고 있었다. 로스는 이 곳에서 한국에 관한 사항을 알게 되었고, 또한 간단한 한국말도 익혔다. 로스는 1874년 다시 고려문을 방문하였는데, 이 때에 평안북도 의주(義州)의 청년 이응찬(李應贊)이 장사차 이 곳으로 오다가 압록강에서 배가 파선되는 바람에 빈손으로 이 곳에 왔다가 로스와 그의 서기를 만났다. 이응찬은 어학 선생이 되어 달라는 그들의 청을 받고 영구로 가서 로스에게 한국말과 역사를 가르치기 시작하였다. 이런 인연으로 그의 고향 친구들인 백홍준(白鴻俊), 이성하(李成夏), 김진기(金鎭基)가 영구로 오게 되었고, 그들은 매킨타이어와 그곳 병원장의 어학선생이 되었다.

이 곳에서 네 청년들은 선교사들과 함께 일하는 동안 마침내 기독교 신앙을 받아들여 1876년 매킨타이어 선교사로부터 세례를 받았으니, 이것이 한국 개신교 신자가 처음으로 태어나는 사건이었다. 이 일이 있은 후 같은 의주의 청년인 서상륜(徐相崙)이 동생 경조(景祚)와 함께 홍삼 장사를 하기 위해서 영구에 왔는데, 서상륜은 그 곳에서 심한 열병에 걸려 생명을 잃을 위험에 빠지게 되었다. 이때 로스가 그를 그곳 선교부병원에 입원시키고 정성을 다해 간호해 주었는데, 이에 감동을 받은 서상륜은 퇴원한 후 1879년에 로스로부터 세례를 받았다.

– 만주에서의 한글성경 번역

만주에서 입신한 의주 청년들이 이 곳에서 이룬 역사적 과업 중 하나는 성경의 한글 번역을 도운 일이었다. 로스는 의주 청년들의 도움을 받아 1882년 봄에 「예수성교 누가복음젼셔」를 한지(韓紙)에 51쪽의 책으로 엮어 냈다. 같은 해 5월에는 「예수성교 요한네복음젼셔」 3천 부가 출판되었다. 이로써 한글성경 번역 역사의 첫 테이프를 끊게 되었다.

1884년에는 마태복음과 마가복음이 출판되었고 계속해서 남은 성경들이 번역되어, 드디어 1887년 신약 전체가 완료되어 「예수셩교젼셔」가 출판되게 되었으니 실로 놀라운 역사가 아닐 수 없다. 선교사들이 아직 한국에 들어오기도 전에 외지에서 한글성경이 번역되어 출판된 일은 일찍이 세계 선교역사에 별로 없는 기록적인 사건이라고 말해지고 있다.

성경번역을 돕던 이들은 권서(勸書 : 성경을 권하는 사람) 또는 매서(賣書 : 성경을 파는 사람)가 되어 북쪽의 여러 지역을 다니면서 성경을 보급하고 전도하여 많은 결신자를 내었다. 서상륜이 서양 종교를 퍼뜨리고 다닌다는 이유로 의주에서 체포령이 떨어지자 자기 삼촌이 살고 있는 황해도 장연의 송천(松川 : 보통 솔내라고 부름)에 도피해 와서 많은 사람들을 전도하여 한국 최초의 교회를 세우는 업적을 남겼다. 따라서 외지에서 개신교의 신앙을 받아들인 선각자들이 성경번역을 도와 성경을 출판하였고, 또한 그 성경을 가지고 와서 전도하여 결신자를 내어 교회를 세우는, 그래서 선교사들에 의해서가 아닌 순전히 한국 사람들에 의해 자생적으로 교회가 세워지는 위대한 일을 이루어 놓았다.

- 일본에서 입교한 이수정과 성경번역

만주에서 스코틀랜드 선교사들이 개신교에 입신한 의주 청년들과 함께 성경번역 사업을 활발하게 진행하고 있을 때, 일본에서도 개신교의 한국선교를 위한 작업이 착실하게 진행되고 있었다. 1882년 임오군란(壬午軍亂) 후 박영효가 수신사(修信使)로 일본에 갈 때에, 이수정(李樹庭)은 그의 비공식 수행원으로 함께 가게 되었다. 일본에 도착한 이수정은 기독교인이며 일본 농학계의 유명한 학자 쯔다센(津田仙) 박사를 만났는데, 그를 통해 기독교 교리 설명을 듣고 한문성경도 선물로 받은 후 마침내 신앙을 고백하고 미국인 선교사 녹스(G. W. Knox)에게서 1883년 4월에 세례를 받았다. 이로써 만주에 이어 일본에서도 최초의 개신교 신자가 생겨났다.

이수정은 복음을 받아들이고 나서 그 기쁨과 감격을 자기 혼자 누릴 수 없다고 판단하고, 성경번역에 착수하여 처음에 한문성경에 토를 단 소위 '현토성서'(懸吐聖書)라는 이름의 「신약전서 마가전」이 1884년 11월 출판되었다. 그러나 이수정은 이것보다는 본격적으로 한글로 된 성경을 번역하는 게 좋겠다고 판단하고 마가복음을 번역하였는데, 이 번역본은 미국 성서공회에 의해 1885년 2월 요코하마에서 1천 부가 발간되었다. 이 마가복음은 한국의 첫 성직자 선교사인 언더우드가 내한하면서 갖고 들어온 것이다.

이수정의 일본에서의 활동은 1884년 12월에 있었던 갑신정변(甲申政變)의 여파로 곧 끝나게 되었고 귀국한 후 처형당하게 되었는데, 그는 죽기 전에 기독교 신앙을 버린 불행한 기록을 남기고 말았다. 그러나 비록 배교를 했다고 해도 그가 한국 기독교사에 남긴 업적은 결코 과소평가할 수 없다.

선교사들이 입국하기 전에 외지에서 한국인들이 먼저 기독교 신앙을 받아들이고, 성경을 번역하고, 입국하여 전도하고 교회까지 세웠다고 하는 것은 세계 선교사상 그 유래를 찾아보기 힘든 일이었고, 한국 개신교의 기적적 성장을 이룰 좋은 출발이 되었다.

제 6 장
선교사들의 내한과 선교사역의 시작

1. 선교를 위한 정지작업

-외국과의 조약 : 한 일조약 및 한 미조약의 체결

 조선조정의 쇄국정책을 종식시키고, 굳게 닫힌 문의 빗장을 벗기게 된 계기는 1875년(고종 1년) 일본 군함 운양호(雲揚號) 사건으로, 그 이듬해인 1876년에 한 일간에 맺은 '강화도조약'이다. 이 조약이야말로 한국이 고래로 중국 이외의 그 어떤 나라와도 외교관계를 맺어 온 일이 없고 또 그럴 수도 없었던 관행을 깨고 중국 이외의 제3국과 외교관계를 맺었다는 사실은 근대 한국역사에 있어서 획기적인 일로 기록된다. 비록 그것이 우리가 원해서 된 것이 아니고 일제의 일방적인 강압에 의해서 이루어진 것이라 해도 그 의미는 크다. '병자수호조약'은 한국이 이제 세계에 그 문호를 개방한다는 의미로서 세계와의 관계정립이라는 계기도 되었고, 일제 식민지로 전락하는 첫 단추가 끼워진 일이기도 하다.
 일본과의 조약 후 기타 여러 나라들과 조약이 이어졌는데 그 중 첫 번째가 1882년 미국과의 통상조약을 체결한 것이다. 이 조약은 한국이 이제 서양제국과 외교관계를 맺음으로써 그 활동무대를 세계로 확대시켰다는 깊은 의미가 되었고, 한편으로는 개신교 선교에 중대한 전기가 마련되었다는 깊은 의미 또한 포함되어 있었다. 이에 따라 한국에 대한 개신교 선교도 순조롭게 이루어지게 된다. 한 미조약은 오랫동안 조선이 중국의 부속 국가로 중요사는 중국 정부의 재가를 얻어야만 한다는 불명예를 씻어 버리고, 세계 만방에 독립된 국가로서 나서게 되는 역사적 의의를 갖게 된 것이다.

- 감리교회 선교의 교두보를 확보한 가우쳐와 맥클레이

미국과의 조약이 맺어진 후 우리 나라 사절단 일행이 미국을 방문하게 되었다. 사절단이 샌프란시스코에서 기차를 타고 워싱톤을 향해 갈 때 볼티모어(Baltimore)에 있는 가우쳐대학의 설립자이며 미국 감리교회 목사인 가우쳐(John F. Goucher) 박사을 만났다. 사절단을 만난 가우쳐 박사는 한국선교에 깊은 관심을 갖고 1883년 11월 감리교 외지선교본부에 선교 자금 2천 달러를 송금하면서 한국선교 시작을 요청하였다. 그러나 미국 감리교회는 아직 한국선교 계획이 없었으므로 즉각적인 반응을 보이지 않았다. 이에 가우쳐는 일본에서 일하고 있는 감리교 선교사 대표 맥클레이(R. S. Maclay)에게 직접 편지를 보내어 한국선교의 가능성을 타진케 하였다.

맥클레이는 이 편지를 받은 즉시 1884년 6월에 2주간 예정으로 한국을 방문하고 박영효의 주선으로 국왕인 고종을 알현하여 병원사업과 교육사업을 시작해도 좋다는 허락을 받았다. 일본에 돌아온 후 그는 즉시 미국 선교본부에 한국에서 의료와 교육선교가 가능해졌으니 선교를 시작하자고 하는 요청서를 발송하였다. 이에 자극을 받은 미국 북감리교회는 1884년 말에 목사이며 의사인 스크랜튼(W. B. Scranton), 그의 모친 메리 스크랜튼(M. F. Scranton), 그리고 아펜젤러(H. G. Appenzeller) 목사를 한국선교사로 임명하고 한국행을 명하였다.

－장로교회의 선교를 가능케 한 맥윌리암스

미국 북장로교회도 한국의 선교사역을 시작하게 되었는데 그것은 맥윌리암스(David McWilliams)라는 뉴욕 라파이에트(Lafayette) 장로교회 교인이며, 프레드릭 마퀘엔드(Frederick Marquand)의 유산 관리인의 헌금이 계기가 되었다. 그는 한국선교를 위해 기금이 필요하다는 한 선교잡지에 기고된 글을 읽고 북장로교회 해외 선교부 총무 엘린우드(W. W. Ellinwood)에게 한국선교를 위해 두 선교사의 2년간 생활비로 5천 달러를 내놓겠다는 편지를 보냈다. 따라서 그의 헌금에 의해 미국 장로교회의 한국선교가 실현될 수 있게 되었다.

이에 따라 선교회는 한국선교를 위해 첫 선교사로서 1884년 봄에 의사 헤론(John W. Heron)을 임명하였다. 헤론은 일본에 와서 한국어 수업을 하다가 1885년 6월, 그러니까 언더우드보다 2개월 늦게 입국하여 의료선교를 시작하였다.

2. 선교사들의 입국

－첫 선교사 알렌의 입국

긴 준비기간이 끝나고 1884년 9월 미국 북장로교회가 파송한 의사 알렌(H. N. Allen, M.D.)이 개신교 선교사로는 처음으로 한국에 내한하였다. 이 때는 이승훈이 북경에서 한국인으로 처음 영세를 받은 때로부터 꼭 100년이 지난 때였다. 따라서 1884년은 한국 개신교 선교의 기점이 되는 해가 되는 셈이다. 알렌은 1858년 4월 오하이오 주 델라웨어(Delaware)에서 태어났다. 그는 오하이오 웨슬리안대학을 졸업하고, 이어 신시내티에 있는 마이아미(Miami) 의과대학을 졸업하여 1883년 의사 자격을 얻었다. 그는 1883년 미국 북장로교회로부터 중국의 의료 선교사로 파송을 받았다. 그는 곧이어 결혼을 하고 1883년 25세의 나이로 중국 선교에 나섰다.

알렌은 1883년 10월 상해에 도착하였으나 그곳 기후가 그의 아내의 건강에 맞지 않아 걱정하고 있을 때 그곳 의료 선교사들이 한국에는 의사가 한 사람도 없고 또한 기후가 온화하므로 한국으로 선교지를 옮겨보는 것이 어떠냐는 의견을 제시하였다. 이에 따라 알렌은 자기의 선교지를 한국으로 옮겨 줄 것을 청원하는 편지를 보내어 허락을 받았다.

그는 상해를 떠나 1884년 9월 20일 제물포에 도착하였다. 이로써 알렌은 4천 년의 한국 역사에 처음으로 개신교 선교사의 자격으로 한국에 도착한 사람이 되었고, 한국에는 마침내 개신교 선교시대가 시작되었다. 그는 서울로 들어와 미국 공사 푸트(General Lucius Foote)를 만났고, 푸트는 그를 공사관의 월급이 없는 의사로 임명하였다.

알렌이 입국하고 나서 석 달이 지난 그 해 12월에 '갑신정변'(甲申政變)이 일어났다. 이 사건은 한국 개신교 선교에 있어서 중요한 고비가 되는 사건으로서, 언더우드는 이것이 하나님의 '거룩한 섭리'라고 술회하였다. 이 사건은 개화파가 우리 나라에서 처음으로 근대식 우편제도를 시행할 우정국 건물 낙성식(落成式) 피로연 때 수구파를 모조리 죽이고 개화파들로 새 내각을 구성하려는 일종의 쿠데타였다. 12월 4일 개화파 자객들이 한참 연회가 무르익어 갈 즈음에 "불이야!" 하는 구호에 맞추어 수구파들을 무차별 칼로 난자해 죽일 때, 수구파의 거두이며 왕후 민씨의 조카인 민영익도 전신에 칼을 일곱 군데나 맞아 생명이 위험하게 되었는데 알렌이 그를 치료하여 극적으로 완쾌시켰다.

이 사건은 알렌으로 하여금 서양의 뛰어난 의술을 왕실과 고위 관리들, 그리고 백성들에게 알리는 계기가 되었고, 서양 문물의 우수성을 입증한 계기가 되었다. 뿐만 아니라, 알렌은 왕실의 신임을 얻어 고종의 시의(侍醫)로 임명되었고, 참판(參判) 벼슬까지 얻게 되었다.

알렌은 곧 병원 설립 청원서를 1885년 봄 미국 공사관을 통해 정부에 제출하였고 국왕의 허락을 받았다. 그 결과 1885년 4월 9일에 알렌은 광혜원(廣惠院)이라는 진료소를 개설하였다. 광혜원은 그로부터 2주일 후에 그 이름을 제중원으로 바꾸었고, 이것이 후에 세브란스병원과 의과대학이 되어 한국 의학계의 선두주자가 되었다.

- 언더우드의 입국

안수를 받은 목사 선교사로 처음 한국에 발을 디딘 사람은 언더우드(Horace G. Underwood)였다. 언더우드는 1859년 7월 영국의 런던에서 태어났다. 언더우드가 12살 되었을 때에 그의 가족들은 미국으로 이주하였다. 언더우드는 뉴욕대학교를 졸업하고 이어 네덜란드 개혁교회 계통의 뉴 부룬스윅(New Brunswick)신학교에 입학하였다. 1883년 10월 언더우드는 커네티컷 주 하트포드(Hartford)에서 열린 미국 신학교 연맹대회에 참가하였는데, 그때 그는 선교사가 되겠다는 결심을 하였다. 뿐만 아니라 거기서 아펜젤러를 만났는데, 그는 언더우드와 같은 배를 타고 한국에 온, 그래서 일생 동안 가장 절친한 친구가 된 사람이었다.

언더우드는 1884년 봄에 신학교를 졸업하고 곧이어 뉴욕대학교에서 문학석사 학위도 받았다. 그 해 11월에는 뉴 부룬스윅 노회(The Classis of New Brunswick)에서 목사 안수를 받았다. 목사로 와 달라고 청빙하는 교회도 있었지만, 그는 선교사가 되기로 결심한 터여서 이를 거절하고 선교의 길을 모색하고 있었다. 네덜란드 개혁교회는 재정적 이유로 해외 선교가 어렵게 되자, 그는 북장로교회를 통해 1884년 7월 한국선교사로 공식 임명받았다.

25세의 젊은 선교사는 1884년 12월 샌프란시스코를 출발하여 이듬해인 1885년 1월에 일본 요코하마에 도착하여 그 곳에 있던 북장로교회 선교사들의 환영을 받았다. 마침 한국으로 가는 배를 만나 언더우드는 이 배를 타고 한국으로 출발하여 4월 5일, 부활절 주일에 제물포에 도착하였다. 이 배에는 전에 미국 신학교대회에서 만났던 아펜젤러 부부가 미국 북감리교회의 파송을 받고 한국으로 가기 위해 탑승하고 있었다.

그러나 갑신정변으로 국내 정황이 안정되지 않았으므로 주한 미국 공사관에서는 언더우드의 입국은 허락하였으나 아펜젤러 부부의 입국은 만류하였다. 할 수 없이 아펜젤러 부부는 일본으로 다시 되돌아가고, 언더우드만 제물포에서 이틀을 지나고 나서 서울에 들어왔다. 그리하여 이제 한국에 개신교 목사가 상주하게 되었고, 개신교 선교시대가 정식으로 출범하게 되었다. 언더우드는 알렌의 영접을 받았고, 알렌이 갓 시작한 제중원에서 일하는 것으로 그의 한국에서의 첫 사역을 시작하였다. 일본에 돌아간 아펜젤러는 약 두 달 후에 다시 한국으로 왔다.

3. 선교사들의 선교활동

- 의료선교

의료선교는 알렌의 광혜원에서 시작되었다. 언더우드도 입국하자 곧 이 진료소에서 약국일을 도와 주었고 1885년 5월에 내한한 감리교회의 스크랜튼과 같은 해 6월에 내한한 헤론이 여기서 일을 도왔다. 한국에서는 날씨가 더워지면 전염병이 창궐(猖獗)하고, 위생 관념이 부족한 사람들은 물을 끓여 먹지 않아서 전염병이 돌면 온 가족이나 동리가 몰사하기도 하였다.

제중원에서 일하던 스크랜튼이 그 해(1885) 9월에 제중원에서 나가서 정동에 민간인 진료소를 만들어 진료를 하다, 이듬해 6월에 5개의 병실이 있는 새 건물을 마련하고 시병원(施病院)이란 간판을 걸고 정식 병원으로 개원하였다.

남녀가 내외하던 시대에 남자 의사들이 여자를 치료하는 것은 어려움이 많았는데, 1886년 미국 북장로교회가 파송한 여자 간호사인 엘러즈(A. Ellers)가 입국하여 제중원에 부녀과를 설치하고 부녀자들을 치료하였다. 서울에는 치료소가 동대문, 서대문 밖의 애오개, 모화관 등지에도 개설되었고, 후에는 성공회가 1892년 서울 남쪽에 낙동병원을 개설하였으며, 의료 선교사들이 늘어남에 따라 지방에도 기독교 병원이 늘어가면서 전도사업과 더불어 선교 전초기지로서 역할을 감당하였다.

- 교육사업

한국에서의 근대교육의 시작은 선교사들의 교육에서 비롯되었다. 언더우드는 길가에 버려진 고아들을 모아 고아원을 시작하였는데 여기서 현대식 교육이 비롯되었고, 이것이 오늘날의 경신 중 고등학교의 전신인 경신학교(1905년)로 바뀌었다. 그러나 이 고아원은 선교부가 후에 '네비어스(Nevius) 정책'을 채택하면서 자립(自立 : Self-support) 정신을 강조하였으므로, 모든 것을 마련해 주는 고아원은 이 정책에 맞지 않는다고 판단되어 일단 문을 닫고, 학생들이 스스로 일하고 벌어서 공부하는 실업학교로 변하게 되었다.

한국에 최초로 근대식 여학교를 세운 이는 메리 스크랜튼(Mary F. Scranton) 여사로서, 그녀가 세운 학교가 바로 이화학당(梨花學堂)이었다. 메리는 1885년 6월에 한국에 도착하여 감리교 선교본부가 있었던 서울의 정동에 땅을 사서 '여자학당'과 '부녀원'을 짓고 여자 교육을 시작하였는데, 나중에 왕후 민씨가 '이화학당'(梨花學堂)이라는 이름을 지어 주었다. 이것이 우리 민족사에 지울 수 없는 수많은 여성 지도자들을 배출한 오늘의 이화여자 중 고등학교와 대학교가 된 것이다.

아펜젤러는 언더우드가 처음에 제중원에서 일한 것과는 달리, 교육사업에 뜻을 두고 미국 대리공사 포크를 통하여 한국 정부에 영어학교의 개설을 청원하는 서신을 보냈다. 정부는 곧 이 청원을 허락하여 1886년 6월에 학교를 시작하였다. 1887년에 고종은 이 학교의 이름을 하사하였는데, "좋은 일꾼을 많이 길러내라."는 의미로서 '배재학당'(培材學堂)이라는 이름을 지어 주었다. 이것이 후에 배재 중 고등학교가 된 것은 잘 알려져 있는 사실이다.

- 전도사역

한국에서 선교사들에 의해 최초로 세례를 받은 사람은 노도사(盧道士)라고 불리던 노춘경(盧春京)이었다. 그는 서울 근방에 살던 사람으로 기독교를 배척하는 문서를 통해 기독교에 대한 지식을 얻었고, 한문성경을 통해 선교사들이 모여서 예배드리는 데도 참석하였다.

드디어 그는 예수를 구주로 받아들이기로 결심하고 1886년 7월 18일 주일 오후에 언더우드의 집례로 세례를 받았으니, 그가 국내에서 개신교인으로 세례받은 최초의 사람이 되었다. 이듬해 봄에 황해도 솔내에서 서상륜(徐相崙)이 그의 동생 경조(景祚)와 다른 두 청년들을 데리고 상경하여 언더우드에게 세례를 받았다.

수세자들이 늘어가자 언더우드는 교회 설립을 서둘렀다. 그는 1887년 9월 27일에 한국에서 최초의 조직교회를 세웠는데, 14명의 교인들을 데리고 두 명의 장로를 선출한 후에 교회를 조직하였다. 이 교회는 당시 언더우드의 집이 정동에 있었기 때문에 '정동교회'라 불리다가 후에 새문안으로 장소를 옮겨서 그 이름이 '새문안교회'가 되었다. 이 때 이 교회의 교인들은 선교사들이 전도해서 세례를 받은 사람들이 아니고 언더우드가 입국하기 전에 권서들이나 매서들을 통해 복음서를 읽고 예수를 믿은 사람들이었다. 따라서 이 교회는 한국 사람들 자신에 의해 세워진 자생적 교회라는 의미를 가지고 있었을 뿐만 아니라 두 사람의 장로를 선출함으로써 한국 최초의 조직교회로 기록되게 되었다. 이 때부터 한국교회는 서서히 성장의 도를 높여 가면서 근대 선교사상 기적이라는 교회성장을 이루게 된다.

제 7 장
선교부의 선교정책

1. 네비어스 선교정책의 채택

한국에서 선교활동을 시작한 선교사들은 대개 신학교를 갓 졸업하고 한국에 온 사람들로서 목회 경험이나 선교사로서의 경험은 전무한 형편으로 오직 선교의 열정 하나만을 갖고 현지에 왔다. 그러나 그들이 도착한 선교지에서의 처녀 선교사역이란 생각처럼 그렇게 용이한 일이 아님을 곧 깨닫게 되었다.

이 문제를 가장 깊게 느낀 사람은 언더우드였다. 그는 몇 차례 본국 교회의 해외 선교본부에 경험 많은 선교사를 한 사람 보내어 그로부터 선교의 경험과 선교방법을 배울 수 있는 기회를 허락해 달라고 편지를 보냈다. 선교본부는 그의 요청을 받고 중국 산동성에서 선교활동을 오랫동안 하면서 선교방법론에 대한 탁월한 논문을 계속 연재하고 있던 네비어스(John Nevius) 선교사를 한국에 가도록 조치하였다.

이에 따라 네비어스는 부인을 대동하고 1890년 6월 한국에 오게 되었다. 그는 2주간을 한국에 머물면서 이 곳에 있는 선교사들을 모아 놓고 선교전략과 방법론을 강론하였는데, 이것이 유명한 '네비어스 선교정책'(The Nevius Principle or Methods)이라는 것이다. 선교사들은 이 방법을 곧 한국선교 현장에 적용시켜 실천함으로써 이 정책으로 인해서 한국 장로교회는 비약적인 발전을 하게 되었고, 이 방법이 오늘의 한국교회를 있게 한 중요한 요인으로 지적되고 있다.

네비어스 선교정책의 핵심적인 것들을 열거해 보면 다음과 같다.

1. 선교사들 개인은 폭넓은 순회선교를 통하여 전도한다.
2. 자립전도 : 신자 각인은 타인의(복음의) 선생이 된다.
3. 자립정치 : 모든 그룹은 봉급받지 않는 지도자들과 봉급받는 조사(助事 : Helper)들이 후에 각 지역과 전국적인 지도자를 만들기 위해 훈련한다.
4. 자립보급 : 모든 예배당은 신자들 자신들의 힘으로 건축되어야 한다. 교회가 설립되면 조사들의 봉급을 책임진다. 목사들의 봉급은 결코 선교사들의 보조에 의존하면 안 된다.
5. 모든 신자들은 그들의 지도자, 조사들에 의해 조직적인 성경공부를 해야 한다. 그 지도자들과 조사들은 '성경반'(Bible Classes)에서 공부해야 한다.
6. 성경에 규정한 벌칙에 따라 엄중한 훈련과 치리를 해야 한다.
7. 다른 단체 교회들과 긴밀한 협조와 연합을 해야 한다. 적어도 지역을 분할하여 일한다.
8. 소송문제 같은 것은 일체 간섭하지 않는다.
9. 가능한 한도 내에서 사람들의 경제면에서는 서로 협력해야 한다.

이 네비어스 선교정책은 보통 줄여서 삼자정책(三自政策 : Three-Self Principles)이라고 부른다. 즉, 자치(自治 : Self-Government), 자립(自立 : Self-Support), 자전(自傳 : Self-Propagation)이다. 이 3자 원칙은 원래 영국 후즈필드(Huddesfield) 교구 목사였던 헨리 벤(Henry Venn)의 선교이론에 근거한 것으로, 외부의 간섭을 받지 않고 교회를 운영한다는 것과 원조받지 않고 자기 교회를 운영한다는 것, 그리고 스스로 전도한다는 것으로 압축된다.

이 선교정책은 한국에 나와 있던 선교회 간의 협력이 있어야만 그 효력을 낼 수 있는 것이었다. 다시 말하면 한 선교부만으로는 그 효력을 내기 어렵고, 선교회 간의 협력이 요청되는 일이었다. 당시 한국에 나와 선교하고 있던 네 개의 장로회선교회(미국 남 북, 캐나다, 호주)는 이 정책의 실현을 위해 장로교협의회(The Presbyterian Council)를 결성하고 효율적인 선교를 위해 선교지를 분할하는 소위 '예양협정'(禮讓協定, Comity Arrangement)을 맺었다. 이 협정의 정신은 동일한 지역에서 중복적인 사업을 예방하기 위해 한국을 여러 구역으로 나누어 선교하도록 하는 내용이었다. 이에 따라 북장로교회는 평안도, 황해도, 경기도, 경상북도, 남장로교회는 전라도와 충청도, 호주 장로교회는 경상남도, 캐나다 장로교회는 함경도 지역을 담당하여 선교하기로 합의하였다.

이 선교지 분할정책은 북장로회와 북감리회선교회간에도 이루어졌다. 북장로교회와 북감리교회의 선교가 점차 활기를 띠기 시작하면서, 그 활동 범위가 북으로 넓어지게 되었다. 따라서 한 지역에서 두 교파의 선교회가 동시에 선교를 하게 되는 일이 나타나게 되었다. 언더우드는 1888년에 이런 선교사역의 중복을 피하기 위해, 선교지를 분할하자는 안을 북감리교 선교부에 내어놓았다. 그의 이 제안은 두 선교회가 협의를 한 끝에 1892년 6월 최종적으로 합의하게 되었다. 두 교회가 합의한 내용을 보면,

> ……그들은 인구가 5,000명 또는 그 이상인 도시에서는 '두 교회가' 같이 선교하며, 5,000명 이하의 도시에서는 어떤 '교인들의' 모임이 정규적으로 이루어지고 있으며, 그 모임이 일 년에 4회 이상 '교회 지도자들의' 방문을 받으며, 그 방문이 선교사가 2회 이상 방문하는 곳이라면, 다른 선교회는 그 곳에서 선교하지 않고 모임이 없는 곳으로 이동한다. 한 교회가 다른 교파의 교인을 받을 때에는 반드시 교회의 편지(이명증

서)가 있어야 하며, 각 선교회는 다른 선교회의 권징을 존중하고, 월급을 받는 한 선교회의 전도자를 그 선교회의 허락 없이는 다른 선교회가 고용하지 못한다. 또한 책(성경, 전도지)은 무상으로 공급하지 않는다.

라는 내용이었다. 이 북장로교회와 북감리교회 사이의 협의는 감리교회의 감독 포스터(R. S. Foster)의 반대에 부딪쳐 성사되지 못했으나 후에 지역분할의 한 표본이 되었다.

네비어스 정책을 한국의 상황에 맞게 세분하여 선교에 적용하도록 한 안이 채택되었는데 그 중요한 내용은 다음과 같다.

1. 상류계급보다는 근로계급을 상대로 해서 전도하는 것이 좋다.
2. 특별히 부녀자에게 전도하고 크리스천 소녀들을 교육하는 데 힘을 쓴다. 가정주부들, 곧 여성들이 후대의 교육에 중요한 영향을 끼치기 때문이다.
3. 기독교교육은 시골에서 초등 정도의 학교를 경영함으로써 크게 효력을 낼 수 있다. 그러므로 이런 학교에서 젊은이들을 훈련하여 장차 교사로 보내도록 한다.
4. 장차 한국인 교역자도 결국 이런 곳에서 배출될 것이다. 이 점을 유의하고 있어야 한다.
5. 사람의 힘만이 사람을 개종시키는 것이 아니다. 하나님의 말씀이 하신다. 따라서 될수록 빨리 완전하고도 정확한 성서를 이들에게 주도록 해야 한다.
6. 모든 종교서적은 외국말을 조금도 쓰지 않고 순 한국말로 쓰여지도록 하여야 한다.
7. 진취적인 교회는 자급하는 교회가 되어야 한다. 선교사의 도움을 받는 사람의 수는 될수록 줄이고, 자급하여 세상에 공헌하는 그러한 개인을 늘여야 한다.
8. 한국의 대중들은 동족의 전도에 의해서 신앙하게 되어야 한다. 따라서 전도를 우리 자신이 나서서 하는 것보다는 전도자의 교육에 전력해야 한다.

9. 의료 선교사들은 환자들과 오래 친숙하게 지냄으로써 가르칠 기회를 찾게 되고, 또 깊은 마음의 문제에 골몰하는 모범을 보여 주어야 한다. 시약(施藥)만 가지고서는 별 효과를 낼 수 없다.
10. 병원에서 치료를 받은 사람은 고향의 마을에 자주 왕래하게 해서 의료 선교사들의 인애(仁愛)에 넘치는 간호의 경험을 본받아 전도의 문을 열도록 해야 한다.

이상에서 열거한 선교정책은 참으로 중요하고도 핵심적인 한국 장로교회의 선교정책을 적시(摘示)하고 있다. 노동계급, 부녀자 전도 같은 것은 한국적 상황을 가장 확실하게 꿰뚫고 있는 점이며, 순 한글서적의 보급, 성경의 보급 등은 바로 한국교회가 빠른 속도로 성장할 수 있는 기틀을 만들어 놓은 것이었다고 판단된다.

그러나 네비어스 정책에 대한 비판 또한 만만치 않다. 예를 들면, 자치와 자급을 지나치게 강조한 나머지 오직 자기 교회만을 생각하고 네비어스가 강조한 협력의 정신을 망각하여 지나치게 개교회주의로 흘러 간 것은 네비어스 정책의 결함이라는 지적을 줄곧 받아 왔다. 따라서 오늘날 한국교회의 개교회주의가 팽배되고 연합사업이 잘 되지 않은 근원을 여기서 찾으려는 경향이 짙다.

그러나 이는 네비어스 정책을 잘못 시행한 결과이지 정책 자체가 잘못되어 나온 결과는 아니다. 왜냐하면 네비어스는 협력과 연합을 누누히 강조하였기 때문이다.

2. 교역자들의 교육문제

외국인인 선교사들이 한국에서 부딪힌 최초의, 그리고 가장 심각한 문제는 언어의 장벽이었다. 따라서 이들은 현지인들을 훈련시켜 저들로 하여금 전도하게 하는 방법이 가장 시급한 일이라고 판단하였다. 선교사역이 본 궤도에 오르면서 점점 본토인 교역자(敎役者) 수급의 필요성이 대두되었고, 네비어스 선교정책에 따라 본토인 전도자의 역할이 강조되면서 교역자 양성의 문제가 수면 위로 떠올랐다. 이 문제에 대해 구체적인 안을 제출한 사람이 남장로교회 선교사 레널즈(W. D. Reynolds)였다. 그는 1896년 한인 교역자 양성에 있어서 유의해야 할 점 몇 가지를 제시했는데, 그 내용은 아래와 같다.

- 소극적인 면
1. 어떤 특정인을 교역자로 양성할 의사를 갖고 있더라도, 당사자에게는 오랫동안 그 사실을 알리지 말 것.
2. 외국의 재정을 가지고 그를 전도사로 채용하지 않도록 최선을 다할 것.
3. 선교사업의 초창기에는 그를 교육시키기 위하여 미국에 보내지 말 것.

- 적극적인 면
1. 그로 하여금 높은 경지의 영적 체험을 갖는 사람이 되게 할 것. 무엇보다도 성령의 사람이 되기를 추구하게 할 것.
2. 그로 하여금 하나님의 말씀과 기독교의 기본적인 진리와 사실을 철저히 통달하게 할 것.
3. 청년 목사 지원자를 예수 그리스도의 정병으로서 곤란을 참을 수 있도록 훈련시킬 것.
4. 한국 기독교의 교양과 현대문명이 향상됨에 따라서 한국인 목회자의 교육 정도를 높일 것. 그의 교육은 일반에게 존경을 받고 권위가 설 수 있도록 한국인의 평균 교육수준보다 약간 높으리 만큼하고 너무 지나쳐서 일반이 시기심이나 이탈감을 가지지 않도록 할 것

레널즈는 이 목표 설정에 대한 글의 결론에서, "'한국교회는 한국인 교역자로'서가 우리의 목표가 되어야 하고 결코 무골충(無骨蟲)으로 외국화되고 돈에 팔린 교역자가 되어 뼈대 없는 교인이 모인 부동집단을

치리하게 하여서는 아니 된다. 자아 희생심과 자신력과 자존심을 가진 교역자가 되어 자력유지, 자주치리, 자진전도하는 교회가 되도록 치리하게 하여야 한다."라고 하였다.

초창기의 신학교육은 목사 이전에 전도자를 양성하는 정도에 그치고 있었다. 아직 신학교육을 할 여건들이 충족되어 있지 못했기 때문에 어쩔 수 없이 성경을 가르치고 기본적인 교리교육 정도로 전도자들을 훈련시키는 제한적 조치밖에 다른 길이 없었음을 인정해야 한다.

1901년 평양에서 선교사역을 하던 마펫이 자기 집 사랑방에서 두 사람을 데리고 신학교육을 시킨 것이 한국에서 본격적으로 신학교육의 효시가 되었다. 이 신학반이 대한예수교장로회신학교가 되었다. 이에 따라 1907년 첫 졸업생 7인이 졸업을 하였고, 그 해에 독노회가 조직되어 한국인 첫 목사가 탄생하여 한국인에 의한 한국인 교회치리의 시대로 접어들게 되었다.

3. 초기 선교사 순교자들

우리는 초기 한국교회의 역사에서 선교사들의 선교정책을 다루면서 그냥 지나칠 수 없는 항목이 하나 있다. 그것은 이 땅에서 선교하다 그들의 귀한 생명을 바친 순교자들에 대한 얘기이다. 우리 교회는 이들의 값진 피 위에 섰고, 성장해 왔으며, 또 성장해 나갈 것이다. 우리는 선교사들의 실책을 나무라기 전에, 먼저 겸허하게 이 땅에 복음 선교를 위해 거친 환경 속에서 하나님이 주신 임무에 충실하다 아까운 나이에 이 땅에 뼈를 묻은 순교자들의 묘 앞에 한 송이 꽃을 헌화해야 할 것이다. 엄격한 의미에서 이들의 죽음이 물론 순교는 아니다. 왜냐하면 그들의 죽음이 1866년 대동강변에서 순교한 토마스 목사와 같이 신앙을 지키기 위해 죽은 것이 아니고, 자기의 임무를 수행하다가 목숨을 잃은 것이기 때문에 순직(殉職)이라 함이 옳을 것이다. 그러나 우리는 이들의 죽음이 단순한 임무 수행 중의 죽음이 아니고, 이역 만리 낯선 땅에서 음식도, 기후도, 환경도 맞지 않은 곳에 와서 복음을 전하다 죽은 것이기에 순교라는 말을 쓰는 데는 아무 저항감을 갖지 않는다. 다음에서는 이 땅에서 복음을 전하다 순교한 선교사들을 순교한 시기에 따라 몇 사람의 행적을 적어 보기로 한다.

- 헨리 데이비스(J. Henry Davies) 목사 : 호주 빅토리아장로교회 파송 선교사로서 내한한 지 6개월 만에 1889년 8월에 천연두에 걸려 순교.
- 존 헤론(John W. Heron, M.D.) 의사 : 한국 최초의 선교사로 임명 받고 1885년 6월에 내한하여 의료 활동을 하다, 내한한 지 5년 후인 1890년 환자들을 치료하다가 더위와 과로에 지쳐 이질에 걸려 7월 16일 순교함. 그의 순교로 양화진 외국인 묘지가 생겨났고, 처음으로 매장되다.
- 윌리암 메켄지(Rev. William J. McKenzie) 목사 : 1893년 12월 내한하여 솔내에 들어가 혼자 외롭게 살다가 열병에 걸려 1895년 6월 23일 쓸쓸히 죽어 갔다.
- 다니엘 기포드(Daniel L. Gifford, Mary E. Gifford) 목사 부부 : 1888년 내한하여 경기도 지방 순방중 이질에 걸려 1900년 4월 순교.
- 조지 렉(George Leck) 목사 : "외국의 선교사가 되는 것은 미국의 대통령이 되는 것보다 훨씬 더 영예스러운 일이다."라고 말할 정도로 선교사에 대한 긍지를 가졌던 사람이었다. 그는 1900년에 내한, 평양에서 사역하다 천연두에 걸려 1901년 성탄절에 순교.
- 헨리 아펜젤러(Rev. Henry G. Appenzeller) 목사 : 1885년 언더우드와 함께 입국한 최초의 감리교 선교사로서 배재학당, 정동감리교회를 세웠다. 1902년 6월 목포에서 모이는 성서번역자 회의에 참석키 위해 배를 타고 가다 침몰하여 순교.
- 윌리암 전킨(Rev. William M. Junkin) 목사 : 남장로교회 선교사로 내한하여 1908년 1월 장티푸스와 폐렴으로 순교.

여기에 기록된 이들 말고도 많은 선교사, 부인, 자녀들의 죽음이 있었다는 사실을 한국교회는 결코 잊어서는 안 될 것이다.

제8장
초기 한국교회 급성장의 원인

한국 초기 교회의 성장에 대해 선교사들을 보냈던 교회들이 이것은 "근대선교의 또 다른 기적"이라고 말하고 있다. 그도 그럴 것이 같은 아시아권이면서도 중국선교에서는 1807년 로버트 모리슨(Robert Morrison)이 25세의 젊은 나이에 선교를 시작하고 나서 7년이 지난 후에 첫 결신자를 얻은 후, 그가 사망하던 1834년까지 불과 단 2명이 세례를 받아 27년 동안 3인의 결신자를 얻는데 그쳤고, 태국에서는 1831년 미국 회중교회가 선교를 시작해서 18년 동안이나 선교를 했으나 아무 실적도 없이 철수하였고, 미국 장로교회가 1840년부터 선교를 시작하였으나 역시 18년 동안 아무 실적이 없다가 이듬해인 1859년에, 그러니까 회중교회 선교로부터 계산하면 실로 27년 만에 나이 츄네(Nai Chune)라는 여자가 처음으로 세례를 받았고, 그로부터 2년 후에 남자 하나가 세례를 받음으로써 태국 선교 30년에 단 두 명이 세례를 받은 기막힌 역사를 갖고 있다.

한편 몽고에서는 1817년 런던 선교회가 보낸 슈미트(T. Schumidt)가 10년 선교에 단 2명을 세례 주고 나서, 같은 해에 선교를 시작한 스톨

리브라스(Edward Stallybrass)와 스완(W. Swan)이 25년 간 선교했으나 아무 실적이 없어 1841년에 선교지를 떠났다. 1870년에 스코틀랜드에서 온 길무어(James Gilmur)가 22년간 선교했으나 아무 실적없이 떠나, 결국 두 선교사가 선교한 기간인 47년 동안 단 한 사람의 결신자도 얻지 못하는 허무한 선교역사를 남겼다.

그런데 같은 아시아권이면서도 왜 한국교회는 선교 30년이 채 되지도 않아서 총회가 창립되고, 그 총회가 해외에 선교사를 파송할 정도의 경이적인 선교의 결실을 맺을 수 있었던 이유는 어디에 있었을까? 이 점이 많은 사람들이 궁금해 하는 점이다. 어느 나라에서는 수십 년을 선교해도 얻지 못하는 세례교인을, 선교사가 전도여행 중에 만난 사람들에게 예배당도 없는 곳에서 예배당 대신 시냇가에서 세례를 줄 정도로 한국선교는 풍성한 수확을 올렸던 것이다. 따라서 우리는 여기서 초기 한국선교가 잘 될 수 있었던 원인들에 대해 분석해 볼 필요가 있는 것이다. 여러 사람들이 다양하게 이 원인을 분석한 것이 있는데, 이런 것을 종합해 보면 다음과 같은 몇 가지 원인 분석이 가능할 것 같다.

1. 무국교

초기 한국교회 성장의 첫 번째 이유는 무엇보다도 기독교가 한국에 선교될 무렵, 한국에는 강력한 국교(國敎)가 없었다는 점을 들어야 할 것이다. 한국에는 "종교가 없다."라는 외국인들과 선교사들의 기록을 쉽게 찾아볼 수 있다. 그러나 실제로는 종교가 없었던 것이 아니고 분명히 무교, 불교, 유교 등의 잡다한 종교들이 있었지만, 어느 하나도 민족종교로 정착되지 못했고, 시대에 따라, 정권에 따라 종교가 뒤바뀌는 과정에서 어느 하나도 제대로 자리잡지 못했던 것이다. 인도, 중국, 태국, 몽고 등 아시아 제국의 선교가 그토록 어려웠던 것은 그 곳에 수천 년 내려오는 민족종교가 굳게 자리잡고 있었기 때문이었다.

2. 난 국

한국에 기독교가 들어왔을 때 한국은 국내외적으로 무척 어려운 처지에 놓여 있을 때였다. 따라서 한국은 어떤 새로운 힘에 의존해야 하는 상황에 있었다. 한국 사람들은 대체로 강한 것에 의존하려는 성향이 강해서 그 동안 중국을 기대고 살아왔으나 청 일전쟁에서 지금까지 '왜놈, 쪽발이'라고 얕보고 깔보던 일본이 중국을 이기고, 후에는 노 일전쟁에서 러시아까지 이기는 것을 보고 이들이 서양의 기술과 산업을 받아들여 근대화함으로써 그렇게 된 것을 알게 된다. 따라서 선교사들을 통해 서양의 선진된 기술문명을 가진 힘센 나라들에게 기대려는 한편, 그 문명도 받아들이려는 의도 속에서 신앙을 쉽게 받아들일 수 있었다고 보여진다.

3. 국왕의 후원

국왕이 공개적으로 기독교에 대해 호의를 보인 점이었다. 이미 언급한 것과 같이 알렌이 1884년 9월에 입국하고 나서 바로 그 해 12월에 갑신정변(甲申政變)이 일어나 민영익을 치료해 준 것이 계기가 되어, 알렌은 곧 고종황제의 어의(御醫)로 임명이 되었고, 그 후 을미사변(乙未事變) 때 선교사들이 황제를 보호하기 위해 밤에 교대로 불침번을 서기도 하고 음식을 조달하고 하는 과정에서 국왕은 공개적으로 기독교에 호의를 보이게 된 계기가 되었다. 로마 천주교회가 한국에 처음 들어왔을 때 무군무부(無君無父)의 종교라는 오인으로 조정과 왕실로부터 혹독한 박해를 받았던 것에 반해, 개신교는 이렇게 처음부터 왕실과 밀착되어 선교의 교두보가 확보됨으로써 선교에 많은 덕을 보았고, 또 일반 백성들이 신앙을 받아들이는 데 좋은 여건으로 작용한 것이 사실이다.

4. 비서구 식민지

한국은 다른 아시아 제국과 같이 서구의 식민지 경험이 없어서 서구와 서구종교에 대한 반감이 없었다는 것이다. 중국에서는 서구 기독교 제국주의자들의 무자비한 폭력에 의한 식민지 강탈과 아편전쟁 같은 야만적 정책들이 시행되었고, 이는 결국 중국 사람으로부터 서양에 대한 적대감을 갖게 하였으며, 자연히 서양인의 종교라고 간주되던 기독교에 대해서까지 적대감을 갖게 했다. 따라서 중국인으로 기독교 신자가 되는 것은 곧 민족과 국가의 반역자가 되는 결과가 되어 기독교 신앙을 갖는 데 결정적인 저해요인으로 작용한 게 사실이다.

그러나 한국은 서구의 식민지 경험이 없었을 뿐만 아니라, 오히려 일제의 식민통치 기간 동안 서양 선교사들로부터 직·간접적 도움을 많이 받게 되었고, 기독교가 항일운동에 앞장 서서 투쟁한 결과 많은 사람들이 기독교에 귀의하고, 중국과 달리 기독교에 귀의하는 것은 곧 애국자가 되는 것이란 관념을 갖게 된 것이다.

5. 한국인의 전도열

한국인들의 전도열이 한국교회를 부흥시켰다. 한국인들은 신앙을 받아들인 후에 자기 혼자만 신앙을 갖는 게 아니고 열심히 전도하여 많은 사람들에게 신앙을 갖도록 권고한다. 이는 네비우스 삼자정책의 자전(自傳)운동과 맞물려 더욱 가속을 받게 되었다. 한국인들의 전도열이 아니었다면 한국교회 성장은 결코 이룰 수 없었을 것이다. 의주의 청년들이 만주에서 로스와 매킨타이어 선교사를 만나 세례를 받고 성경을 번역한 뒤 쪽복음서들을 갖고 고향에 돌아와 권서 혹은 매서로 여러 곳을 다니면서 전도했다는 사실은 이미 언급한 바 있다.

6. 언문성경의 확보

한국교회는 처음부터 자국어로 된 성경, 무엇보다도 쉽고 누구나 읽을 수 있는 성경을 일찍이 확보하였으며, 또한 초기부터 성경공부, 즉 사경회를 열심히 했다는 점을 지적해야 한다. 백낙준 박사는 한국의 개신교가 일찍이 성경번역에 애쓴 일을 한국 천주교회와 대비하여, "한국 천주교회는 1784년 이승훈이 교회를 창설한 이래 1866년까지 82년이란 세월이 흘러갔지만 그 동안 쪽복음서 한 권이나 성경의 어느 한 부분도 번역하려 하지 않았다."라고 지적한 바 있었다.

한국에 천주교회가 개신교회보다 100년이나 일찍 들어왔으면서도 오늘 그 교세가 개신교의 1/3에 불과한 것은 바로 생명의 말씀인 성경을 빨리 번역치 않고, 성경을 보급치 않고, 성경을 가르치지 않았기 때문이라고 볼 수 있다. 그러나 한국 개신교회는 선교사들이 들어오기도 전에 만주에서, 일본에서 성경이 번역, 유입되어 반포되었고, 일반인들이 성경을 읽고 기독교 신앙을 받아들였다. 따라서 성경의 교회, 성경의 신앙은 무엇보다도 한국교회 성장의 밑거름이 되었다.

이와 연결해서 또 한 가지 빼놓을 수 없는 사실은 한국이 문자와 언어의 통일이 되어 있었다는 점이다. 한글과 한국말이면 함경도에서 제주도에까지 안 통하는 곳이 없었으므로 한국교회 성장이 빨랐다는 분석이 가능한 것이다. 이 점에 대해서 선교사 스워러(W. B. Swearer)도 "한 민족이 한 언어"(one people speaking one language)를 사용하고 있는 점이 이 나라 복음화의 호(好)조건이라고 지적한 바 있었다.

7. 신앙과 생활의 일치

한국교회는 초기부터 신앙과 생활을 양분시키지 않고, 기독교 신앙을 받아들인 사람은 즉시 생활의 변혁을 가져오게 하는 정책을 수립한 것이다. 내면적 신앙과 외면적 생활의 함수관계를 일치시키는 신앙의 형태를 수용했다. 삶의 변화는 사회, 민족, 국가의 변화를 가져오게 함으로써 수난기에 한국교회는 민족과 더불어 고난의 과정을 경과하였고, 개화와 항일의 대열에 앞장 설 수 있었다.

한국의 선교가 의료와 교육에서 출발하였다면 이는 곧 개인생활의 변혁, 민족의 개화, 국가의 독립으로 이어지는 일련의 사회 구원의 축에서 신앙이 정착되었다는 점을 지적할 수 있을 것이다. 따라서 입신동기에 개화와 애국 관점에서 기독교에 들어온 사람들이 적지 않았다는 점에서도 이를 반증하고 있다. 개신교가 처음부터 내세지향적 개인구원에만 치중했다면 개화와 민족운동을 지향했던 인사들의 입교는 처음부터 부진했을 것이다. 따라서 초기 선교사들은 여자학교와 맹인학교를 세우고, 언더우드는 등유와 농기구를 수입했으며, 빈튼은 재봉틀을 수입하여 한국인들의 생활개혁에 힘썼던 것이다.

평양에서 숭실학교를 세운 베어드(W. Baird, 裵緯良)는 철저한 복음주의자였다. 그러나 그의 교육철학은 현실주의에 기초한 복음주의를 교수하는 것이었다. 그는 항상 그의 학생들에게 강조하기를 "내가 조선에 와서 전도하는 목적은 장래 천당에 가서 영적인 구원얻는 것보다도 현재 육적인 구원으로서 전도의 요체를 삼고 있는 것이다."라고 역설하였다. 물론 그는 교육자로서 학생들에게 하는 말이었지만 이 말 속에 복음주의와 현실주의가 양분되지 않고 병립해 있는 것을 엿볼 수가 있다.

8. 기도운동

한국교회의 성장은 교인들의 기도운동이었다. 한국사람들은 본래 하늘에 기도하는 습성이 있었다. 무교에서 천지신명(天地神明)에게 기도하고, 새벽에 일어나 정한수 떠놓고 빌고, 성황당(城隍堂)에 빌고, 아들 낳기 위해 삼신(三神 : 삼시랑 할매)에게 기도하는 습관이 있었다. 기독교에 귀의한 후 한국교인들은 누구보다도 열심히 기도하였다. 이제 피조물이나 쓸데없는 헛된 신에게 기도하는 것이 아니고, 살아 계시고 인격적인 하나님께 기도하기 시작하였다.

또 한국에 기독교가 유입되던 때는 국가, 민족적으로 무척 어려운 때였다. 그러므로 개인과 가정, 그리고 민족과 국가를 위해 기도할 일이 너무도 많았다. 예배시나 개인적 기도의 시간이 많은 것은 당연한 일이었다. 1907년 대부흥운동 기간에 한국에서 세계 어느 교회에도 없는 독특한 새벽기도회, 철야기도회, 통성기도회가 일어난 것도 결코 우연이 아니었다.

9. 사회개혁과 애국애족의 신앙

한국의 초기교회는 사회개혁과 애국애족의 교회로 정착했다. 다음에서 보는 바와 같이 초기부터 한국교회는 봉건적, 유교적 전통에 매여 있는 사회를 기초부터 개혁하는 일에 앞장 섰다. 여성의 인권신장, 차별적 신분제도의 혁신, 민권의 존중, 노동가치의 고양, 미신타파 등의 사회개혁은 많은 사람들이 기독교에 대한 관심을 불러일으켰고, 자연히 기독교 신앙으로 들어오는 사람들의 숫자가 늘어나게 되었다. 또한 일제의 억압 속에서 교회가 애국애족의 모습을 나타낼 때 자연히 기독교가 외래 종교지만 우리 민족이 믿어서 좋은 종교로 인식하게 되었고, 교회에 나오는 사람들이 늘어나게 되었다.

10. 치리의 교회

한국교회는 권징과 치리에 철저한 교회였다. 초기 선교사들은 한국 교인들에게 교회생활에서 엄격한 청교도적 훈련을 시켜 교회법에 어그러진 경우는 엄격하게 치리를 하였다. 이런 예는 교회 역사에서 얼마든지 찾아볼 수 있는데, 한국에서 처음으로 조직교회로 출발한 새문안교회의 당회록을 보면 교우들 중에 기독교 교리에 어긋나거나 신자로서 본이 되지 못하는 행위를 했을 때는 엄중하게 권면하고, 그래도 듣지 않으면 책임을 물어 책벌하고 있는 기록을 거의 매쪽마다 볼 수 있다.

1912년 장로회 총회가 창립될 때 북평안노회의 보고를 보면, "당회들이 교회 사리는 것은 성경과 쟝로회 정치를 의지ᄒ며 **척별**ᄒ 거슨 혼인 규측을 위반ᄒ며 음란ᄒ며 잡기ᄒ며 모든 불법ᄒ 일에 **척별**한 쟈가 3빅 3인, ᄒ별한 이가 1백 50인 츌교한 쟈 47인이오며"라고 기록하고 있다. 한 노회에서 책벌이 300명이 넘고 출교한 자가 50명에 가까운 이러한 모습은 초기 한국교회가 교인들의 훈련에 얼마나 전념했는가를 단적으로 보여 주는 좋은 예가 될 것이다.

교인들의 엄격한 훈련이 교회성장에 크게 기여했다는 사실을 우리는 역사적 기록을 통해 쉽게 찾아볼 수 있는 것이다. 권징이나 책벌이 없는 현대 교회에 시사하는 바가 크다 아니 할 수 없다.

교회성장은 인간의 노력과 전략으로만 되는 것은 아니다. 오로지 하나님의 섭리와 성령의 감동으로 이루어지는 것이기 때문에 한국교회가 성장했다면 그것은 전적으로 성령께서 하신 일이라고 말할 수밖에 없다. 한국선교 50주년에 마포삼열 선교사가 한국선교의 위대한 성과에 대해 "지난 50년 동안 우리는 이 백성을 하나님의 말씀에로 이끌어 올렸습니다. 그리고 성령께서 나머지를 행하셨습니다."라고 한 말이 가장 정확한 것이라 여겨진다. 성령은 인간을 통해 일하시는 분이요, 인간은 그의 손에 붙잡혀 쓰여지는 도구일 뿐이다. 우리는 이것을 믿는다.

제 9 장
초기 기독교의 형성과 수난

1. 기독교 신앙을 받아들이는 형태

-서민들의 입교

일반적으로 한국 개신교 선교에 대해 "근대선교의 또 다른 기적"이라고 이야기할 정도로 한국선교의 성공적 결과를 평가한다. 선교사 로즈(H. A. Rhodes, 盧解理)는 "개신교가 조선에서만큼 급속도로 발전된 일은 어떤 나라에서든지 보기 드문 사실이다. 조선 40년 간의 신긔독교(개신교)의 통계표는 다른 나라의 100년간의 그것보다 더 나은 성적을 보고한다."라고 기록한 바 있다.

한국의 천주교가 처음부터 학자들을 중심한 상류층에서부터 선교가 시작되었다면, 개신교회는 하층민에서부터 그 선교가 시작되었다. 언더우드는 그의 선교 초기부터 낮은 계층의 사람들을 중심으로 전도를 해나갔다. 그것은 관리들이나 양반계급들은 여러 가지 제약들 때문에 신앙을 받아들이기 어렵다고 판단했기 때문이었다. 특히 관리들이 국가적인 제전(祭典)에 나아가 사당에 절하고 조상숭배의 예식에 따라 제사를 드릴 수밖에 없는 현실적인 문제들에 봉착했기 때문이었다. 뿐만 아니라 당시의 사회적 관습으로 이들은 소실이나 첩을 두세 명씩 데리고 살고 있었는데, 교회는 이것을 용인하지 않았기 때문에 이를 척결(剔抉)한다는 것은 쉬운 일이 아니었다. 따라서 양반계층에 대한 전도는 쉬운 일이 아니었다. 그러나 일반 대중들은 없이 살고, 억압받고, 고통당하고 사는 처지인지라, 새 신앙을 받아들이는 것이 그들에게 조금이라도 도움이 된다고 생각되면 그것을 쉽게 받을 수 있었던 것이다. 따라서 선교사들이 양반층보다는 비교적 전도가 쉬운 일반 서민들에게 초점을 맞추게 된 것을 어렵지 않게 짐작할 수 있다.

물론 이런 것에 대한 비판 역시 없지 않다. 한국민들이 쉽게 기독교 신앙을 받아들이게 된 것은 확실한 기독교 진리를 깨닫고 입신한 것이라기보다는 현실적 이익에 급급하여 그랬던 것으로 이해되는 측면도 없지 않다. 즉, 서양 선교사들과 가까워짐으로써 물질적인 이득을 얻으려는 직접적 동기와, 또한 통계상으로 보이는 것과 같이 국난이 닥치거나 역질이나 흉년과 같은 재난이 왔을 때 교회로 몰려오는 군중들이 많았고, 탐관오리들의 등살에 못이겨 외국인들로부터 보호를 받고자 하는 동기가 없었다고 말할 수는 없을 것이다. 이런 증거로는 1895년 청일전쟁 전후와 1905년 을사늑약과 1907년 정미조약, 1910년의 한일 병탄 등의 어려운 시절에 교인수가 급증한 점을 들 수 있겠다.

특히 하류층의 입교와 관계되어 간과할 수 없는 일 가운데 하나는 백정들의 입교였다. 백정들은 호적도 없고 의관(衣冠)의 착용이 용납되지 아니하였고, 천민 이외의 다른 평민과 혼인도 할 수 없었다. 북장로교회 선교사 무어(S. F. Moore)는 백정들에게 많은 관심을 갖고 서울의 관철동(貫鐵洞)의 백정부락에서 그들의 신분 향상을 위해 애를 많이 썼다. 그는 국왕에게 청원하여 백정들도 갓을 쓸 수 있게 해주었고, 그들에 대한 전도에 진력하여 수많은 백정들이 교회로 몰려나오게 되었다.

- 지식층의 입교

기독교 신앙이 반드시 서민들이나 낮은 계층만의 전유물이었던 것은 물론 아니었다. 대체로 양반계급에서 제반 여건으로 신앙을 받아들이기가 어려웠다는 것이지, 양반이나 지식층에 대한 전도가 전무한 것은 아니었다. 지식층들의 입신 동기는 물론 무산 대중들의 그것과는 판이하게 다를 수밖에 없다. 그들이 선교사들의 도움이나 물질적 이득 혹은 그들의 보호를 원해서 입교를 한 것은 아니고, 대체로 세 가지 요인이라고 볼 수 있다. 첫째는 초기에 유학자들이 한문으로 된 기독교 서적에 접하면서 학문적 입장에서 새로운 학문에 대한 호기심과 연구심에 의해 접하다 기독교 신앙을 받아들이고 교회의 중요한 지도자들이 된 경우이고, 둘째는 기독교를 통하여 국가의 자주독립을 쟁취해 보고자 하는 애국적 동기였고, 셋째로 기독교 사상을 통해서 이 땅에 민도(民度)를 높이고 부국강병(富國强兵)을 모색하여 민주적 입헌국가를 만들어 당시 사회의 문제들을 해결해 보려는 정치적 포부에 그 원인이 있었다고 볼 수 있다.

지식층의 기독교 입교와 활동에 대한 것은 독립협회(獨立協會)를 통해서 잘 알아볼 수 있다. 독립협회는 1884년 갑신정변 때 주동인물 중 하나였던 서재필(徐載弼 : Philip Jaison)과 주한 미국 공사관의 통역관으로 있던 윤치호, 그리고 초대 주미 한국 공사관의 비서관이었던 이상재(李商在) 등을 중심으로 창립되었는데, 서재필과 윤치호는 갑신정변이 실패한 후 해외로 망명하였다가 10여 년 만에 귀국하여 독립협회를 창설하였다. 서재필은 1896년 4월 최초로 순 한글신문인「독립신문」을 창간하였고, 11월에는 중국 사신들을 영접하던 영은문(迎恩門) 옆에 있던 모화관(慕華館)을 개축하여 독립관으로 그 이름을 바꾸고, 이어 영은문을 헐고 그 자리에다가 독립문을 건립하였다. 1896년 7월 독립협회가 창립되었는데 그때 이 협회는 국민교육과 민주창달, 그리고 자주독립, 자강혁신(自强革新), 자유민권을 목표로 출발하였다.

중심인물인 서재필, 윤치호는 외국에서 기독교인이 되어 입국하였고, 나머지 인물들도 아직 기독교인은 아니었지만 기독교에 접해 이미 그 정신에 익숙해 있던 인물들이었다. 평양에 독립협회의 지부가 설치될 때 안창호, 길선주 같은 기독교 지도자들이 중심이 되어 발기하였던 것을 생각하면 이 협회가 당시 기독교 지도자들이 중심이 되었다는 사실을 부인할 수 없다. 이 협회의 운동목표는 외세를 배격하고 자주독립국을 만든다는 것, 부패한 정부관리들과 정치를 혁신한다는 것, 민중들의 참정권을 위해 일한다는 것 등이었다. 처음에는 온건한 방향으로 나갔으나 차차 과격한 말이 나오기 시작했고, 만민공동회를 열어 국정 개선안을 채택하고 차차 입헌군주제를 도입하여 일반 백성들의 의견을 정치에 반영하는 방향으로 나가려 했으나, 일부의 모략과 정부의 의심으로 결국 1898년 11월 정부는 독립협회를 해산시키고 주동인물들을 체포하여 투옥시켰다.

이 때에 이승만(李承晩), 이상재(李商在), 신흥우(申興雨), 김정식(金貞植) 등이 투옥되었는데, 이들이 감옥에 있을 때에 언더우드, 게일, 헐버트, 번커, 에비슨 등의 선교사들이 감옥에 자주 가서 이들을 면회했고, 성경과 기독교 서적을 차입하여 주었는데, 이들이 이 서적들을 통하여 예수를 믿게 되었고, 후에 민족과 교회의 지도자들이 된 것은 주지할 만한 사실이다.

이승만이 감옥에서 회개하고 예수를 믿기로 작정하고 나서 맨 먼저 드린 기도가, "오 하나님, 우리 나라를 구원해 주시고, 나의 영혼을 구원해 주시옵소서."였다. 여기서 이승만의 마음속에 자기 영혼 구원보다 나라 구원이 먼저 있었음을 엿볼 수 있다.

감옥에서 석방된 후 이승만은 신흥우와 함께 감리교회에 입교하였다. 이것이 바로 당시에 지식층 인사들이 입신하는 동기가 된 것을 단적으로 보여 주고 있다. 자기 영혼의 구원보다도 국가의 구원을 먼저 생각한 당시 지도자들의 애끓는 심정을 보여 주는 것이지만, 한편으로는 그들의 입신이 개인의 철저한 회개와 예수를 구세주로 받아들였다기보다는 국가의 안위와 독립을 위한 방편으로 예수를 믿고, 교회를 이용하여 소기의 목적을 이루려 했다는 분석이 가능한 것이다.

여기에서 우리는 초기 신자들의 입신동기가 순수한 기독교 신앙에의 입문이라기보다는 일반 대중들은 이기적 동기로, 양반 지식층은 애국적, 독립운동의 방편으로 이루어졌다는 추론을 이끌어 내는 데 별 어려움이 없다고 하겠다. 그러나 어느 모양으로든지 우리 민족에게 복음을 허락하시고, 그 동기가 어떻든 간에 기독교 신앙을 받아들이게 하셨고, 우리 교회가 틀을 잡아가면서 성장하도록 이끌어 주신 하나님의 섭리를 깨닫게 된다.

2. 초기 기독교가 당한 수난들

- 전통과 수구의 반격

기독교가 한국에 정착하면서 오랫동안 내려오던 문화 속에서 아무 충돌 없이 정착되었다면, 오히려 그것이 이상한 일일 것이다. 그것은 문화와의 충돌이기도 하였고, 수구(守舊)파와 기득권자들이 새로 들어온 사상과 선교사들에 대하여 적대하고 질시한 것이 그 원인이 될 수도 있었다.

개신교가 한국에 선교되면서 신앙을 고백하고 믿음의 생활을 하는 사람들이 말할 수 없는 고난을 받았다. 개신교가 선교될 때는 천주교의 박해가 있었던 후라 개신교를 천주교로 오해하고 성경을 사학(邪學)이라 하여 박멸하고 가족 중 신앙을 받아들인 이가 있으면 호적에서 그 이름을 삭제하고, 며느리가 믿는다고 하여 온 가족이 그녀를 거의 죽을 지경까지 구타하고 머리털을 잘라 버린 후에 마침내 맨몸으로 쫓아내는 고통을 주는 경우도 흔하였다.

감리교 선교사 존스(G. H. Jones)는 초기 기독교인들이 받는 수난에 대해 "전국 방방곡곡에서 기독교인들은 불신자들의 의식(儀式)에 불참하고 조상과 지방신 숭배를 거부하는 것 때문에 상당한 박해를 받고 있으며, 어떤 지방에서는 견디기 어려울 정도로 박해가 자심하다."라고 보고하고 있다. 아펜젤러는 예수를 믿는다는 이유 때문에 집에서 쫓겨

난 여자에게 세례를 베풀었다는 글을 쓰기도 하였다.

1888년에 있었던 '어린이 소동'(The Baby Riots)은 무지와 오해에서 기인한 사건이었다. 즉, 선교사들이 어린이들을 잡아다가 눈알을 빼어 약을 만드는 데 쓰기도 하고, 식탁에 올리기도 하며, 외국에 노예로 팔기도 한다고 하는 뜬소문이 퍼져 선교사들 전체가 커다란 위험에 빠졌고 선교사역을 크게 위축시킨 일도 있었다.

1894년 4월 평양에서는 서서히 확대되어 가는 기독교 세력을 억압할 목적으로 평양감사 민병석(閔丙奭)이 유교의 수호와 서양인들의 혹세무민(惑世誣民) 방지를 명분으로 장로교회의 한석진(韓錫晋)과 감리교회의 김창식(金昌植), 그리고 신자 수인을 체포하여 거의 죽도록 구타하고 기독교 신앙을 버리도록 강요하는 사건이 벌어졌다. 이에 평양에 주재하고 있던 장로교 선교사 마펫(S. A. Moffett)과 감리교 선교사 홀(W. J. Hall)이 서울의 각국 공사관에 급히 연락, 외교 경로로 국왕에게 보고하여 왕명으로 체포된 자들을 풀어 주게 한 일이 있었다.

선교사를 직접 박해한 사건이 1899년 황해도 황주에서 발생하였다. 선교여행을 하고 있던 장로교 선교사 그레함 리(G. Lee)가 황주에 도착했을 때 사교(邪敎)를 박멸한다는 이유로 "교회를 때려부수고, 교인들을 난타하며, 이 목사의 책을 불태우고, 현금 56달러를 강탈하는 사태가 벌어졌다." 이 사건을 보고받은 당시 주미 대리공사 알렌은 즉시 한국 정부에 항의 각서를 보내고 범법자들의 처벌을 강력히 요구하였다.

또한 몇 사람의 개인적 원한으로 인해 전국적인 기독교 박해가 계획되기도 하였다. 1899년 서울에 전차(電車) 공사가 한참 진행되고 있을 때, 경무사(警務使) 김영준(金永俊)과 내장원경(內臟院卿) 이용익(李容翊)은 대중들이 전차를 타게 되면 재원(財源)이 고갈될 것을 염려하여 왕에게 상소도 하고 전차가 완공된 후에도 전차 안 타기 운동을 뒤에서 부추기기도 하였다. 그러나 외국인들이 국왕에게 이 일에 대해 불평을 하게 되자, 이들이 이에 원한을 품고 국왕에게 개신교가 끼치는 피해를 낱낱이 상소하여 1900년 12월 1일을 기하여 국내에서 활동하는 모든 선교사들과 전국에 있는 기독교인들을 박멸하라고 하는 밀서를 보낼 계획을 세웠다.

이 무서운 음모의 내역을 처음 알게 된 사람은 선교여행중이었던 언더우드였다. 그는 사태의 심각성을 깨닫고 지체 없이 한국인들이 읽을 수 없도록 라틴어로 에비슨에게 전보를 쳐서, 이 사실을 알렌에게 알려 교회와 교인의 피해가 없도록 해달라고 하였다. 알렌은 즉시 국왕을 알현하고 사태를 보고하였으므로, 고종은 각 도에 전보를 발송하여 이의 즉각적인 중지를 엄히 명하였다. 이로써 김영준 등의 음모는 불발에 그치고, 교회는 일촉즉발(一觸卽發)의 위기를 넘길 수 있었다.

－천주교의 박해

천주교나 개신교는 같은 하나님을 믿고, 같은 예수를 믿고, 같은 성경을 읽고, 같은 뿌리에서 나온 교회로서 오늘에 있어서는 에큐메니칼 정신에 의해서 서로를 그리스도 안에서 형제로 받아들이고 있지만, 초창기에는 두 교회간의 갈등이 심했다. 물론 이러한 갈등은 교단이 정책적으로 선도한 것은 아니고 대개 개인이나 개교회 단위에서 이루어진 불행한 사건이었지만, 초기에 천주교인들이 개신교도들에게 악행을 하고 핍박을 한 사실을 간과할 수 없다.

최초의 박해는 1891년 황해도 재령지방과 신환포(新煥浦) 등지의 여러 교회에서 교인들이 예배를 드리고 있을 때 로마 천주교인들이 몰려와 남녀교인들을 협박 공갈하며 개신교도들을 구타한 사건이 있었다. 천주교도들의 횡포에 대해 윤치호도 그의 「일기」에서 가톨릭 신부들과 신도들이 원산과 안변(安邊)에서 불칙스러운 행위를 한다고 적고 있다. 이 소식을 듣고 황해도 관찰사는 포졸들을 보내 범인을 체포하도록 하였으나, 오히려 천주교도들은 포졸들까지 때려 보냈다. 이 사건은 곧 서울에 보고되었고, 외국인 사회에도 자연히 알려지게 되었다. 그런데 천주교인들이 이렇게 방자한 행동을 할 수 있었던 것은 그들 뒤에 안악(安岳) 근처에서 선교활동을 하던 빌헬름(J. Wilhelm)이라는 성격이 괴

팍한 신부가 있었기 때문이었다. 당시 외국인들은 치외법권(治外法權)의 특전을 누리고 있었기 때문에 관리들도 함부로 할 수가 없었고, 특히 신부들은 불란서 공사관의 절대적인 보호를 받고 있어서 그의 횡포는 다스리기 어려웠다. 따라서 신 구교 간의 갈등은 결국 일부 지역에서 분별력 없는 사람들에 의해 일어난 일과성 사건으로 보는 것이 좋을 것이다.

─ 동학교도들의 위협

경상도 경주에서 몰락한 양반의 아들로 태어난 최제우(崔濟愚)가 37세 되던 1860년(철종 11년) 신의 계시를 받아 인내천(人乃天 : 사람이 곧 하늘이다.) 사상을 주장하면서 서학(西學 : 천주교)에 대칭하여 동학(東學)이라 일컫는 새로운 사상을 설파하기 시작하였다. 그는 새로운 세계는 내세(來世)가 아니라 현세에 있음을 주장하여 당시 고통받는 일반 대중들에게 큰 인기를 얻어 그 세력이 크게 확대되었다.

동학은 조선 말기의 혼란한 사회에서 동학(東學)이라는 이름 자체가 서학(西學)이라고 불리던 기독교에 대항하는 세력으로 나타났기 때문에 이들이 기독교에 대해 적대적인 태도를 취하게 된 것은 당연하였다. 특히 이들은 외국인들이 이 나라에 와서 자기들의 교(敎)를 양반자제들에게 가르쳐 개종시키고 있는 것에 대해 성토하면서, 선교사들은 곧 물러가라는 방문(榜文)을 선교사들 집에 붙였던 것이다. 그러나 동학도들이 선교사들이나 기독교도들을 직접 공격하거나 예배당을 훼손하는 일은 거의 없었다. 시간이 지나면서 저들은 기독교도의 반일적인 기상을 보면서 오히려 동지적인 의식을 갖게 되었고, 저들의 주장, 즉 척왜척양(斥倭斥洋)에서 청 일전쟁을 전후해서는 척양(斥洋)이 빠지고 척왜(斥倭)만을 주장하게 되었다. 따라서 교회가 동학에 의해 위협을 당한 것은 사실이지만, 그 정도에 있어서는 그렇게 심각하지는 않았다.

제10장
1907년 대부흥운동

　약소국 한국은 20세기에 들어와서 힘이 다스리는 냉엄한 국제질서 속에서 비극적 역사를 맞게 된다. 1905년 7월 미육군성 장관 테프트 (W. H. Taft)는 당시 미국 대통령 데오도르 루즈벨트(Theodore Roosebelt)의 밀지를 받고 일본 수상 가츠라 다로(桂太郎)와 소위 "가츠라-테프트 메모"라는 비밀협정을 맺었다. 이 협정은 미국이 일본의 조선 지배를 묵인하고 일본은 필리핀에 대한 침략의도가 없다는 것을 확인한 것이었다. 이에 따라 그 해 11월 일제는 저 치욕의 을사늑약(乙巳勒約)을 강압적으로 선포함과 동시에 서울에 통감부(統監府)를 설치하고 통감정치를 시작했다.

　일제는 1907년에는 정미(丁未)조약을 역시 강압적으로 맺어 한국의 경찰과 군대를 해산하여 사실상 국권을 장악하였으며, 고종을 강제로 퇴위시켜 왕권까지 좌지우지하면서, 급기야는 1910년 한일병탄을 이루고 말았으니 500년 조선왕조는 사실상 그 끝을 보고 말았다. 이 때부터 시작된 일제의 한국 침탈의 역사는 저들이 1945년 제2차 세계대전에서 완전히 패퇴하여 이 강토에서 물러날 때까지 무서운 박해와 착

취로 점철되었다.

이렇게 어려운 때에도 교회는 계속 성장하여 1907년에 독(립)노회가 조직되고, 1912년에는 장로교 총회가 창립되었으며, 감리교회도 연회를 조직하여 선교와 교육에 전념하면서 때를 기다리게 되었다. 어려운 여건 속에서도 교회가 크게 성장하고 발전할 수 있었으며, 장차 다가올 일제의 폭압에 교회가 견디어 낼 수 있는 힘을 비축할 수 있었던 것은, 바로 1907년의 대부흥운동에서 그 힘을 얻었던 데에 원인이 있었던 것이다.

1. 기원과 진행

1907년의 대부흥운동은 한국교회를 새롭게 태어나게 하는 전기가 되었다. 지금까지 이기적 동기나 애국적 동기에 의해 기독교 신앙을 받아들였던 사람들이 이 부흥운동을 경과하면서, 비로소 기독교 진리에 접하게 되어 참그리스도인들로서 거듭나는 체험을 하게 되었다. 따라서 이 부흥운동은 여러 측면에서 한국의 기독교회가 토착교회로 자리잡음하는 데 기여한 바가 크다고 하겠다.

이 운동이 일어나게 된 원인은 두 갈래에서 찾을 수 있다. 먼저는 1903년 함경남도 원산 지방에서 선교하던 감리교 선교사들이 장로교, 침례교 선교사들과 일부 한국교인들도 참여하는 연합 기도회로 모였을 때, 감리교회 선교회 소속 선교사로서 강원도에서 수년간 선교활동을 하였지만 별 성과를 얻지 못한 하디(R. A. Hardie)가 자기의 무력을 깨닫고 통회 자복의 기도를 드린 것이 부흥운동의 불씨가 되었다. 그때 그 곳에 모였던 모든 사람들이 하디의 적나라한 죄의 고백과 성령의 충만한 은사를 체험하는 것을 목도하고 그들도 성령의 은사를 체험하게 되어 부흥의 불길이 서서히 붙기 시작하였다.

이런 사경회는 매년 계속 이루어졌다. 원산지방의 부흥소식을 들은 평양의 선교사들은 1906년 여름에 하디를 강사로 초빙하여 장 감선교회가 연합으로 일주일 동안 기도회로 모였는데, 여기서도 성령의 체험을 하는 선교사들이 늘어났다. 이로써 이듬해인 1907년 정월에 평양 장대현교회에서 이루어진 대부흥운동에 불길을 붙인 셈이 되었다.

다른 한 갈래는 1906년 가을부터 시작된 새벽기도회 운동이었다. 새벽기도회는 당시 평양 장대현교회 장로였던 길선주 장로에 의해 시작되었다. 이 새벽기도회야말로 세계의 어느 교회도 갖지 않은 한국교회 특유의 기도회로서 교회성장의 밑거름이 되었다. 길선주 장로는 예수를 믿기 전에 불교 계통인 관성교에 심취되어 있었는데, 그가 예수를 믿은 후에도 새벽 예불하는 습관이 남아 있었으므로 새벽에 일찍 일어나 같은 교회 장로인 박치록(朴致錄)과 함께 국가가 어려운 상황에 놓여 있는 것을 걱정하며 새벽에 교회에 나가 기도하였다. 이에 여러 교인들이 호응하여 같이 기도하기 시작하여 매일 수백 명이 모이는 집회가 되었다. 길 장로는 당회에 정식 허가를 얻어 매일 새벽기도회를 드렸는데, 이것이 새벽기도회의 효시가 된 것이다. 이 새벽기도회는 수많은 동네의 조용한 새벽을 예배당에서 울리는 새벽 종소리로 깨우게 되었다.

이렇게 해서 부흥운동은 선교사들의 '말씀공부'와 한국 지도자들의 '기도'가 서로 어우러져 이룩된 성령의 역사였다. 1907년 정월 평양 장대현교회에서 남자 대사경회가 시작되어 리(G. Lee, 李吉咸) 선교사가 요한 1서를 강론하면서 은혜가 내리기 시작하더니 몇 날이 못되어 성령의 불길이 떨어졌다. 14일 저녁집회 때였다. 북장로교회 선교사 블레어(W. N. Blair, 邦偉良)가 고린도 전서 12 : 27을 읽고 "우리는 모두 그리스도의 몸이요, 그의 지체들이라."고 설교하고 난 다음에 불길이 떨어져 수많은 사람들이 성령의 충만한 은총을 받고 놀라운 회개의 역사와 성령의 역사를 체험하게 되었다.

2. 운동의 발전

이렇게 떨어진 성령의 불길은 참석한 모든 사람의 마음을 태우고 더 확산되어 나가게 되었다. 정월에 평양에서 시작된 부흥의 불길은 2월에 각급 학교가 개학을 하면서 여러 학교로 퍼져 나갔다. 숭실전문과 숭실, 숭덕, 광성중학교, 숭의중학교의 학생 약 2,500명 사이에 급속히 확산되었다. 심지어 초등학교 학생들까지도 부흥운동에 동참하였다. 학생들은 수업을 중단하고 사경회에 참석하였으며, 5월에는 평양장로회신학교 학생들의 새 학기가 시작되자 교수(선교사)들은 학생들을 위하여 특별 사경회를 열었다. 이 곳에서도 마찬가지로 강한 성령의 역사가 나타나서 학생들이 참회의 눈물을 흘리고 새로운 각오로 사역자들로서의 훈련을 받게 되었다.

평양에서 시작된 이 부흥의 불길은 전국으로 퍼져 나갔다. 세계적인 교회연합운동의 지도자였던 모트(John Mott)는 한국이 부흥의 열기에 젖어서 기하급수적으로 늘어나는 교인들의 숫자와 모든 교인들이 하나같이 열정적으로 전도하는 모습을 보고 한국의 복음화가 눈앞에 와 있음을 보았고, 한국이 피선교국가 중 최초의 기독교 국가가 될 것을 예견하였다.

이 부흥의 열기는 중국에까지 퍼져 나가서 만주 지방에서 일하던 중국교회 목사들이 평양에 와서 부흥회에 참석하고 은혜를 받아 본국에 돌아가서 부흥운동을 주도하기도 하였다. 이 부흥의 열기는 봉천, 요양, 만주, 그리고 북경에까지 확대되었다. 그 때까지 중국으로부터 모든 것을 배우기만 했던 우리 민족이 복음과 부흥을 그들에게 가르칠 수 있는 위치에 놓이게 된 것은 참으로 가슴 벅찬 하나님의 은혜가 아닐 수 없었다.

3. 운동의 결과

대부흥운동은 향후 한국교회의 신학과 교회 형성에 지대한 결과를 남겨 놓았다. 우리는 여기서 그 결과 중 중요한 몇 가지를 살펴보기로 한다.

첫째로 이 운동은 한국교인들로 하여금 회개운동을 일으키게 하여 진정한 기독교의 진리를 터득케 하였고, 기독교 진리가 한국 기독교인들 마음에 뿌리내리게 하는 계기를 마련해 주었다. 그것은 지금까지 한국인들이 기독교 신앙을 여러 가지 동기로 받아들이고 있었으나 이 기회를 통해 참된 기독교 진리를 터득하는 기회가 되었다. 지금까지 기독교 신앙은 유지하고 있었으나 동네 산허리에나 동구 밖에 그대로 방치하고 있었던 귀신을 섬기던 사당(devil house)들을 이 부흥운동이 지난 후 헐어 버리는 사례가 빈번히 나타난 현상에서도 이를 입증할 수 있다.

특히 이때 많은 사람들이 회개를 하였는데 지금까지 유교적 관념으로는 전혀 죄라고 생각지 않았던 축첩, 노비소유 등의 죄악을 고백하고 참회하면서, 첩과 소실을 정리하고, 노비를 해방시키는 등의 기독교적 가치관에 따른 행위들이 정착되기 시작하였다.

둘째는 한국교회의 급격한 성장이었다. 어느 부흥운동이든지 공통적으로 나타나는 현상이 그러하듯, 1907년의 부흥운동도 전국교회가 부흥의 물결이 휩쓸고 지나간 후에 필연적으로 온 결과 중 하나는 신자들의 전도에 힘입은 교회의 부흥이었다. 교회의 성장에 대해서 언더우드는 다음과 같은 통계자료를 제시하였다. 1906년에서 1907년 사이에 장로교회의 성장은 세례자 수가 12,506명에서 15,097명으로 29%가 증가하였고, 원입은 44,587명에서 59,787명으로 15,200명이 늘어 34%가 증가하였다. 따라서 1906년의 교인수 54,987명에서 1907년에는 73,844명으로 34%가 증가한 셈이었다. 감리교회도 역시 그 수가 증가하기는 마찬가지여서, 1906년에 18,107명의 교인이 1907년에는 39,613명으로 무려 118%의 증가를 나타냈다.

또한 부흥운동은 기독교 학교의 증가에도 많은 영향을 미쳐서 1906년 6월 현재 208개의 학교가 이듬해 같은 달에는 344개로 늘어나 무려 130개 이상의 학교가 증가되었으며, 자연히 학생들도 늘어나게 되어 1906년에 3,456명이었던 학생들의 수가 이듬해에는 7,504명으로 늘어났다. 기독교 학교의 학생들이 늘어났다고 하는 것은 그만큼 기독교 정신에 입각한 교육을 받는 학생들이 늘어났다는 의미이고, 이는 앞으로 일어날 항일운동의 선두주자가 될 사람들이 늘어났다는 사실을 예시하는 것이었다. 이 학생들이 성인이 되었을 때에 기미 3·1독립운동이 촉발되었고, 그들 대다수가 이 운동의 전면에 나서서 선도했다고 하는 것은 결코 우연한 일이 아닐 것이다.

셋째는 토착적이고 독특한 한국교회의 특징이 확립되었다는 점이다. 이미 언급했지만 부흥운동은 길선주 장로가 주도한 '새벽기도회'라는 한국교회의 독특한 기도회의 형태로 정착되었다. 또 다른 하나의 특징은 사람들이 한꺼번에 기도하는 통성기도가 시작되었다는 사실이다. 사경회를 마치는 시간에 리 선교사가 몇 분이 기도를 인도해 달라는 말을 듣고 여러 사람들이 한꺼번에 일어나 기도하는 것을 보고는 "그러면 다같이 한목소리로 기도합시다."라고 한 말이 통성기도의 시작이었다. 부흥운동은 이렇게 통성기도라는 한국 특유의 기도방법을 만들어 내는 계기가 되어 새벽기도와 함께 부흥운동의 결과로 남아 오늘까지 한국교회 안에서 통용되는 주요 기도방식 가운데 하나가 되었다.

또한 이 기간 중에 철야기도가 시작되었다. 저녁집회가 밤늦게까지 계속되었으므로 멀리서 온 교인들이 집에 돌아가지 않고 교회에 남아 철야하면서 기도하고 다음날 새벽기도회에 참석함으로써 철야기도라는 새로운 형태의 기도가 시작된 것이다.

넷째로 에큐메니칼 정신의 구현이었다. 즉, 대부흥운동을 통해서 한국교회 지도자들과 선교사들 간의 갈등이 해소되고 형제의식이 굳어지게 된 것이다. 그 동안 선교사들은 그들이 한국교회에 복음을 가르쳐 주고 신앙을 지도하는 입장에 있었으므로 한국교회의 지도자들에 대해서 자연히 우월의식을 갖게 되었다.

선교사들이 한국의 교인들을 자기들과 동등한 형제로 받아들일 수 있는 자세가 되었고, 한국교회의 지도자들이나 교인에게 더 이상 선생으로 남아 있지 않고 같은 동료형제로서 교제를 나눌 수 있게 된 것은 부흥운동이 남긴 값진 결과였다. 이것은 특히 이 해에 평양의 장로회신학교에서 일곱 사람의 첫 졸업생이 나오고 목사로 안수됨으로써, 이제는 한국 사람도 당당히 목사로서 선교사들과 함께 교회에서 사역할 수 있게 된 계기도 되었다.

이 부흥운동의 에큐메니칼 정신은 교파를 초월하는 것으로도 나타났다. 사경회가 장 감 연합으로 모이게 되었고, 두 교회는 서로 강단을 교류하여 사경회를 인도하는 초교파적 성격을 띠게 되었다. 따라서 부흥운동은 그 동안 눈에 보이게 또는 보이지 않게 그어져 있던 교파간의 간격과 갈등을 해소하는 좋은 결과를 가져오게 되었다.

1907년의 부흥운동은 하나님께서 이 민족을 구원하시기 위해 섭리하시고 역사하신 성령의 운동이었고, 이 운동을 통해 한국교회는 비로소 민족교회로서의 틀을 잡아 나가게 되었고, 여기서 얻은 영력으로써 앞으로 나아가야 하는 수난의 가시밭길을 헤쳐 나갈 힘을 비축하게 된 것이다. 이러한 부흥운동의 결과가 "과거 100년 동안에 세계를 통하야 신긔독교(개신교)가 잘 발전되는 중 조선에서만큼 급속도로 발전된 일은 엇던 나라에서든지 보기 드문 사실이다. 조선의 40년 간의 신긔독교의 통계표는 다른 나라의 일백 년간의 그것보다 더 나은 성적을 보고한다."라는 기록을 남기게 한 것이다.

4. 100만 명 구령운동

1907년 대부흥의 물결이 2~3년 지나자 부흥의 열기가 차차 식기 시작하면서 교인들의 열성이 기울기 시작함과 동시에, 사회적으로는 일제가 기왕에 시작하였던 한국 식민지화를 가속화하면서 국가에 대한 억압을 계속하고 있었다. 이런 어려운 환경에서 국가적, 민족적, 교회적으로 갈피를 잡지 못하고 방황하고 있을 때 복음을 통해 내일에 대한 희망을 갖게 하고 교회의 부흥을 일깨워 보기 위해 일어난 운동이 바로 '100만 명 구령운동(救靈運動)'(The Million Souls for Christ)이었다.

이 운동은 1909년에 개성에서 감리교 선교사 몇 사람이 한국교회에 부흥의 불길을 다시 당기기 위해 사경회와 기도회를 한 주간 동안 갖기로 하고 한국교인 몇 사람과 함께 산상기도회를 개최한 데서 비롯되었다. 기도회에 참석했던 선교사들은 1909년 9월에 개최되었던 남감리교회 연차대회에 참석하여 "20만 명의 심령을 그리스도에게"라는 표어를 채택하도록 요청하여 이 표어가 채택되었다. 이 연차대회가 폐회된 후 바로 열렸던 복음주의선교연합공의회(The General Council of the Evangelical Missions)가 서울에서 개최되었다. 이 공의회에서는 "100만 명 심령을 그리스도에게로"라는 표어를 채택하고 구령운동을 시작하게 되었다.

1910년 선천에서 모인 장로회 제4회 독노회에서도 100만 명 구령운동에 적극 참여키로 의결하고, 각 교회가 10월 24일부터 1주간 특별 새벽기도회를 하기로 결의하고 7대리회에서 특별위원을 선정하여 이 일을 추진하게 하였으니, 이 날은 한국이 일제에 병탄된 지 한 달 20일이 지난 때였다.

이 운동기간 동안에 나타났던 특이한 현상 가운데 하나는, 가난한 교인들이 이 운동을 위해 물질적으로 헌금할 수 없었기 때문에 시간을 바치는 소위 '날 연보'(日捐補, Day Offering)를 한 사실이다. 즉, 헌금을 하지 못하는 교인들이 일주일에 하루 혹은 열흘에 하루를 연보하여 그들의 시간을 바쳐서 전도사업에 투신한 것이다. 또한 유급전도자가 없던 곳에서는 신자들 자신이 생활 가운데 일정한 시간을 내어 쪽복음서와 기독교 문서들을 들고 다니면서 전도를 하였다. 이 운동은 신자들 간에 큰 호응을 얻게 되어 전국적으로 10만 일이 넘는 날이 연보되어 전도에 활용되었다.

이 운동을 통해 물론 100만 명이 다 예수를 믿은 것은 아니지만 100만 명이 복음의 소식을 들었다면, 언젠가 그들이 복음 안에 들어올 희망을 가지고 꾸준히 기도하면서 전도를 계속해야 될 것을 확신해야 했던 것이다.

일부에서는 이 운동도 선교사들이 한 일병탄에 따른 한국교회와 대중들의 동요를 막기 위해 일으킨 운동이라고 과소 평가하면서 이 운동 때문에 항일의욕이 감퇴되고 몰역사적 교회가 되었다고 혹평하는 이들이 있지만, 이것은 잘못된 평가이고 복음의 힘이 무엇인지 잘 모르는 소치(所致)임이 확실하다. 왜냐하면 참복음을 받은 사람은 물리적인 힘에 의한 의병운동식의 항일은 하지 않을지 모르지만, 그 내면에 불의에 대한 저항과 도탄에 빠진 민족을 구하고자 하는 열망이 가득 차게 되고 이 일을 위하여 하나님께 기도하는 것이다. 기도의 힘은 그 어떤 힘보다 크다는 사실을 체험해 보지 않은 사람은 모르는 법이다.

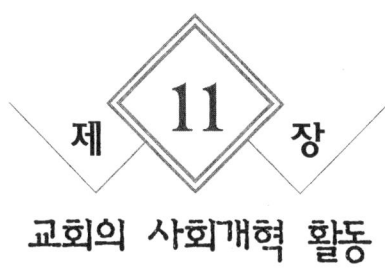

제 11 장
교회의 사회개혁 활동

　기독교가 한국에 전래되면서 가장 주안점을 둔 일은 물론 복음전파였다. 그런데 이 복음전파는 단순히 개인의 영혼을 구원할 뿐만 아니라 사회도 개혁하고 구원할 수 있는 유일한 길이기도 하였다. 선교사들은 한국인들의 복음전파 뿐만 아니라 뒤떨어진 한국 사회를 개화하는 데도 많은 노력을 하였고, 또한 그 결과도 크게 나타났다. 오랫동안 중국의 문물을 답습해 오던 조선은 선진된 서구문명을 받아들이지 않고 쇄국정책 일변도로 가다가 어쩔 수 없이 문호를 개방하고 외국의 문물과 접할 수밖에 없었다. 그러나 오랫동안 유교사상의 인습에 젖은 한국인들이 구각(舊殼)을 벗어 버린다는 일은 결코 쉬운 작업이 아니었다. 그러나 변화하는 세대에서 언제까지나 옛 모습을 지니고 살 수만은 없었다. 이런 옛 인습을 벗어버리게 하는 일을 교회가 앞장 서서 선도해 나갔다. 그 중에 가장 중요한 일은 의료와 교육의 개화였는데, 이 부분은 여러 곳에서 언급되었기 때문에 제외하고 그 외의 몇 가지 중요한 사항만 다루도록 하겠다.

1. YMCA와 YWCA의 창립

기독교 복음이 한국에 들어와서 어떻게 사회개혁에 이바지하였는가 하는 문제를 다루기 전에 먼저 이 분야에 많은 공헌을 한 기독청년회, 즉 YMCA의 창설에 대해 간단히 소개한다. 언더우드와 아펜젤러가 미국과 캐나다 YMCA에 한국에서 이 단체의 시작을 위한 자금 요청을 했을 때 그 곳에서는 회원과 지도자들이 구체화될 때까지는 자금 지원이 불가하다는 통보를 해왔다. 따라서 그들은 회원모집에 나서 150여 명에 이르는 회원을 확보하고 진척을 보였으나, 이 일은 국왕이 이 단체가 정치적 성격을 띨 것을 경계함으로써 중단되고 말았다.

그 후 1901년에 뉴욕의 국제위원회가 질렛(Philip Gillette)을 한국의 YMCA 총무로 파송하였다. 질렛은 서울에서 배재학당과 한영서원의 학생들과 더불어 사업을 시작하였다. 1903년 10월에 28명의 인사들이 참석한 가운데 한국 YMCA가 공식적으로 조직되었다. 게일이 첫 회장으로 선출되었고, 윤치호가 부회장이 되었는데, 그는 후에 한국인으로는 처음으로 총무에 취임하였다. YMCA에서는 고관들의 자제들이 와서 사교와 친목, 교육을 받았을 뿐만 아니라 빈한한 가정의 소년들이 와서 주, 야간으로 교육을 받았다. 그들은 산업부(産業部)에서 목공, 페인팅, 사진, 금속, 직조 등의 직업훈련을 받았다.

YMCA에서는 체육교육과 여러 가지 운동도 소개하고, 경기도 하여 청소년들의 좋은 사교와 훈련장이 될 수 있었고, 사회계몽에도 많은 공헌을 하였다.

YWCA는 1922년에 조직이 되었고, 2년 후인 1924년에 세계 YWCA의 회원이 되었다. 기독교가 한국에서 이룩한 일 가운데 여성의 인권과 사회적 지위 향상에 끼친 영향을 위해 YWCA가 어려운 여건 속에서도 공헌한 것은 아무리 강조해도 지나치지 않는다.

2. 여성인권의 신장

기독교가 들어와서 직시한 한국 사회의 가장 고질적 병폐 가운데 하나가 여성의 차별이었다. 이는 물론 남녀를 차별하는 유교적 관습에 기인한 것인데, 이것은 기독교 교리에 반하는 것으로서 교회는 이 악습을 철폐하기 위해 노력하였다. 장로교 공의회가 여성의 인권에 관하여 결의한 다섯 가지 항목을 보면, "첫째는 남,녀가 쟝성하기 전에 혼인하는 일이오, 둘째는 과부가 두 번 시집 가랴는 거슬 금하는 거시오, 셋째는 교중 신도가 밋지 아니하는 이와 혼인하는 거시오, 넷째는 혼인을 매즐때에 몬져 돈을 받는 거시오, 다섯째는 부녀를 압제하는 일을 업시하자고 하는 일"이라고 하였다.

한국인들이 여성을 차별하는 가장 대표적인 악습은 양반들이나 벼슬아치들이 소실, 즉 첩을 두는 일이었다. 엄격하게 일부일처제를 강조하는 교회의 가르침과 반대되는 이 제도를 교회는 처음부터 엄격하게 금지했다. 소실을 정리하지 않은 자는 결코 세례를 받을 수 없었다. 여성의 인권 신장을 위한 첫째 조건은 여성교육에 있다고 판단한 선교사들은 여성교육 기관 설치에 치중하여, 감리교에서 먼저 이화학당을 시작했다는 사실은 이미 언급한 바 있다. "집안이 흥함과 나라이 부함과 백성의 강함이 전국 녀인을 교육시키는 데 달렸거늘……"이라는 말에서 보듯이 여인들의 교육이 교회와 국가의 장래에 커다란 영향을 미침을 강조하고 있다. 황해도 평산 감바위교회에서는 "부부가 서로 존대말을 쓸 것과 한 자리에서 식사할 것을 결정"하였다고 보고하고 있다. 교회 안에서 부인에게 하대하거나 반말을 하는 것을 금하고 존대말을 쓰게 하는 것도 당시로서는 획기적인 일이 아닐 수 없었다.

이미 살펴본 바와 같이 네비어스 선교정책에서도 부녀자들과 소녀들에게 중점적으로 전도하라고 한 것도 여인들에게 전도의 초점을 맞추고 여인들의 중요성을 잘 인식한 선교정책이라고 볼 수 있다. 남녀차별의 철폐는 하나님께서 일남일녀를 지으시고 부부가 되게 하셨으며, 서로 돕고 존경하고 사랑하라고 하신 말씀에 근거를 두고 있었던 것이다. 여성인권 회복과 성차별의 철폐야말로 초기 한국교회가 이루어 낸 값진 선교의 결과 중 하나였다.

3. 사회 신분제도의 타파

한국 사회는 유교적 전통에 의해 사회적 신분계급이 뚜렷했다. 사농공상(士農工商)의 신분계급이 그것이었다. 선비는 존대를 받고 기술자나 상업에 종사하는 사람들은 천시하거나 하대하였다. 더구나 천민계급들, 그 중에서 노비나 백정들에 대한 처우는 인간 이하의 대접을 하고 있었던 것은 두말 할 필요가 없다. 하나님께서는 인간을 창조하실 때 결코 차등을 두시거나 계급을 두지 않았고 평등하게 창조하였다는 점을 교회는 강조하였다. 기독교가 한국에 들어와서 이루어 낸 사회개혁 중에 인간평등을 위해 애쓴 것만큼 큰 공헌을 한 것도 없을 것이다. 버려진 사람들에 대한 관심과 돌봄은 고아, 병자, 신체장애자, 노약자 등에 적극적인 구호활동을 펴게 하였고, 그들을 위한 사업에 최대의 노력을 경주하였다.

1894년 갑오경장 때에 일단 노비제도나 백정들에 대한 차별이 법적으로는 철폐되었으나, 실질적인 면에서는 아주 미흡한 것을 교회가 앞장 서서 이들에 대한 전도를 강화하여 큰 반응을 일으켰으며, 천대받던 많은 사람들이 교회로 몰려나왔다.

예수를 믿고 만민평등 사상을 실천한 예로 자기 종을 속량한 기사를 「그리스도 신문」에서 아래와 같이 보도한 일이 있었다.

······우리 교인은 마귀의 종을 벗어나서 노임을 엇고 하나님의 자녀가 되엇으니 하나님의 사랑하시는 동류를 종으로 부려 짐승같이 대접함이 올치 아니한 줄을 만히 깨달른지라 전에 긔재 하엿거니와 순안 박 인시씨는 그 종을 속량하야 딸을 삼았고 평양 서촌 창마을 사는 리씨는 주를 밋기 전에 일개 비자를 천여금을 주고 사다가 부리더니 자기가 죄에서 속량하고 은혜로 하나님의 딸이 됨을 깨닷고 그 종과 하는 말이 내가 지금 주

께 기도할 때와 성경말씀을 생각할 때마다 너를 종으로 두는 거시 늘 마음에 불안하고 다시 팔자 한 즉 인생을 참아 짐승과 같이 매매하는 거시 하나님의 사랑하시는 뜻에 합당치 아니한즉 오늘부터 너를 속량한다 하고 문셔를 내어 소화하고 친딸갓치 사랑한다 하니 이 세상 사람의 동류를 종으로 부리는 사람에게 비하면 깁게 생각하고 넙게 사랑함이 몇 백층이 놉흔지라 그윽히 착한 마음 생긴 거슬 궁구하면 하나님을 공경하고 예수씨를 밋고 사람을 사랑하는 대로부터 나온거시니 이런 거룩한 일을 우리나라 이천 만 동포들이 마귀와 사람의 종을 속량할 본이 될 터이니 입으로만 사랑하고 모양으로만 개화한 사람의 마음을 곳치기를 바라나이다.

기독교 신앙은 과거의 잘못된 사회관습이나 전통을 혁신하는 큰 힘을 갖고 있음을 이 예에서 찾아볼 수 있다.

4. 노동의 신성 강조

한국인들의 또 다른 하나의 구습은 노동을 천시하는 것이었다. 유교적 전통에서 노동은 상놈들이나 하는 것이고 양반들은 글이나 읽고 시나 짓는 것을 귀한 것으로 여기던 사회에서 기독교는 이의 잘못을 지적하고 과감하게 노동의 신성을 역설하였다. 노동의 신성을 일깨우기 위한 일 문답이라는 계몽적 기사가 역시 「그리스도 신문」에 게제되어 있다.

  일 문답
  문 : 대한 풍속에 일하는 것이 좋은 거시뇨, 됴치 아니할 거시뇨?
  답 : 됴치 안케 녁이는 거시니라.
  문 : 엇지하여 그러한 줄 아느뇨?
  답 : 사람이 서로 맛나 인사할 제 무엇 하시오 하면 대답이 별노 하는
    일 업다고 하나니 이거슨 행셰하는 사람의 의례 하는 말이어니와
    셔양 풍속은 그러치 아니하야 만일 아모 일도 업다고 말하는 자가

있으면 크게 한심스러운 사람이 되나니라.
문 : 일하는 것을 됴치 못하게 녁이는 표가 또 잇나뇨?
답 : 잇나니 나즌 사람을 가라쳐 일군이라 하고.
문 : 엇더한 사람을 택하야 일을 가라치는 것이 올흐뇨?
답 : 왕의 아들브터 나즌 사람의 아들까지 가라칠지니라.

5. 조상제사 문제

조상제사 문제는 로마 가톨릭 편에서 본 바와 같이 한국 사회에서 뿌리깊게 내려오는 전통으로서, 수많은 사람들이 이 문제 때문에 피흘리고 순교한 사실을 기억하고 있다. 개신교회도 이 문제에 있어서는 우상을 숭배해서는 안 된다고 하는 교리적인 면 뿐만 아니라 사회개혁의 측면에서도 강력하게 계도해 나갔다. 교회는 이것의 철폐를 위해 힘썼는데, 이는 효도하는 일에 대한 제재가 아니고, 우상숭배적인 요인을 제거할 뿐만 아니라 이의 폐해를 없애려는 노력의 일환이었다.「그리스도 신문」은 그 폐해에 대해 이렇게 쓰고 있다.

……제사하는 일이 헛될 뿐 아니라 이로 말미암아 허다한 폐단이 불소하니 시간을 허비하므로 일에 방해될 뿐 아니라 힘을 낭비하며 재력을 모손하고 …… 또 자손이 업는 사람들은 곧 첩을 얻나니 이는 더욱이 그릇하는 일이라 집을 망하는 화근인 줄을 아지 못하는도다.…… 만일 허비하는 재물로 나라일을 위하야 행할 지경이면 그 젼진할 일이 한량이 업을 거시여늘 이에 사람을 교육하는 일은 생각지 아니하고 마음을 우상 섬기는 데 젼력하는 거시 엇지 그릇함이 아니리오. 또한 허망할 뿐 아니라 하나님의 금하시는 일을 행함으로 그 조상을 하나님과 같이 높이고 영화를 그 조상에게 돌리는 거시 또한 참람한 죄가 아니뇨.

조상제사의 폐해 뿐만 아니라 한국인들의 음담패설하는 습성도 지적되고 있다.

지금 우리 나라 사람들이 가장 먼저 곳칠 일은 음담패설이니 상하 등 물론하고 사람 모힌 곳에 항상 더럽고 음란한 말이 란만하야 서로 붓그러운 줄도 모르고 쳬모도 도라보지 아니하며 소위 맹셰한다는 욕설을 드르면 입에 담을 수 업고 귀에 듯기 병될 말이라.…… 하등인의 저의끼리 수작할 때에 말이 한 마대면 욕설이 두세 번식 드르가는 때가 만코 …… 길에 혹 녀인이 지나가면 손가락질하고 웃는 거시 례사로 알아 천한 계집은 그리하여도 관계치 안타 하야 경찰관리가 보아도 금하지 아니하니 례의 디방이라 자칭하는 나라에서 엇지 외국인을 대하기에 수치되지 아니하리오.…… 풍속이 차차 변하면 사람의 톄통이 자연 졈잖아지고 나라 디톄가 따라 놉하질이로다.

이상에서 지적한 것들은 한국 사회에 만연된 폐습, 폐풍으로서 반드시 개혁해야 될 중요한 사안들이었다. 이런 폐습들이 하루아침에 해결될 성질의 것은 아니었지만, 교회는 꾸준히 이 일에 진력함으로써 시간이 지나면서 많은 성과를 거둘 수가 있었다.

6. 한글 전용

한국 초기 교회가 이루어 놓은 일 중에 한글을 전용한 일만큼 위대한 일도 드물 것이다. 1893년 서울 주재 장로교 선교사들은 문서선교의 원칙에 대한 몇 가지 사항을 결정하였는데, 그 중에 중요한 것은 첫째로 가능한 빨리 성경을 번역한다는 것과, 둘째로 모든 문서는 '순수한 한글'(pure Korean)을 사용한다는 것이었다. 언어학자들에 의하면 "세계에서 두 번째로 가장 좋은 글자"(second-best alphabet)를 한국인들은 오랫동안 천시하고 방치해 왔으나, 선교사들은 이의 가치를 인정하고, 부녀자들도 쉽게 배울 수 있고 읽을 수 있는 한글을 전용하는 것을 원칙으로 채택했던 것이다.

이처럼 선교사들이 한글전용을 추진한 결과 시골의 아낙네들도 한글을 쉽게 깨우쳐 성경을 읽고 기독교 서적을 읽게 됨으로써 문맹률을 낮

추고, 전도와 민도를 높이는 데 결정적인 견인차 역할을 하였다. 초기 교회에서는 노인들을 제외하고는 문맹에게는 세례를 주지 않았는데, 이는 문맹자들은 성경을 읽을 수 없었고, 찬송가도 부를 수 없었기에 누구나 언문을 깨우쳐 글을 읽을 수 있도록 강조했는데, 이는 알지 못하고 믿는 무교적 신앙을 경계하고 성경을 통해 확실한 기독교 진리를 알게 하려는 의도가 있었던 것이다.

제12장
한국교회의 조직

1. 장로회신학교의 시작과 독립노회의 창립

한국교회의 성장은 괄목할 만하게 진행되었다. 특히 1907년의 대부흥운동은 교회의 성장을 급격하게 증가시켰다. 일찍이 언더우드는 자기 집에서 고아들을 모아 교육시키면서 앞으로 신학교를 세울 생각을 했으나 뜻대로 되지 못하였다. 신학교는 서울이 아닌 평양에서 시작되었다. 1901년 평양에서 사역하던 마펫(S. A. Moffett)은 자기 집 사랑방에서 김종섭, 방기창 두 사람을 데리고 신학교육을 시작하였다. 이것이 오늘 장로회신학대학교의 효시가 되었다. 1903년 장로회 공의회는 이 신학반을 신학교로 인준하고 임시 교과과정도 승인하였다. 이 과정은 1년에 3개월은 학교에서 공부하고, 9개월은 자기가 맡은 교회에서 사역하면서 숙제를 하고 자습하는 방법으로 5년 간 학업을 진행하는 것이었다.

1907년 6월 20일에 드디어 첫 졸업생이 나오게 되었다. 이때 졸업한 졸업생은 길선주(吉善宙), 방기창(邦基昌), 송인서(宋麟瑞), 한석진(韓錫

晉), 이기풍(李基豊), 양전백(梁甸伯), 서경조(徐景祚) 등 7명이었다. 졸업생들을 안수하기 위해서는 노회가 있어야 하는데 아직 한국에는 노회가 없었으므로 미국 남 북장로교회와 캐나다장로교회, 그리고 호주장로교회 선교부는 한국에 노회를 설립할 것을 합의하고, 본국 교회의 허락을 받아 한국에 노회 설립을 추진하였다.

그리하여 마침내 1907년 9월 17일 평양 장대현교회에서는 선교사 38명, 한국인 장로 40명, 도합 78명이 모여 창립노회를 개최하여 첫 노회장에 마펫 선교사, 부회장에 방기창 목사가 선출되었다. 이로써 한국 장로교회는 그 산하에 목사 7인, 장로 53명, 교회 989개, 세례 교인 19,000명, 전체 교인 70,000명을 둔 교회로 당당한 출발을 하였다.

노회는 이 교회가 견지해야 하는 신앙고백(Confession of Faith), 즉 신조를 채택하였는데, 그것은 인도자유교회가 1904년에 창립하면서 채택한 12신조를 받아들이기로 하였다. 그 이유는 선교사들이 그것을 원했기 때문인데, 그들은 이것이 앞으로 아시아 각국 장로교회의 신경이 되어 각 교회가 서로 연락하는 기관이 되기를 바라는 의미에서였다고 하였다. 그러나 이는 못내 아쉬운 일이었다. 우리 교회가 선교를 받은 지 20년, 복음과 접한 지 반세기가 지나 새로 만들어지는 노회에서 우리의 말과 정서가 깃든 우리의 신앙고백을 갖지 못했다고 하는 것은, 선교사 주도의 틀을 아직 벗어나지 못한 어린 교회로서 어쩔 수 없다손 치더라도 애석한 일이 아닐 수 없었다.

12신조는 철저하게 칼빈주의 신학입장을 따르는 신조로서, 하나님의 주권, 그리스도의 신성, 동정녀 탄생, 죄의 대가, 성령의 아버지와 아들로부터의 나오심, 예정론, 불가항력적 은사, 성례전의 신앙, 육신의 부활과 최후의 심판을 내포하고 있었다. 이 신조는 정통적인 장로교회의 신조로서 아무 흠이 없다 하겠으나, 지나치게 교리가 폐쇄적이어서 다양한 신학이 비집고 들어설 자리를 마련해 놓지 않았다는 비판을 받고 있다.

노회는 먼저 만국장로교공의회에 한국 장로교 노회의 창립을 알리기로 하고 안식년으로 귀국해 있는 선교사들에게 이 일을 하도록 위임하였으며, 선교사들을 파송해 주고, 노회 설립을 허락해 준 각국 장로교회에 감사의 편지를 보낼 것도 가결하였다.

"선교 없는 교회는 교회가 아니다."라는 말에 따라 새로 설립된 노회는 전도부를 설립하고 앞으로 전도에 박차를 가하기로 하고, 그 첫 사업으로 7인 목사 중 한 분인 이기풍 목사를 제주도에 파송하여 전도하게 하였다. 2년 후에는 최관흘(崔寬屹) 목사를 블라디보스톡에, 한석진 목사를 일본 동경에 보내 유학생들을 전도케 하였다. 이어 1909년 시작된 '100만 명 구령운동'의 일환으로 김영제(金永濟) 목사를 북간도에, 김진근(金振瑾) 목사를 서간도에 전도 목사로 파송하였다

1910년 숭실학당 전도대가 전도비를 갹출하여 이 학당 졸업생 손정도(孫貞道)를 중국 선교사로, 1911년 박영일을 일본에, 강병담을 제주도에 파송하였다. 또한 구미지역, 즉 캘리포니아와 멕시코에 사는 동포들을 위해 방화중(方華中) 목사를 파송하였다.

노회는 전국을 함경, 평북, 평남, 황해, 경충, 전라, 경상 등 7대리회(代理會)로 구분하여 노회의 위임사항을 처리하게 하였다.

2. 장로교회 총회 창립과 해외선교의 시작

1907년 독노회가 창립된 이래로 교회는 어려움 속에서도 꾸준히 성장해 나갔다. 1910년의 한 일병탄과 1911년의 105인 사건 등 교회 안팎의 민족사적 수난이 휘몰아치고 지나갔지만 교회는 의연히 그 사명을 감당하고 있었다. 그 동안 전국 교회를 한 노회 안에 관리하던 것을 1911년에 이르러 전국에 7노회를 조직하고 총회의 창립을 준비하였다. 1912년 9월 2일 오전 9시에 평양 장로회신학교에서 그 역사적 창립총회를 개회하였다.

초대 총회장에는 언더우드가 선출되었고, 부회장에는 1907년 대부흥운동의 기수 길선주 목사가 선출되었다. 총회의 창립으로 장로교회

는 세계교회의 일원이 된 것을 확인하였다. 총회의 창립을 축하하기 위해 세계의 장로교회와 중국 산동성노회, 일본 기독교회, 그리고 세계 장로교회연맹 등에서 축전을 보내 왔다. 또한 총회는 그 창립을 세계 장로교회연맹과 각국 장로교회의 총회에 통고하였다. 이제 명실공히 한국의 장로교회는 세계 장로교회와 세계교회의 일원이 된 것이다. 비록 국가는 일제에 의해 그 독립을 빼앗겼지만, 교회는 오히려 당당한 독립적 기구로서 세계교회와 어깨를 같이하는 경사를 맞은 것이다. 교회는 법으로 200명의 총대 중 선교사의 숫자가 40명을 넘지 못하게 못 박음으로써 한국교회의 독립성을 강화하였다. 이제 한국교회는 더 이상 선교사들이 좌우지할 수 있는 처지가 못 되었고, 한국의 목사 장로들이 절대 다수이므로 한국교회 지도자들이 교회를 책임지고 이끌어 가야 하는 책무 또한 지워진 셈이 되었다.

총회가 창립되고 나서 수행한 가장 중요한 일 중의 하나는 해외선교의 착수였다. 독노회가 설립된 당시에 이기풍 목사를 제주도에 파송하고 나서 국외의 서간도, 만주, 동경, 시베리아, 미국, 멕시코에까지 전도인들을 파송했지만, 이런 일들은 어디까지나 해외에 거주하는 우리 동포들을 위한 것이었지 이민족(異民族)에게 선교를 한 것이 아니었기 때문에 엄격한 의미에서 해외선교는 아니었다. 그러나 외국 민족에게 선교사를 파송하는 것은 곧 우리 교회의 존재 확인으로 국가가 없어지고 한국 사람이 일본 사람과 같이 취급받던 시대에 한국의 정체성(Identity)을 갖는 최선의 방법이었다.

1970년 미국의 저명한 교회사가이며 시카고대학교 교수인 마르틴 마티(Martin Marty) 교수가 "국가의 정체성(Identity)과 선교는 밀접하게 연결되어 있다."라고 한 말은 바로 일제 치하에 있던 한국교회의 해외선교 수행에 정확하게 적용되는 말이었다. 총회는 선교지를 중국 산동성 내양현(來陽縣)으로 확정하고 첫 선교사로 김영훈(金永勳), 사병순(史秉淳), 박태로(朴泰魯) 세 목사를 이듬해에 파송하기로 결정하였으며, 해외선교비는 전국교회가 감사일 헌금한 것을 전도국에 보내 충당하기로 결정하였다. 산동성은 공자와 맹자가 태어난 고장으로 미국 선교부가 유일하게 이 곳에서만은 선교에 큰 어려움을 겪고 있던 곳이었는데, 우리 총회는 남들이 들어가서 성공한 곳에 가는 것보다는 실적이 없는 곳에 가는 것이 좋겠다고 여기고 그 곳을 택하게 된 것이다.

한국교회의 중국선교에 대해 미국 북장로교회 해외선교부 총무 브라운은 그의 책 「선교 100년」에서 다음과 같이 기록하였다.

……두 나라 간의 역사적 관계에서 [볼 때], 조선은 중국에 그 문명과 문학에 빚진 바 [커서, 한국교회의] 선교적 사명이 더욱 강조되었다. 그들 [한국인들]은 중국인들이 한국인들을 왜소하고 뒤떨어진 민족이라고 여겨 왔음을 알고 있다. 그러나 선교사들은 교회에서 [한국인들이 기도하는 소리를 들었는데], 오! 주여 우리는 멸시받은 민족이며, 이 지구상에서 가장 연약한 민족입니다. 그러나 주님은 멸시받은 자들을 택하는 분이십니다. 아시아를 위하여 이 민족을 들어 당신의 영광을 나타내게 하시옵소서.

모든 제도와 문물을 중국으로부터 전수받았고, 배우기만 했던 한민족이 대국으로 섬겨만 왔던 중국 사람들을 복음으로 가르친다는 것은 실로 감격스러운 일이 아닐 수 없었다.

3. 감리교회의 조직

감리교회는 한국에서 장로교회와 비슷한 시기에 선교하였지만, 그 정치제도가 장로교회와 다르기 때문에 그 교회의 창립도 다른 모습으로 나타났다. 미국 북감리교회는 1897년 서울구역회(Seoul Circuit)를 설치함으로써 교회조직을 시작하였다. 이 구역회는 한국선교회(The Korea Mission)의 산하조직으로 있다가 1901년에 이르러 세 개의 지방회로 분류되었다. 이 지방회의 분립은 1905년 6월에 한국선교연회(年會 : The Korea Mission Conference)로 그 조직이 확대되었다. 1907년의 부흥운동을 경과하면서 그 이듬해인 1908년 3월에 정동교회에서 감리교회의 완전한 조직인 '한국연회'(The Korean Annual Conference)가 창설되었다. 이 연회는 일본에 주재하고 있던 해리스(M. C. Harris)가 주재하였다.

한편 미국 남감리교회는 1897년 9월에 지방회를 조직하였는데, 그 때에는 중국 연회에 속하였으나, 12월에 한국선교회로 독립하였다가 1914년에 이르러 한국연회를 조직하였고, 1918년에 맥머리(W. F. McMurry) 감독이 한국에 와서 주재하면서 그 해 10월에 개성에서 정식으로 '한국연회'가 출범하게 되었다. 남 북감리교회는 오랫동안 각각의 조직을 운영하다가 1930년에야 비로소 "조선 감리교의 합동과 조직에 대한 성명서"를 발표하고 12월 2일부터 12일까지 조선감리교회 창립총회를 협성신학교에서 개최하고 남 북감리교회가 하나로 통합되어 '기독교 조선감리회'가 형성되었다. 여기에서 제 1대 통리사로 양주삼(梁柱三) 목사가 추대되었다.

4. 성결교회의 시작

한국의 성결교회(聖潔敎會)는 장로교회나 감리교회처럼 세계적인 기구의 지교회로 출발한 것이 아니었고 '동양선교회'라는 기구가 '성결교회'라는 이름으로 변신된 것이다. 따라서 성결교회는 동양선교회가 그 모체가 되는 것이다. 동양선교회(The Oriental Missionary Society)는 1901년 극동지방 선교를 목표로 일본 동경에 왔던 감리교회 목사 카우만(C. E. Cowman)과 킬보른(E. A. Kilborne) 두 선교사에 의해 시작된 선교단체였다. 그들은 방 한 칸을 얻고 '동양선교회 복음전도관'이라는 간판을 걸고 전도를 시작하였다.

처음에 그들은 교파를 형성할 의향이 없었으므로 개종한 사람들에게 아무 교회나 가라고 권했으나 차차 추종자들이 늘어나자 어쩔 수 없이 1917년 10월 '동양선교회 성결교회'라는 교단을 형성하게 되었다.

한국에서 동양선교회의 시작은 1907년 동경의 성서학원을 졸업한 김상준(金相濬), 정빈(鄭彬) 두 사람이 귀국하여 현재 성결교회의 본부가 위치한 서울 무교동에 기와집 한 채를 사고 복음전도관 간판을 단 것이 그 효시이다. 1910년 영국인 토마스(J. Thomas) 목사가 감독으로 내한하여 활동하다가 부인이 병들어 귀국하고, 1920년 킬보른이 한국에 제2대 감독으로 내한하면서 교세가 확장되었다. 한국에서도 처음에는 교파의식 없이 전도하였으나, 교인들이 늘어나면서 교회의 형태를 취할 수밖에 없어, 결국 1921년 전도관을 교회체제로 전환하여 '성결교회'라는 이름을 붙이게 되었다.

5. 구세군

구세군(救世軍, The Salvation Army)은 영국의 감리교 목사였던 윌리엄 부드(William Booth)와 그의 부인 캐더린(Catherine)이 창시한 종교단체로서 19세기 영국의 산업혁명의 결과로 나타난 빈민들을 위해 전도, 자선 및 사회사업을 목적으로 하고 출발하였다. 부드는 1865년 런던에 본부를 두고 천막을 치고 전도에 전념하였다. 본래 이 단체의 이름은 '동런던 부흥전도단,' 또는 '기독교전도단'이라는 이름이 붙여졌는데, 후에 부드가 "기독교인의 사명은 구세군이 되는 것이다."라고 한 말에서 1878년부터 이 단체를 '구세군'이라고 불렀다.

이들은 그들의 조직을 군대조직으로 하였고 부드 자신이 대장(大將)으로 취임하였다. 한국에는 1908년 10월에 호가드(R.Hoggard) 정령(正領)일행이 도착하여 새문안에 영(營)을 설치하고 개전(開戰 : 전도)함으로써 그 사업을 시작하였다. 그들은 항상 군인제복을 입고 길거리에서 나팔을 불고 북을 치면서 전도하였고, 성탄절에는 자선 냄비를 걸어 놓고 모금하여 빈민들에게 음식을 만들어 봉사하는 단체로서 널리 알려지게 되었다. 그들은 가난 및 사회악과 대결하면서 복음을 전해 고난 속에 살아가는 이 민족들에게 꿋꿋한 정신으로 봉사하였다.

6. 예수재림 제7일 안식일교회

안식일교회는 19세기 중엽 미국의 경건한 침례교회 교인이었던 농부 출신의 윌리암 밀러(William Miller)에 의해 연원되었다. 예수님의 재림 날짜를 계산하였고, 1843년 초에 예수님이 재림한다고 예언하였으나 맞지 않자 그를 따르던 무리들은 대부분 흩어졌으나 그 중 일부가 모여 만든 교회가 '예수재림 제7일 안식일교회'(The Seventh Day Adventists Church)이다. 이들의 주요 주장은 안식일에 예배하라는 하나님의 명령을 따라야 한다고 하면서 주일에 예배드리는 것을 금지하였다.

한국의 안식교회는 1904년 하와이로 이민을 떠난 손흥조(孫興祚)와 하와이 개발공사 직원이었던 임기반(林基盤)에 의해 도입되었다. 손흥조는 하와이로 가던 중 일본의 신호(神戶)에서 제7일 안식일 재림교회에서 침례를 받음으로써 한국인으로는 첫 안식교도가 되었다. 손흥조와 임기반은 서류의 불비(不備)로 하와이 행이 이루어지지 않았으므로 다시 한국에 되돌아와서, 평안도 용강(龍岡)에서 전도를 시작하였다.

그러나 이들은 일본의 구니아 목사와 미국인 선교사 필드(F. W. Field)가 1904년 내한하자 이들과 더불어 전도를 시작하였다. 그러나 그들은 성경의 교리를 가르치는 것보다 안식일을 지켜야 된다고 주장하였다. 이 교회는 안식일 성수 주장으로 인해 대부분의 정통교회들로부터 이단으로 정죄되어 있다.

위에서 살펴본 바와 같이 한국교회는 1900년도 초를 기하여 여러 교파가 자리잡으면서 한국교회로서의 위치를 확보하고 그 형체를 이루어 나갔다. 대부흥운동은 각 교회로 하여금 그 양적 증가를 가져오게 하였고, 그 결과 한국인 교회의 창설을 앞당기게 하는 계기가 되었다.

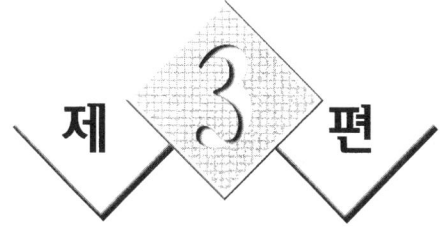

제 3 편

일제 치하의 한국교회

제 13장 한국교회에 대한 일제의 탄압
제 14장 교회의 항일운동
제 15장 한국교회와 3·1 독립운동
제 16장 1920~1930년대의 교회상황
제 17장 1920~1930년대의 분파운동
제 18장 사회적 변화에 대한 교회의 대응
제 19장 일본 군국주의 통치하의 교회의 시련
제20장 교회의 친일과 변절

제13장
한국교회에 대한 일제의 탄압

1. 일제의 기독교 정책

일제가 한국을 강점한 1910년 이래 일제의 종교정책, 특히 기독교에 대한 정책은 줄기차게 탄압과 박멸을 목적으로 일관되었다. 물론 총독에 따라 다소 차이는 있었지만, 그 정책의 일관성에는 변함이 없었다. 1905년 을사늑약이 공포되면서 서울에 일제의 통감부가 설치되고 이또오 히로부미(伊藤博文)가 초대 통감으로 왔을 때, 그는 주한 선교사들과 만난 자리에서 선교사들의 교육과 의료사업에 대해 공개적으로 치하하면서 기독교에 대한 우호적 입장을 보였다.

그러나 그가 안중근에 의해 격살(擊殺)되고 1910년 한국이 일제에 병탄된 후 초대 총독으로 한국에 온 데라우치 소기(寺內正毅)는 노골적으로 반기독교적인 태도를 취함으로써 앞으로 한국교회가 겪을 수난을 예고하였다. 그가 일본에 있을 때, "한국 내의 기독교가 정치에 간섭할 마음만 없다면, 신교의 자유는 존경되고 전도활동도 보장된다."라고 말한 바 있으나, 그것은 어디까지나 미국 선교사에게 한 말에 불과한 것이었고, 그의 일관된 기독교에 대한 생각은 적대적이었던 것을 그가 통치하는 기간 동안에 나타난 행적을 통해 추적해 볼 수 있다.

데라우치는 한국에 도착하자마자 기독교 학교에서 민족의식을 고취한다고 판단하고 이들 학교에서 공부하는 모든 학생들에게 국가적 축제일에 일본 천황의 사진에 절하도록 강요하기 시작하였다. 우상을 섬기고 절할 수 없다는 기독교의 가장 중심적 교리에 도전함으로써 기독교와의 대결을 시도한 것이다.

1909년에 일어났던 '100만 명 구령운동'이 일제에게는 교회가 조직적으로 항일운동을 하기 위한 전초전으로 인식되었다. 그러자 그는 이 운동이 정치적인 운동이라고 억지를 쓰면서 교회의 신앙적 활동에 제동을 걸고 나왔다. 데라우치는 교회야말로 한국에서 가장 강력한 항일 집단이며, 이 집단을 와해시키지 아니하고는 효율적인 조선 통치가 난관에 부딪치게 될 것이라고 판단하게 되었다. 이에 그는 한국교회의 지도자들을 억누를 음모를 획책하게 되었다. 그 첫 계획으로 그는 소위 '105인 사건'을 조작하게 되었다.

2. 105인 사건

'105인 사건'을 거론하기 전에, 일제가 왜 '105인 사건'이라는 허무맹랑한 음모를 꾸미게 되었는지 그 배경을 살펴볼 필요가 있다. 기독교가 일제의 한국 식민지 통치에 가장 장애가 되는 집단이라고 판단한 일제는 기독교 세력이 가장 강한 황해도와 평안도 지방의 교계 지도자들을 초전에 억압할 필요를 느끼게 되었다. 이 지역은 일찍이 기독교를 받아들여 민도(民度)가 높았으며, 교회가 서는 곳마다 학교를 세워 후세교육에 열성을 다하였다. 따라서 장로교회 계통의 학교만 해도 1907년에 405개, 1908년에 561개, 1909년에 719개로 매년 150여 개의 학교가 증설되고 있었다.

1908년 무렵 황해도에서 김구(金九), 최광옥(崔光玉), 도인권(都寅權)

등의 기독교계 인사들이 중심이 되어 '해서교육총회'(海西敎育總會)라는 단체를 만들어 한 면(面)에 한 학교를 세워 교육에 전념함으로써 국민을 계몽할 것을 다짐하였다. 그러나 이런 움직임은 일제의 눈에 항일을 위한 작업으로 인식되었고 이를 박멸할 구실을 찾게 되었다. 그런데 이또오(伊藤)를 격살한 안중근의 동생인 안명근(安明根)이 서간도에 무관학교(武官學校)를 세울 자금을 모금하려고 국내에 들어왔다가 일경에 체포되었다. 일제는 안명근을 내란 미수죄로 기소하면서, 해서교육총회의 회원 전원을 체포하여 안명근을 비롯한 주동인물들을 투옥, 유배시켰으니 이것이 '해서교육총회사건' 또는 '안악사건'(安岳事件)이다. 이로써 황해도 지방의 기독교 유력 인사들을 척결한 셈이었다. 이제 일제는 그 방향을 평안도 지방으로 돌려 그 곳의 기독교 지도자 박멸의 음모를 진행하였는데, 이것이 곧 '105인 사건'이다.

'105인 사건'이란 서북지방이 기독교 세력이 가장 강했고, 또 기독교 지도자들이 이 곳에 대거 몰려 있는 것을 간파한 일제가 이들을 모조리 투옥시켜 처음부터 기독교의 세력을 짓눌러 버릴 계획을 실천한 것이었다. 이 곳에서는 1907년 미국에서 돌아온 안창호가 신민회(新民會)를 결성하여 비밀조직으로 국민의 부력(富力)을 증진할 것 등의 목표를 세우고 이동녕(李東寧), 이동휘(李東輝), 이승훈(李昇薰) 등이 주축이 되어 이런 사업을 추진하였고, 그 후 신채호(申采浩) 등이 가세하였다. 신민회는 1910년에 회원이 수백이 넘는 튼튼한 단체로 성장하고 있었다.

신민회의 취지에 따라 한국인들에 의한 학교들이 강력한 민족주의적 색채를 띠고 설립되었는데, 평양에는 안창호가 대성(大成)학교를 건립하였고, 평북 정주에는 이승훈이 오산(五山)학교를 세워 철저한 항일정신을 바탕으로 민족교육의 본거지를 삼았다. 선교사들에 의해 세워진 학교 중에서도 평양의 숭실학교, 그리고 평북 선천에 있던 신성(信成)학교는 민족정신이 강했고 따라서 배일사상도 강한 학교였다. 그러므로 이런 정황으로 보아서 일제가 평안도 지방의 기독교 세력을 쳐부술 계책을 세울 가능성을 넉넉히 짐작할 수 있었다.

일제가 만든 105인 사건은 '데라우치 총독모살 미수사건'(寺內總督謀殺未遂事件)으로서 총독을 살해하려는 음모를 기독교계 지도자들이 꾸몄다는 것이었다. 그런데 이 사건의 배후에는 선교사 몇 사람이 배후에서 조종하였는데, 그들은 스왈린(W. L. Swallen), 맥큔(G. S. McCune), 그리고 베어드(W. M. Baird) 등이었다는 것이다.

그들이 꾸민 사건의 전말은 이렇다. 데라우치 총독이 1910년 12월 27일 압록강 철교의 낙성식에 참석하기 위해 선천역에 잠시 하차하는 순간에 그를 암살하려 했다는 것이다. 그러나 경비가 너무 삼엄하여 저격 순간을 찾지 못해 결국 실패로 끝나고 말았다는 터무니없는 조작극이었다.

이 각본에 따라 이듬해 정월부터 평안도 지방과 전국에서 이승훈, 양전백, 윤치호 등 서북지방 교회 지도자 500여 명이 체포되었다. 이 사건은 일제가 만든 각본에 따라 조작된 연극이었으므로 이들이 범죄를 획책했다는 증거는 전혀 없었고, 오직 고문을 통한 체포자들의 자백뿐이었다. 일제는 자백만을 근거로 엉터리 재판부를 통해 1912년 10월 선고를 하였는데, 윤치호, 양기탁, 이승훈 등 주모급 6명은 10년, 그 외 18명에게는 7년이, 39명에게는 6년이, 그리고 나머지 42명에게는 5년이 각각 선고되었다.

이때 유죄 판결을 받은 사람이 105인이었으므로 이 사건을 '105인 사건'이라고 한다. 105인 모두가 불복 상소하여 고등법원에까지 가서 지루한 공방이 계속되다가 최후 판결이 나왔는데, 일제의 엉터리 법정도 세계의 눈이 두려워 99명에게 무죄를 선언하고, 소위 주모자급 6인에게만 징역 6년을 선고하였다. 1915년 2월 이들이 천황 대관식 특사 형식으로 출소하였을 때 평양역에는 약 9천여 명의 시민들이 출영을 나와 국가와 신앙을 위해 고난의 가시밭길을 걸은 이들을 극진히 환영하였다.

3. 기독교 학교의 탄압과 개정사립학교 규칙

일제는 기독교에 직접 박해를 가할 경우 선교사들과의 직접적인 충돌을 가져올 가능성이 있고, 이는 곧 미국 등 서구 국가들과의 불편한 관계에 놓이게 될 염려 때문에 그것은 가급적 피하면서 가장 효율적으로 기독교 세력을 억압하고 고사(枯死)시키는 방법으로, 기독교계 사립학교를 짓누르는 방법을 채택하였다. 당시에 한국교회 가정의 4만여 학령기의 아이들 중 2만여 명이 한국교회에 속한 1천여 학교에 다니고 있었고, 이는 앞으로 기독교교육을 받은 많은 지도자들이 배출된다는 의미이므로 일제로서는 조선 통치에 커다란 부담이 되지 않을 수 없었다.

이에 총독부는 기독교 학교들을 그들의 손아귀에 넣고 통제하기 위하여 1915년 3월 소위 '개정사립학교규칙'을 공포하였다. 규칙의 내용 가운데 중학교의 설비를 확충하고 선생들을 보완하고 그들의 질을 향상시키라는 것은 학교를 위해 타당하고 좋은 내용이라고 볼 수 있다. 그러나 기독교 학교로서는 건학의 목적과 같은 "성경교육을 정규시간에서 빼고 종교의식, 즉 예배를 철폐"하라고 하는 것은 학교의 존립과 관계되는 문제였으며, 기독교교육을 기독교 학교에서 없애버리려고 하는 의도가 분명히 드러난 것이었다. 시설을 보완할 기간을 10년으로 정해 시간적 여유는 충분하였으나, 문제는 성경교육과 예배의 철폐를 종용하는 수단으로 이 법을 만들었다는 데 그 흑심이 있었던 것이다.

총독부의 핑계는 그럴 듯하였다. 교육은 국가가 할 일이고 선교사들은 종교 포교에나 힘쓰라는 것이었다. 교육은 충실한 제국의 신민을 만드는 일이라고 강변하고 있었다. 교육과 종교는 일치하지 않는다는 논리를 펴면서 종교는 세계적이지만, 교육은 국가적이라는 단견이었다. 교육은 자기 국가에만 충실한 사람을 만들 뿐 아니라 세계 만민을 위해 일하고 봉사하는 사람을 만든다는 기독교적 원리를 저들은 몰각하고 있었다.

이 사립학교 규칙은 기독교 학교에 커다란 시련을 안겨 주었는데, 특히 장로교계 학교에 심했다. 그 원인은 몇 가지가 있었는데, 첫째는 학생들의 강력한 요구였다. 관립학교 학생들은 좋은 시설에서 좋은 교사들 밑에서 교육을 잘 받았을 뿐만 아니라, 졸업 후에는 좋은 자리에 취직이 보장되어 있었으므로, 관립학교보다 열악한 교육환경과 졸업 후의 진로가 보장되지 않은 기독교계 학교에 대한 불만이 가중되어 연일 규칙대로 하라는 요구를 하면서 동맹 휴교를 함으로써 휴교 사태가 연발하였다.

또 한 가지는 선교부들간의 이견(異見)이었다. 만일 모든 선교부와 학교들이 혼연일체가 되어 이 문제에 총독부와 대치했다면 결과는 다르게 나왔을지도 몰랐다. 그러나 감리교회와 장로교회 선교부와의 의견이 달라, 결과적으로 장로교회가 더 큰 어려움에 봉착하게 되었다. 감리교회 선교사들은 학교가 폐교되는 것보다는 총독부의 규칙을 지키면서 교육을 계속하는 것이 더 낫다는 생각을 하고 그렇게 따르고 말았다.

그러나 장로교회는 생각이 달랐다. 기독교 학교의 존재의 의미는 학교에서 성경을 가르치고, 예배를 드림으로써 학생들에게 기독교 정신을 넣어 주고 궁극적으로 기독교인을 만든다는 것인데, 만일 성경교육도, 예배도 드리지 못한다면 학교의 존재의미가 사라진다고 보아 끝까지 인가 신청을 거부하였다. 한 걸음 더 나아가 신사는 종교가 아니고 국민의례이므로 모든 학교 행사에서 학생들을 신사에 참배시키라고 하는 대목에서는 더 이상 고려의 가치가 없다고 판단하였다. 이렇게 되자, 총독부에서는 장로교 학교들은 모두 잡종(雜種)학교로 분류해 버리고 말았다. 장로교 계통 학교 중에서는 선교사가 관여하지 않은 이승훈이 세운 정주의 오산학교와 함흥의 영생여학교만이 규칙에 따를 뿐이었다. 이렇게 일제의 억압을 받은 기독교 학교는 차츰 그 숫자가 줄어들 수밖에 없어서, 1912년에 494개교였던 것이 1918년에는 318개교로 줄어들었다. 집요한 일제의 기독교 학교에 대한 탄압도 1919년 3 1독립운동이 끝난 후, 소위 문화정치라는 표방 아래 기독교 학교에 다시 성경교육과 예배를 허용함으로써, 고난의 가시밭길을 걸어온 기독교 학교들의 승리가 만천하에 드러났다.

4. 춘원 이광수의 교회 비판

초기 한국교회 선교현장을 살펴본 여러 인사들은 단시일 내에 급속하게 성장한 우리 교회에 대해 듣기 민망할 정도의 찬사를 들려주었다. 특히, 1907년 대부흥운동을 전후한 한국교회의 성장은 찬사를 받기에 충분할 만큼 비약적 성장을 한 것도 사실이다. 그러나 시간이 지나면서 한국교회에 대한 비판의 소리가 서서히 들려오고 있었다. 밖으로부터는 일제의 탄압과 억압에 시달리는 교회는 이제 우리 민족 안에서 나오는 비판의 소리에 또다시 자성의 기회를 갖지 않으면 안 되는 단계에 이르렀다.

1910년대 말에 춘원 이광수는 교회를 향해 매서운 필봉을 휘두르고 있었다. 그가 1917년 3월 「청춘」(靑春) 제11호에 기고한 "금일 조선야소교의 결점"이라는 글에서 당시의 교회에 대해 몇 가지 항목으로 비판하였는데, 다음에서 그 내용을 요약해 보겠다.

첫째, 금일 야소교회는 계급적이다. 동양의 계급사상이 기독교에 의해 극복되어야 함에도 불구하고 기독교의 근본정신에 반하여 교회가 오히려 계급적인 모습을 지니고 있다. 목사, 장로들이 평신도들 위에 군림함으로써 교회가 계급적 단체로 전락하여 만인평등사상을 실천해야 하는 교회가 오히려 역작용을 하고 있다.

둘째, 교회 지상주의이다. 교회 지상주의는 교회만 제일이라고 하여 비기독교인을 모두 악인이요 신용 없는 이방인으로 본다. 또한 교회지상주의는 기독교 교리 외의 모든 세상 학문을 천히 여긴다. 목사, 전도사의 일만 하나님의 일이 아니고 이 세상의 모든 일이 다 하나님을 위하는 일임에도 교회는 교회 제일주의로 나가는 것이다.

셋째, 교역자들의 무식함이다. 목사, 전도사는 최하의 사람도 접하지만 최고의 사람들도 접해야 됨으로 성경이나 몇 번 읽는 것으로 목사가 되어서는 안 되고 세상의 여러 학문에 상당한 지식을 얻어야 한다. 예를 들자면, 교역자 교육에 있어서 보통학교 졸업 정도도 못 되는 무교육한 자에게 일 년에 3개월을 교육하여 5년 간, 즉 15개월 동안 신 구약성경을 1, 2차 독과(讀過)하면 목사의 자격을 주어 만인의 정신을 지도하는 자가 되니 그들이 무식할 것은 당연한 것이다.

넷째, 미신적이다. 미국 선교사들이 한국민에게 아프리카의 미개한 민족에게 전도하는 방법을 채택하여 우리에게는 심오한 원리를 가르치지 않고 고래의 미신을 이용하여 천당지옥설과 사후부활, 기도만능설 같은 것으로 몽매한 민중을 죄악에서 구원하려고 한다. 그러나 나는 선교사를 탓하지 않는다. 다만 우리가 그들에게 아프리카인들처럼 보인 것이 분하다.

이광수는 결론적으로 "현시 조선교회는 전제적, 계급적이요, 야소교의 근본 특징인 자유, 평등의 사상을 몰각하였으며 종교의 신앙을 인생의 전체로 여겨 신자, 비신자의 구별을 선인, 악인의 구별같이 하고 …… 교역자가 문명을 이해하지 못하여 다수한 교인을 미신으로 이끌어 문명의 발전을 저해하여 미신적 신앙을 고집하여 문명적 종교의 사명을 감당치 못한다."라고 질타하였다.

또한 이광수는 1918년 9월 「매일신보」에 다시 교회에 대한 비판을 가했는데, 그 내용은 30년의 역사와 30만의 교도를 가진 조선야소교회에서는 아직 신앙고백이나 교리해석 한 권을 (생)산하지 못했다고 꼬집으면서 자기 교회역사 책 한 권도 저술치 못한 교회를 비난하고 있다.

이광수의 이런 교회비평이 모두 옳다고 볼 수는 없다. 그러나 우리는 한 시대에 한 지성인이 교회에 대해 비판하는 소리를 간과해서는 안 될 것이다. 교회는 항상 교회를 향해 비판하는 사람들의 소리를 경청하면서 자성의 자세를 가져야 할 책무가 있기 때문이다.

제 14 장
교회의 항일운동

1. 교회와 항일의 문제

한국의 개신교회가 항일의 교회가 될 수밖에 없었던 필연적 이유가 있었던가? 평범한 보통 사람들도 자기 나라가 외국의 침략을 받고 식민지가 되며 동족이 수탈당하는 것을 보게 되면, 매국노가 아닌 다음에야 그것에 대해 분노하지 않을 사람은 아무도 없을 것이다. 여기에서 같은 의분을 느끼는 사람들이라고 할지라도, 기독교인들과 비기독교인들 간에는 그 의분의 근거와 투쟁의 방법에서 차이가 나게 마련이다. 비기독교인들은 단순히 나라를 빼앗긴 의분과 원통함 때문에 투쟁의 근거를 찾을 수 있을 것이다. 또한 그들은 독립을 쟁취하기 위해서는 그 어떤 수단과 방법도 불사한다는 생각을 갖고 투쟁하는 것이 자연스러운 일이라고 말할 수 있다.

그러나 기독교인들이 나라를 사랑하는 생각은 이들과 달랐고, 또 그 투쟁방법도 달랐다. 즉, 단순한 애국심의 발로가 아니었고, 보다 깊은 기독교 신앙에서 연원하는 의분이 짙게 깔려 있었다. 그것은 강대국이 약소국을 침탈하는 것에 대한 하나님의 정의에 의한 공분이었다. 따라서 그 투쟁의 방법도 복음적인 방법, 즉 비폭력, 무저항의 방법으로 항일의 정신을 보여 주고 있음을 볼 수가 있다.

2. 신앙운동을 통한 항일 – 나라를 위한 기도회

무군무부(無君無父)의 종교로 낙인찍혀 온갖 수난을 겪은 천주교회와는 달리 처음부터 위군위민(爲君爲民)의 종교로 인식된 개신교는 일찍부터 그 애국심을 길러 왔다. 그러한 기독교인들의 애국심 발로의 한 표현은 초기 교회 때부터 태극기를 게양하는 것으로 나타났다. 미국 북장로교회 해외선교부 총무였던 스피어(R. E. Speer)가 1895년 한국을 둘러보고 가서 쓴 보고서에, 한국교인들이 주일이 되면 자기 집 앞에 태극기를 내어 달고 교회에도 큰 태극기를 달고 있음을 보고하였다. 일반 대중들은 태극기라는 것이 있는 줄도 모르고 있을 때, 교인들은 선교사들의 지시도 없이 자연스럽게 주일에 태극기를 자기들의 집에, 그리고 교회에 다는 것으로 애국의 마음을 표현한 것이었다.

국가가 위기에 부딪쳤을 때 교회는 기도회를 갖는 것으로 국가를 염려하고 위하는 모습을 보여 왔다. 1905년 일제가 한국을 강압적으로 억눌러서 을사늑약(乙巳勒約)을 강제했을 때, 그 해 9월 장로회 공의회에서 길선주 장로는 나라를 위한 기도회를 갖자는 발의를 해서 전국 교회가 일주일을 국가를 위한 기도주간으로 선포하고 이를 실천하였던 것이다. 같은 해 11월 을사늑약이 선포되자, 상동 감리교회에서는 매일 수백, 수천의 교인들이 모여 국가를 위한 기도회를 개최하였다.

1907년 정미조약이 발표되고 고종이 퇴위하는 어려움 속에서는 한국을 위한 기도를 세계교회에 부탁하여 세계교회가 기도하는 범세계적 유대를 강화하고 있었다. 일제는 교회에 나가는 기독교인들을 항일 의식을 선도하는 불순분자로 분류하여, 각 도에 훈령하여 기도하러 간 사람이 있거든 거주 성명을 자세히 탐지하여 속히 보(報)하라고 하여 기독교인을 항일분자로 낙인찍어 요주의(要注意) 인물로 취급되기 시작하였다.

3. 시위와 무장투쟁을 통한 항일

한국의 그리스도인들 중에는 항일을 단순한 기도회 정도로 끝내지 않고 집단적인 시위형식, 또는 폭력적인 방법으로 표출한 이들이 있었다. 1905년 을사늑약이 발표되자 을사 5적(五賊)을 처단하자는 운동이 일어나 평안도 장사들을 모집하는 기독교인들이 나타났고, 평양 교인 몇이 상경하여 을사늑약의 철폐와 5적의 처단을 요구하는 격문을 살포하면서 시위를 벌였다. 일부 다른 교인들은 '2천만 동포에게 보내는 글'을 살포하다 일본경찰과 충돌하는 일도 있었고, 울분을 참지 못하고 자결하는 이들도 있었다.

이러한 항일운동은 해외에서도 진행되어 일제 통감부 외부(外部)의 고문이었던 스티븐슨(D. W. Stevenson)을 1908년 3월 독실한 기독교인인 장인환(張仁煥) 의사가 미국 샌프란시스코에서 권총으로 격살하였다. 이 사건으로 인해 '대한인국민회'가 조직되었고 독립운동을 지원하는 영향력 있는 단체가 되었다.

또 다른 사건은 저 유명한 안중근(安重根)의 이토오 히로부미 암살사건이었다. 1909년 10월 러시아 방문을 마치고 돌아오는 이토오를 독실한 가톨릭 교인인 안중근이 하르빈(Harbin) 역에서 격살한 사건이 터졌다.

그 이외에도 일제 식민통치 기간 중 줄곧 일제 당국자들과 그 주구(走狗)들을 처단하려는 노력은 기독교인들에 의해 꾸준히 이어져 내려왔다. 그러나 항일투쟁에 앞장 섰던 인사들이 단순히 기독교인이라는 이유만으로 기독교의 항일투쟁으로 일반화하는 데는 문제가 없지 않다.

4. 경제적 항일

- 조세저항운동

한국교회 교인들의 항일은 경제적인 면에서도 나타나고 있다. 특히 이 경제적 저항운동은 저항력이 강한 서북지방에서 빈발하고 있었는데, 이에 대한 구체적인 저항은 조세(租稅)저항이었다. 그 이유는 이 곳이 기독교와 가장 먼저 접촉된 곳이고 조선조에서 백안시된 지역으로 관리로 나가는 사람들이 적어 자연히 상공업에 종사하는 사람들이 많았고, 따라서 세금부담이 많아 조세저항의 요소가 많은 곳이었기 때문이었다.

일제가 그 침략의 야욕을 구체화하면서 일본 상인들이 대거 한국으로 밀려 들어오기 시작하였다. 그들은 가는 곳마다 여러 가지 방법을 동원하여 요지를 헐값으로 취득, 또는 탈취하여 자기들의 상업의 거점으로 확보하면서, 영세한 한국인 상인들의 시장을 침식하여 상권을 장악하기 시작하였다. 뿐만 아니라 전국의 농토를 헐값에 사들이고, 경우에 따라서는 개발, 철로건설 등의 갖가지 이유를 붙여 농민들의 생활터전인 농토를 강점하여 전체 농지의 25%을 불과 3%도 안 되는 일본인들이 차지하기에 이르렀다. 이런 일제의 만행이 삶의 근거를 상실한 한국인들의 저항을 가져온 것은 자연스러운 일이었다.

가장 쉽게, 그리고 구체적으로 일반 서민들이 할 수 있었던 경제적 저항은 일본 상품 불매운동과 조세저항이었다. 그 중에 대표적인 것은 평북 용천과 평남 순천(順川)에서 있었던 기독교 상인들의 조세저항이었다. 1909년 4월 통감부는 시장세(市場稅)를 제정, 공포하여 징세하기 시작하였다. 이에 대한 저항이 기독교인들을 중심으로 일어났다. 이 저항이 처음으로 나타난 곳은 평북 용천 양시의 시장터에서였다. 이 곳에서는 기독교 지도자들을 중심으로 시장세를 거부하는 운동이 확산되었다. 이 운동은 곧 인근 각지로 퍼져 나갔는데, 그 중에서도 평남 순천지방의 저항이 가장 강력하였다. 1910년 1월 이 곳에서는 순천읍교회 장로 최봉환(崔鳳煥)의 지도로 상민회(商民會)를 조직하여 시장세 납부 거부운동을 전개하였는데, 후에 이 운동이 폭력화하여 일부 흥분한 상인들이 일인 상점을 부수고 방화하였으며, 급기야 일인 수명을 살해하는 사건으로 비화하였다.

이런 조세저항운동은 서북지방의 여러 곳으로 확산되었는데, 이 운동은 일부 지방에서 선교사들이 뒤에서 사주하고 부추긴다는 일제의 판단이 기록으로 남아 있다. 그들의 기록에 의하면, 함경도 경성군에서는 기독교도들이 선교사들과 합세하여 연초경작세(煙草耕作稅)와 주세(酒稅)를 거부하였고, 또 세금을 수납하러 온 징세원을 폭행하였다. 이것은 기독교회에서 금연, 금주를 엄히 가르치고 실천한 데 기인한 것 같다. 함경도 성진에서는 선교사 로스와 그리어슨(R. G. Grierson)의 지시에 의해 시장세를 거부하였다고 하였는데, 이것은 실제로 선교사들이 그렇게 지시하였는지는 관변(官邊) 자료 하나만 가지고는 믿을 수 없지만, 일제는 적어도 기독교인들의 저항 뒤에 선교사들이 사주했다고 보는 시각이 강했다는 증거가 된다.

이러한 기독교인들의 조세저항에 대해 "교회에 희사금 [헌금]으로 1년에 16만원씩이나 기쁜 마음으로 내는 자들이 1~2전 하는 시장세에 불만을 품고 폭동을 일으키는 것은 미국인들의 종용"이라며 그 책임을 선교사들에게 돌리고 있었다. 평남 진남포에서도 통감부의 징세에 순응하는 것은 결국 나라를 망치는 일이라 하여 기독교인들이 중심이 되어 납세 거부운동을 전개하였다고 당시의 일본 공사관이 기록하고 있다.

– 국채보상운동

또 한 가지 경제저항운동에서 빼놓을 수 없는 것은 국채보상운동(國債報償運動)이다. 이 운동이 시작된 것은 경북 대구에서였다. 그 곳에 있던 출판사 광문회(廣文會)의 사장 김광제(金光濟)가 중심이 되어 국채보상 기성회를 조직함으로써 비롯되었다. 이 운동은 곧 신문에 집중 보도되면서 각지에 지회가 조직되어 전국적인 운동으로 확산되었다. 당시에 조선이 일본으로부터 얻어 온 빚은 1906년부터 1907년까지 동안

만 해도 1,300만 원에 이르고 있었다. 이런 빚을 지고는 국가가 결코 자주독립을 할 수가 없으므로 온 국민이 이 빚을 갚아야 한다는 운동이었다. 이 빚을 갚을 방법은 2천만 국민이 3개월간 금주, 금연을 하여 모은 돈으로 실행하자는 것이었다.

　이 운동은 초기부터 금주, 금연운동을 교인들의 엄격한 훈련으로 실천해 오던 교회의 지침과 맞물려 애국운동의 한 방편으로, 교회가 이 운동에 적극 나섰다. 국채보상운동 본부를 서울의 YMCA에 설치하고 사경회, 강연회, 토론회, 음악회 등을 통해 교인들을 상대로 모금운동을 전개하여 나갔다. 이에 호응하여 전국의 교인들이 헌금을 보내와 이 운동이 큰 성과를 올리게 되었다. 또한 이 운동에 호응하여 여러 기독교계 단체들이 구성되었는데, 서울여자교육회, 진명(進明)부인회, 대한부인회 등과 지방에서도 선천의성회(宣川義成會), 안악국채보상탈환회(脫環會), 제주도의 삼도리(三道里)부인회 등이 결성되었다. 이 운동에는 고종 황제까지 호응하여 친히 담배를 끊고 보상금을 하사하였다.

－ 탈환회, 패물폐지회

　여기에서 여성들이 중심이 되어 벌였던 탈환회에 대해 잠시 언급하고 넘어가고자 한다. '탈환'(脫環)이란 글자 그대로 '반지를 빼다'는 의미이다. 국채보상을 위해 반지를 빼어 바치자는 운동이었다. 「대한매일신보」는 이 운동의 방법과 의의를 그 취지문에서 아래와 같이 밝히고 있다.

> 　우리 각 사람이 몸둔 곳은 나라이라.…… 나라 한 번 망하고 보면 당상(堂上)에 늙은 부모는 장차 어느 곳에 장사하며 강보의 어린아는 장차 뉘의 종이 될는지요.…… 국채 1,300만 원을 갚을 방침은 우리 동포 마음에 있는 줄 압니다. 대법 2,000만 중 여자가 1,000만이요, 1,000만 중 지환 있는 이가 반은 넘을 것이니 지환 매쌍에 2원씩만 셈하고 보면, 1,000만 원이 여인의 수중에 있다고 볼 수 있으니 …… 깊이깊이 생각하면 못할 일이 아니오니 어서 속히 결단하여 지환을 바침으로 국채를 갚는 날은 나

라의 행이요 생명의 행이외다.

또한 패물폐지(佩物廢止)부인회의 취지서에 보면,

>……2,000만 중 1,000만이 여자가 될 터인데 저마다 전재(錢財)는 충족하지 못하나 3원 이상 값이 되는 금, 은 패물 등속은 있을 터이온즉 갹출하면 3,000만 원 가량이라. 1,000만 원으로 국채보상, 1,000만 원으로 은행설립, 1,000만 원으로 학교를 창설하면 조국에 이익됨이 소소한 패물에 비하리오.…… 패물이라는 것은 매일 소용되지 못하고 의장 속에 일푼의 이식(利息)도 생효치 못하니 혹시 차고 보면 심히 무겁고 옷을 상하니 없어도 무방할 것이외다.…… 우리 국민이 남의 빚을 산같이 지고 패물을 차는 것은 발가벗고 은장도 차는 격이라. 발기인 일동은 약간의 패물을 연조하여 패물폐지회를 조직, 취지를 선전하옵니다.

라고 하였으니, 이렇게 우리 교회 여성들이 패물을 모아 나라의 부채를 갚고 은행도 설립하고 학교도 세워 국가의 내일을 기약하고 있는 것은 참으로 가상한 일이 아닐 수 없었다. 이렇게 모아진 성금은 1908년 5월까지 모두 231만 원에 이르렀다. 그러나 이런 시민운동을 일제가 그대로 방치할 리가 없었다. 이를 항일운동으로 간주한 저들은 이 운동을 저지할 목적으로 이 성금의 일부를 보관하고 있던「대한매일신보」의 총무 양기탁에게 공금을 횡령했다는 죄를 뒤집어씌워 재판에 회부하는 일을 자행하였다. 비록 일제의 탄압으로 이 운동이 오래 지속되지는 못했지만, 합법적이고 복음적인 방법으로 교회가 항일운동을 전개했던 투철한 정신을 보여 주는 한 대목이다.

- 물산장려운동

다음으로 1920년 7월 평양에서 조만식에 의해 주도된 물산장려운동(物産奬勵運動)이 있다. 이 운동은 평양을 중심으로 기독청년들, 사업가, 그리고 여성계의 지도자 등 50여 명이 평양에서 발기함으로 비롯되었다. 이 운동은 민족단결, 협동정신, 상부상조, 생활개선 등 다양한 목적을 갖고 출범하였는데 그 중 국산품애용운동이 주축을 이루었다. 이 운동의 기수였던 조만식 장로는 전통적인 한복을 개량하여 활동에 간편한 옷을 만들어 말총모자, 짧은 수목두루마기와 편리화를 착용하여 보급시켰으며 짚신을 신고, 머리를 짧게 깎아 모본을 보여 '한국의 간디'라는 별명을 얻게 되었고, 일반 대중들에게 국산품 보급과 생활의 개혁을 통해 항일정신을 불어넣었다.

  교회의 항일은 일제가 이 강토를 강점하기 시작한 때부터 1930년대 말 신사참배를 강요하여 우상 앞에 절할 때까지 꿋꿋하게 지속적으로 이어져 내려왔다. 비록 변절자나 친일분자도 적지 않았지만, 생명을 내어 놓고 끝까지 신앙의 절개를 지키면서 조국과 신앙을 지킨 지사와 순교자들이 우리 교회 안에 유유히 그 맥을 이어옴을 볼 수 있다. 방법론에 있어서 다소 차이도 있었고, 비복음적, 비성경적인 요인도 없지는 않았지만 애국이라는 그 공통분모만은 결코 잊지 않으면서 해방의 그 날까지 새벽을 기다리는 파수꾼처럼 그 지리하고 고달픈 밤을 지새우고 있었다.

제 15 장
한국교회와 3 1독립운동

1. 운동의 기원

일제가 한국을 강제 병탄한 것이 1910년, 그러니까 3 1운동이 일어나기까지 약 10년 간의 한국 상황은 극도로 악화되어 있었다. 한국을 합병하고 난 후 일제의 정책은 다음의 몇 가지로 요약될 수 있다.

첫째로, 동화(同化)정책이었다. 동화정책이란 한국이라는 개념을 없애고 한국을 완전히 일본에 예속시키고 동화시키는 정책을 말한다. 한일합병 후에는 한국인의 신문, 잡지, 학술지들이 금지되었고, 관변적이고 친일적인 출판물로 대치되었다. 1911년에 발표된 교육령의 목적은 "한국인들을 일본 천황의 충직한 국민이 되게 하는 것"이었다. 각급 학교에서 역사와 언어교육을 제한하였고 민족적 자긍심이나 민족주의를 자극하는 어떤 문학작품도 철저히 색출하여 회수해 갔다.

둘째로, 경제적 수탈을 자행하였다. 일제가 한국을 강점한 뒤 등록되지 않은 모든 토지는 국유화시켜 버렸고, 일본인들의 토지회사와 일본인 이민자들에게 매각해 버렸다. 일본인들의 토지 소유는 급속히 늘어났고, 자본은 일본인들에게 넘어갔다. 일제의 경제적 억압은 한국민들로 하여금 토지와 삶의 터전을 잃고, 만주나 시베리아, 하와이 등지로 유랑의 길을 떠나게 하였다.

셋째는, 퇴폐문화의 유입정책이었다. 그들은 일본의 창녀들을 대거 한국에 이주시켜 한국 청년들을 부패시키기 위해 공창제도를 도입하였다. 또한 일본에서는 철저히 규제하고 금지하는 아편을 재배하게 하고, 또 그것을 판매하여 우리 민족을 정신적, 육체적으로 황폐시키는 야만적 정책을 채택하였다. 또한 술과 담배를 전매하고 화투를 보급하여 우리 청년들의 정신을 황폐케 하는 야만적 정책을 실행하였다.

넷째로, 교회를 조직적으로 억압하기 시작하였다. 1915년에 발표된 '포교규칙'(布敎規則)에 따라 성직자들은 자격증을 받아야 하며, 교회의 신설 또는 변경시 허가를 받아야 한다고 규정하였다. 경찰은 모든 예배를 감시하고 설교의 내용을 검열하며, 신자들이 모이는 정기 예배 외에도 기도회, 사경회, 부흥회를 사찰하였다. 무엇보다도 천황숭배와 신사참배는, 적어도 처음에는 한국교회로 하여금 어쩔 수 없이 항일의 대열에 서게 하는 직접적 동기가 될 수밖에 없었다.

1915년에 발표된 '개정 사립학교법'에 따라 기독교계 학교수업 중 성경교육과 예배를 금지시키고, 반드시 일본어만 쓰도록 하여 언어까지 말살하려는 작태를 서슴지 않았다. 민족의식을 고취시킨다는 이유로 여러 가지 방법을 동원하여 기독교계 학교를 탄압하였다.

일제의 박해가 심하면 심할수록 이에 저항하는 민족의 내부적 불만은 쌓여 갈 수밖에 없었다. 다만 힘이 없고 때가 성숙하지 못해서 기다리고 있었을 뿐이었다. 물론 개인적으로나 지역적으로 벌인 항일운동이 없었던 것은 아니지만 전국적이거나 조직적인 항거는 거의 없었다. 그러나 때가 찼을 때, 이 민족적 거사는 활화산처럼 분출되어 나오게 되었다.

3 1운동의 직접적 동기가 된 것은 제1차 세계대전이 끝나기 전 해인 1917년 미국의 윌슨(Woodrow Wilson) 대통령이 밝힌 '민족자결주의'

였다. 약소국들이 강대국들의 통치로부터 벗어나며, 자신들의 문제는 자신들이 결정한다는 자결주의 원칙은 비록 1차 대전에서 패전한 국가들의 식민지에 해당하는 것이었지만, 일제의 억압 속에 살던 한국민들에게는 하나의 희망적인 소식이 아닐 수 없었다.

2. 진행과정

이 민족자결주의 원칙이 발표되자, 우리 민족의 지도자들은 이 원칙이 우리에게도 적용된다고 판단하고 발빠르게 움직이기 시작하였다. 그리고 1918년 4월, 파리에서 모이는 만국 평화회담에 우리 대표단을 파송하여 민족의 독립을 청원할 길을 모색하였다. 또한 그 해 여름 중국의 상해에서는 여운형, 장덕수, 선우혁이 중심이 되어 '신한청년단'을 조직하였다. 이 단체의 대표였던 여운형은 국내에 있는 지도자들과 독립운동을 논의하기 위해 1918년 9월, 선천에서 열리는 노회에 출석한다는 명목으로 입국하여 이승훈, 이상재 등을 만나 외국에서의 활동 상황을 알리고 국내에서 할 일들을 의논하고 돌아갔다.

드디어 3·1운동의 한 도화선이 되었던 '2·8 동경 유학생 독립선언식'이 2월 8일 동경의 YMCA에서 약 400여 명의 학생, 교민들이 참가한 가운데 엄숙하게 거행되었다. 계획대로 선언서를 일본 정부, 각국 공관, 그리고 언론기관에 보내어 한국의 독립을 내외에 선포하는 자랑스러운 일을 거행한 것이다. 이 일은 국내에서 활동하고 있던 독립지사들과 기독교계 지도자들에게 직접적인 동기를 부여하였고, 독립운동을 촉진시키는 자극제가 되었다.

국내에서의 독립운동에 대한 모의는 주로 종교계를 중심으로 나타났다. 먼저 천도교측에서는 제1차 세계대전이 끝나가는 때를 맞추어 독립운동을 일으킬 계획을 수립하였다. 1919년 1월 권동진(權東鎭), 오세창(吳世昌), 최 린(崔麟) 등 천도교 지도자들은 교주 손병희(孫秉熙)를 찾아가 독립운동에 대한 계획을 보고하고 허락을 받았다. 또한 독립운동의 3원칙도 합의하였는데, 첫째, 독립운동을 대중화할 것, 둘째, 독립운동은 일원화할 것, 셋째, 독립운동의 방법은 비폭력으로 할 것이었다. 이중에서 비폭력으로 한다고 한 것은, 당시에 폭력을 동원하여 일제의 군대와 겨룬다는 것은 계란으로 바위를 치는 것과 같은 무모한 짓일 뿐이라는 판단과 아울러, 당시에 인도에서 마하트마 간디가 벌인 비폭력, 무저항운동에 영향을 받은 것이었다.

 기독교측에서도 상해에서 선우혁(鮮于爀)이 평양에 와서 이승훈과 양전백, 길선주 등을 만나 서북지역에서 기독교 세력을 일원화하여 독립운동을 전개할 것을 확인하고 상해로 돌아갔다. 서울에서는 YMCA 간사인 박희도(朴熙道)와 세브란스 병원 약제사였던 이갑성(李甲成), 그리고 연희전문 학생이었던 김원벽(金元璧)이 주축이 되어 학생들을 중심으로 독립운동을 계획하고 있었는데, 천도교측에서 최남선(崔南善)을 통하여 기독교와 거사를 함께하자는 제의를 받고 이승훈이 상경하여 이 문제를 협의하던 중학생들의 모의를 알고 천도교측과 합하자고 권하여 이들이 천도교측과 합하게 된 것이다. 민족대표로 기독교에서 16인, 천도교측에서 15인, 불교에서 2인 등 33명이 결정되었다. 거사일은 3월 1일, 장소는 사람들이 가장 많이 모이는 종로의 파고다 공원으로 정하였다. 그러나 전날 장소를 갑자기 인사동 명월관(明月館)으로 옮기게 되었는데, 그것은 만일 파고다에서 선언식을 하게 되면 피끓는 청년, 학생들이 이를 말리는 경찰, 헌병들과 충돌하여 유혈 사태가 날 가능성이 있을 뿐만 아니라, 선언식도 제대로 진행하지 못할지 모르니 대중이 없는 조용한 곳에서 하는 것이 더 나을 것이라는 충고를 따른 것이다.

 그리하여 마침내 3월 1일 민족대표 33인 중 29인이 참석하여 역사적 독립선언식을 거행하였다. 한편 파고다에서는 수많은 군중들이 모여서 민족대표들이 오기를 기다리고 있었으나 그들이 나타나지 않자, 경신학교 졸업생이며 교회학교 교사였던 정재용(鄭在鎔)이 연단 위에 올라가 그가 가지고 있던 독립 선언서를 읽어 내려갔다. 읽기를 끝내고 그는 "대한독립만세!"를 힘차게 외치고 군중들도 따라서 10년간 외쳐 보지 못했던 "대한독립만세!"를 목청이 터져라 부르짖었다. 그리고 나서 군중들은 서서히 종로 거리로 나가면서 평화적 시위를 시작하였다.

이 시위대열에는 각계각층의 사람들이 총망라하여 참여했고, 신앙과 종파의 차이 없이 모두가 참여한 문자 그대로 거족적인 시위요, 민족의 함성이었다. 이 날 4~5십만의 대중이 온종일 시위를 벌였으나 단 한 건의 폭력시위도 없었던 것으로 보고되었다. 독립 선언식은 서울 뿐만 아니라 전국 각지, 그리고 해외에서도 연이어 일어났다.

처음에는 이렇게 평화적으로 진행되던 시위가 시간이 지나면서, 특히 시위대에 대해 총칼과 곤봉을 마구 휘두르며 폭압적 진압을 하는 일본경찰과 헌병들에 대해, 군중들도 자기 방어적 위치에서 이들에게 폭력으로 대처하기 시작하였다. 지방에 따라서는 시위진압군과 경찰에 무력으로 대항하는 것을 비롯하여, 헌병대, 경찰서, 각급 관공서들을 습격하고 파괴하는 사태로 발전되기도 하였다.

3. 교회의 피해

약 6개월 동안 진행된 각지의 시위운동의 많은 부분을 기독교인들이 주도했고, 독립선언서를 운반하며, 태극기를 제작, 살포하는 임무를 담당하였으므로, 그 어떤 단체나 종교보다도 피해가 극심했으리라는 점은 추측하기 어렵지 않다. 당시에 조선에는 일제의 1개 사단 병력과 2만 명 이상의 헌병, 그리고 무수한 헌병 보조원들과 경찰이 있었으므로 교회와 교인들에 대한 보복은 혹독하였다.

이 사건의 모의, 주도가 교회를 중심으로 이루어졌다고 판단한 일제는 교인들에 대한 대대적인 검거를 시작하였고, 검거된 인사들에게 모진 고문을 감행하였다. 교회의 피해가 극심한 가운데 가장 비극적인 사건은 수원 제암리(堤岩里)감리교회에서의 학살사건이다.

각지에서 만세 시위가 계속되던 4월 15일 오후 2시경에 일본군 중위

아리다(有田俊父)의 인솔로 일단의 군인과 경찰들이 이 마을에 들이닥쳤다. 그들은 교인들을 모두 모아 손을 꽁꽁 묶어 교회당 안으로 밀어 넣었다. 그리고는 밖에서 문을 걸어 잠그고 교회당에 불을 질렀다. 불 속에서 밖으로 뛰쳐나오려는 사람들을 부녀자, 어린이를 가리지 않고 그 자리에서 총격을 가하여 사살하였다.

통계적으로 보면, 1919년 3월부터 5월 30일까지 사망자 7,509명, 부상자 15,961명, 체포된 자 46,948명, 교회 파손 47개소, 학교 파손 2개소, 민가 파손 715채였으며, 1년 뒤인 1920년 3월 1일까지 사망자 7,645명, 부상자 45,562, 체포자 49,818명, 가옥 소각 724채, 교회 소각 59개소, 학교 소각 3개교였다.

4. 결 과

3 1운동의 결과는 무엇인가? 3 1운동의 결과는 한마디로 단정하기 어렵다. 비록 정치적 독립을 쟁취하는 데는 실패했지만 다른 측면에서 볼 때는 성공한 운동이라고 볼 수 있다. 이 운동은 한 민족이 독립의 강렬한 의지를 일제에, 그리고 세계에 알리는 위대한 일을 수행하였다. 이 운동이 비록 정치적 독립은 달성하지 못했다고 할지라도 많은 성과를 가져온 것이 사실이다. 그 중에 몇 가지 중요한 점들을 열거해 보면 다음과 같다.

첫째로, 이 운동은 민족을 하나로 묶어 놓는 결과를 가져왔다. 그 동안 여러 요인으로 내부 분열이 없지 않았던 민족이, 이 운동의 단일한 목적을 위해 모든 사람이 한 마음으로 이 운동에 동참했다는 사실은 우리 민족사에 있어서 획기적인 사실이 아닐 수 없다.

둘째로, 이 운동은 대한민국 임시정부를 창설하는 결과를 가져왔다. 1919년 겨울, 상해에서 임시정부가 수립되어 이승만이 초대 대통령에 취임하였다. 이는 비록 망명정부라 할지라도 대한민국에 정부가 존재한다고 하는 깊은 의미가 있었다.

셋째로, 이 운동은 일제로 하여금 한국통치의 방법을 무단통치에서 소위 문화정치로 바꾸도록 하였다. 세계의 압력에 굴복한 일제는 하세가와(長谷川) 총독을 소환하고, 사이또(齊藤實)를 새 총독으로 세웠다. 그는 문화정치를 표방하며 한국민들에게 제한적인 자유를 허용하고, 종교문제에 있어서도 화해의 제스추어를 보였다. 그는 9월에 취임하고 나서 관제개혁을 단행하여, 헌병제를 철폐하고 보통 경찰제를 실시하였으며, 일반 관리들이 칼을 차는 것을 금지하고, 한국인의 관리임명과 급여규정을 바꾸고, 국문신문(國文新聞)을 허가했으며, 한국인들에 대한 차별을 철폐하는 등의 개혁을 실시한다고 발표하였다. 그러나 이것은 한낱 구호에 그쳤고, 실제는 더욱 간교한 방법으로 식민지 통치를 획책하였다.

기독교에 대해서 새 총독은 9월에 선교사들을 초치하여 그들의 의견을 들었는데, 그때 선교사들은 총독부에 대해 '연합 종교회견 백서'를 제출하면서, "일본 헌법이 종교의 자유를 보장"하고 있는데, 현행 법규 아래서는 이러한 자유를 향유할 수 없다고 주장하면서 다음과 같은 내용을 요구하였다.

- 교회 및 선교사에 대한 단속을 완화할 것.
- 기독교 및 기독교인에 대한 관리의 차별을 철폐할 것.
- 기독교계 학교에서의 성서교육과 종교의식을 허용할 것.
- 한국어의 사용 금지를 조속 철폐할 것.
- 조선 학생들도 일본 학생이 누리고 있는 교육의 기회를 균등하게 누릴 수 있게 조처하고, 교과서의 선택권과 한국어 및 세계역사의 학습에 대한 제한을 철폐할 것.
- 총독부가 허가한 사립학교 졸업생이 공립학교 졸업생과 똑같은 특권을 가지게 해줄 것.
- 기독교 문서에 대한 검열을 철폐할 것.
- 교회의 출판물 발행의 제한을 완화할 것.
- 교회 및 선교기관을 재단으로 인정할 것.

- 기독교인으로서 구금된 정치범에 대한 학대를 중지할 것.
- 형무소의 교화사업에 교회가 참여할 수 있도록 법을 제정할 것.

사이또는 선교사들의 이런 건의를 받아들여 '포교규칙'을 개정하여 과거의 시책을 수정, 완화하였다. 개정된 포교규칙은 교회당, 포교소의 설립을 과거 허가제에서 신고제로 바꾸고 신고사항도 간소화했으며, 종교규칙 위반자에게 벌금형을 삭제하였고, 포교수속의 간편과 포교자의 편의를 도모하고자 하였다.

기독교에 대한 종래의 정책을 변화시켜 화해를 시도하고, 특히 문제가 되었던 기독교 학교에서의 성서교육과 예배의식의 허용을 얻어 낸 것은 이 운동이 가져다 준 값비싼 대가였다. 그러나 이것이 일제가 기독교에 온전한 자유를 주었다고 보는 것은 잘못이다. 그들은 여전히 "……교회와 학생 예배의 참석을 주장하고 …… 규제하려 했다.…… 여러 가지 혐의를 걸고 학생들을 체포하고, 또 모든 출판물을 검열했으며, 때로는 교회 주보의 기사에 대해서도 반대하였다."

넷째로, 이 운동은 한국민들에게 기독교가 더 이상 외래 종교가 아니고 가장 애국적이요, 우리 민족을 사랑하는 종교라는 개념을 주지시켰다는 점이다. 기독교가 한국에 소개된 이래로 이런 거족적 민족운동에 대규모로 참가하여 처음부터 이 일을 선도해 나간 종교는 천도교보다는 오히려 기독교였다고 보아야 할 것이다. 그것은 시위를 선도한 인사들이나 체포된 사람들의 숫자에서나 예배당, 학교 등 기관과 인적, 물적 피해에서도 여실히 나타나고 있다. 이 운동에서 기독교는 '주체가 아니고 통로'라고 보는 시각도 있으나, 여러 정황으로 볼 때 기독교가 확실히 주도를 했던 운동이라고 보아도 좋을 것이다.

결론적으로 3 1독립운동은 비록 정치적 독립을 쟁취하지는 못했지만, 한국민이 온 세계에 결집된 독립의 강렬한 욕구를 천명할 수 있는 기회가 되었고, 교회는 그 동안 꾸준히 전도하고 교육하여 길러 온 나라사랑의 정신을 유감 없이 발휘할 수 있는 전기를 마련함으로써, 민족의 운명과 같이하는 민족종교로서 그 자리잡음을 확실히 할 수 있었다는 데 큰 의의를 찾을 수 있겠다.

1920~1930년대의 교회상황

3 1운동 후의 교회는 그 이전보다 겉으로는 약간의 자유가 보장된 것같이 보였다. 그러나 일제의 집요한 교회 억압은 눈에 보이지 않게 꾸준히 지속되고 있었다. 많은 사람들이 독립을 얻지 못한 좌절감과 가족과 교우와 이웃을 잃은 슬픔 속에 잠겨 있을 때 교회는 그들의 소망을 하늘에 두게 되었고, 그 결과 동족의 구원과 교인들의 신앙적 각성과 부흥을 위한 사경회와 부흥회의 물결이 전국 강토를 뒤덮었다. 사경과 부흥운동의 지도자는, 장로교회에서는 1907년 대부흥운동의 기수였던 길선주 목사와 김익두(金益斗) 목사였고, 감리교회에서는 신비주의 부흥사 이용도(李龍道) 목사였다.

1. 길선주 목사의 사경회

길선주(吉善宙) 목사는 3 1독립운동시 민족대표 33인 중 한 사람으로 2년여의 옥고를 치렀으나, 일제가 그에게 무죄 판결을 내리고 석방함으로써 많은 사람들로부터 오해를 받게 되었다. 그러나 김린서 목사는 일제가 길 목사에게 무죄 방면한 것은 성직자를 우대한다는 것을 내외에 과시하려는 의도와 그를 무죄 방면시킴으로써 교회 내외로부터 그를 매국노로 인식시켜 매장하려는 의도로 그렇게 했다고 하였다. 길 목사를 매도하는 무리들이 적지 않게 있었으나, 길 목사는 개의치 않고 자신의 본분을 감당하였다. 그는 감옥에 2년 간 있으면서 요한 계시록을 거의 외웠고, 또한 철저히 탐구하여 「말세학」이라는 계시록 강해집을 만들어 이것을 가지고 전국 방방곡곡을 다니면서 말세학 사경을 주도하였다.

1920년대의 사회주의, 공산주의 사상이 밀려들어오고 암울한 현실에서 갈 길을 찾던 교인들과 민족에게 종말과 재림 사상을 가르침으로써 새 하늘과 새 땅의 비전을 보게 한 길 목사의 말세학 사경은 그들에게 새 희망을 갖게 하는 전기가 되었다. 일반적으로 이때 길 목사의 말세학 사경을 한국교회로 하여금 현실을 외면하고 내세지향적인 신앙으로 이끌고 간 것으로 지탄하는 사람들이 적지 않은데, 이것은 그의 말세학을 잘 이해하지 못한 데서 나온 오해라고 보여진다.

길 목사는 말세학을 강의하면서 이 세상은 모두 썩어져 없어질 멸망의 세상이므로 이 세상에 뜻을 두지 말고, 영원한 내세에 뜻을 두자는 말은 하지 않았다. 오히려 그는 말세학에서 천년왕국이 이 땅에서 이루어진다는 독특한 신앙을 가지고 있었다. 그는 말하기를, "예수 밟으시던 지구는 새 땅이 되어 영원히 잇슬 거시오, 에덴의 위치이던 지구는 소각될 거시 아니라 불꽃검으로 수호하던 에덴은 다시 나타나서 이 지구는 무궁 안식세계가 될 거시다." 이 독특한 길 목사의 신학을 김린서 목사는 '조선신학'이라고 갈파하였다. 일제의 고난에 시달리고 있던 민족에게 해방의 먼동을 바라보면서 이 땅은 영원히 없어지지 않고 남아 있을 우리의 삶의 터전이라고 규정하면서 우리 민족의 독특성을 지킬 것을 외쳤던 것이다.

우리의 것을 사랑하고 우리의 문화를 수호할 것을 외치던 민족의 선각자는, 복음으로 이 나라를 변화시키기 위해서 마지막까지 복음을 외치다가 결국 강대 위에서 쓰러져 감으로써 이 민족복음화에 앞장 섰던 성경의 사람, 기도의 사람, 전도의 거인이었다.

길선주 목사가 일생을 바쳐 목회하였던 서북 장로교회의 어머니 교회인 평양 장대현교회에서 선동을 받은 일부 사회주의 사상에 물든 청년들이 길 목사 배척의 폭행을 가하여, 결국 20여 년 동안 목회하던 교회를 사임하고 원로목사로 남게 되었다. 정든 교회에서 배척당하고 떠난 것이 그에게는 애석한 일일지 모르지만, 하나님께서는 그를 한 교회에 매어 두지 않으시고 전국의 교회를 자유롭게 다니면서 전도하게 하시려는 섭리가 있었다고 김린서는 해석하였다.

2. 김익두 목사의 이적 집회

김익두(金益斗)는 황해도의 안악(安岳) 출신으로 장사꾼이 되었으나 장사에 실패하고 나서 난봉꾼이 되었다. 장에 가는 장꾼들이 김익두를 만나지 않게 해달라고 성황당에 돌을 던지고 갔다 할 정도로 그의 난봉과 행패는 심했다. 그는 어느 장날 여자 선교사를 만나 그녀에게서 전도지 한 장을 받고 교회에 나가게 되었는데, 스월론(W. L. Swallon) 선교사가 순행차 안악에 와서 '영생'(永生)이라는 설교를 할 때 감동을 받아 회개하고 예수를 믿었다. 그는 처음 성례를 받기 전에 신약성경을 백 번이나 읽은 열정을 가지고 있었고, 기도를 그치지 않은 기도의 사람이었다. 29세에 황해도 재령교회의 전도사가 되었고, 1906년 평양 장로회신학교에 입학하여 1910년(3회)에 졸업하였다. 한 번은 심방갔다 오다가 앉은뱅이를 보고 "예수의 이름으로 일어나라."고 외쳤지만, 일어나지 못했다. 김익두는 자기의 기도가 부족하다고 믿고 더욱 기도와 신앙생활에 힘써, 하나님으로부터 신유(神癒)의 은사를 받게 되었다. 그의 "초기 부흥운동에 기사 이적이 나타나서 사도행전의 기사를 20세기에 재현하였다."라고 김린서는 기록하였다.

김익두 목사가 신유의 은사를 구체적으로 나타낸 것은 1919년 12월,

경북 달성(達城)의 현풍(玄風)교회 사경회 때였다. 그 지방에 아래턱이 처져서 올라붙지 않은 불구자가 있었다. 그가 사경회에 나왔는데, 김 목사는 이 사람을 불쌍히 여기고 그를 위해 몇 날을 기도했으나 낫지 않았다. 김 목사는 금식하면서 기도하였더니, 그 불구자의 늘어진 턱이 올라가 붙어 치유함을 받았다.

이 때부터 시작된 김 목사의 이적 기사의 집회에는 사람들이 구름떼처럼 밀려오기 시작하였고, 각색 병자들이 예수님의 이름으로 치유받는 역사가 끊이지 아니하고 일어났다. 경산(慶山)읍교회에서는 수십 명이 한꺼번에 신유의 은사를 받아 중풍병자와 혈루병자가 나음을 얻었으며, 대구집회에서도 수많은 사람이 운집하고, 수백의 병자가 치유를 받았다. 부산집회에서는 앉은뱅이가 걷고, 김해군 진영리(進永里)에서는 23년 된 혈루병 여인이 고침을 받았으며, 평양에서는 11년간 벙어리 된 여인이 김 목사의 기도로 혀가 풀려 말을 하기 시작하였다.

이런 이적 기사가 속출하자, 이에 대해 비판적 견해를 갖는 사람들이 나타나기 시작하였다. 이에 황해도 재령(載寧)의 임택권(林澤權) 목사가 1919년에 '이적증명회'를 발기하여 3여 년 동안 조사한 김 목사의 이적 사실을 1921년에 「조선예수교회 이적명증」이라는 책자로 발간하였다. 또한 황해노회는 1922년 장로회 총회에 헌의하기를 장로회 헌법 정치 3장 1조에 "금일에는 이적 행하는 권능이 정지되었느니라."는 조항을 수정할 것을 헌의하였는데, 총회는 이 안건에 대해 신경과 성경진리에 위반되는 조건이 아닌즉 개정할 필요가 없다고 결의하고 각 노회에 회부하였는데, 그 결과는 부결로 나타났다.

이 일로 김 목사의 신유부흥집회는 고비를 맞게 되었고, 팽대되어 가는 사회주의, 공산주의 세력은 김 목사가 기독교인들 뿐만 아니라 비기독교인들에게까지도 그 영향력을 확대시켜 가는 것을 용인할 수가 없었다. 1926년 김 목사가 간도의 용정(龍井)에서 집회를 하고 있을 때, 일단의 폭도들이 철근을 휘두르며 공격하여 예배가 중단되는 사태가 벌어졌고, 심지어 그가 담임했던 남대문교회의 지식층 청년들이 중심이 되어 기독교 신앙을 미신적 신앙으로 끌어내리고 병을 고친다면서 우매한 자들을 미혹한다고 매도하였다. 이는 확실히 반기독교운동의 일환이었으며, 엄연히 성경에 내포되어 있는 성령치유의 은사를 정면으로 거절한 위험한 자유주의 신학의 물결이 교회 내에 침투해 들어오고 있다는 증좌였다.

일제의 억압 속에서 암울한 시절을 보내고 있던 대중들에게 김익두는 그 초자연적 성령의 역사를 통하여 한국교회에 생명력을 불어넣어 주었고, 3 1운동 후에 희망을 잃은 민중들에게 삶의 용기를 불어넣어 준 그 시대의 예언자였으며, 그 시대에 하나님께서 우리 민족에게 보내주신 위안의 메신저였다. 그가 이끈 부흥회 집회수가 776회요, 설교 횟수가 2만 8천회, 교회 신축이 150처, 그의 감화로 목사된 자가 200명, 치유받은 자가 1만 명이 넘었다고 하였으니, 그의 생은 한마디로 복음을 위한 삶이었다.

또한 그는 1930년대에 일제의 신사참배 강요에 반기를 들어 모진 곤욕을 당하기도 하였다.

그러나 불행하게도 그는 해방이 된 후에는 이북에서 강양욱의 회유와 협박으로 '조선기독교도연맹'에 가입하고 초대 총회장이 되어 그 명예에 흠칠을 하고 말았다. 6 25가 터진 1950년 10월 14일, 유엔군들에게 쫓겨 후퇴하던 인민군들이 들이닥쳐 새벽기도회를 마치고 나오는 김 목사를 교인 6명과 함께 사살함으로써, 그는 공산당 어용단체에 협력하고도 공산당에게 학살당하는 운명에 처하고 말았다.

3. 이용도 목사의 신비주의

감리교 목사였던 이용도(李龍道)의 부흥운동은 장로교회 목사들인 길선주의 말씀중심의 사경, 김익두의 신유중심의 부흥회와는 달리 독특한 방향에서 출발하여 결국 이단 정죄로 끝나는 불행한 결과를 가져왔다.

이용도는 1901년 4월 황해도 금천(金川)군 서천면에서 빈농 이덕흥

(李德興)의 셋째 아들로 태어났다. 아버지는 술고래였지만, 전도부인이 었던 신앙이 좋은 어머니 밑에서 신앙을 배우며 자랐다. 그는 어려서부터 병약한 체질에 정이 많은 아이였다. 개성에 있는 한영서원(송도고보의 전신)에 다닐 때 3 1독립운동에 적극 가입해 2년 간 감옥살이를 했고, 그 후 협성신학교에 들어가 공부를 하는 도중에 각혈을 하는 폐병 3기의 위험한 지경에 이르렀다. 병을 치료하기 위해 그는 친구의 집인 평남 강동(江東)으로 내려갔다.

거기서 그는 그의 일생을 결정짓는 경험을 하게 되었다. 신학생이 왔다는 말을 듣고 그곳 교회에서 그에게 부흥회를 인도해 달라는 청을 하였다. 강단에 올라가 섰을 때 그의 눈에서는 눈물이 줄줄 흘러 내렸다. 아무 말도 못하고 눈물만 흘리고 서 있는 그를 본 성도들도 따라서 같이 눈물을 흘렸다. 찬송을 불러도, 기도를 해도 온통 눈물의 바다를 이룰 뿐이었다. 이튿날의 집회도 역시 눈물의 홍수를 이루는 집회로 끝나고 말았다. 그러나 이 눈물의 집회를 통해 교인들 뿐만 아니라 이용도 자신에게 그리스도의 사랑이 직접 가슴에 와 닿는 체험을 하게 된 것이다. 이 집회 동안 경험한 그리스도의 뜨거운 사랑의 체험은 그의 일생을 두고 한 번도 잊어 본 일이 없는, 그래서 그 뜨거운 사랑에 감격하여 몸부림치다 간 한 시대 신비주의자의 전형이었다. 그는 기록하였다. "바치라. 그저 완전히 바치라. 주님께 완전히 바치기만 하면 내 모든 문제는 주님께서 맡아 주관하시고, 내 몸 전체도 주님께서 뜻대로 잘 맡아 사용하신다."

주님께 맡긴 삶, 이것이 이용도의 남은 삶이었다. 이 체험을 한 후에 그는 곧 건강이 회복되어, 신학교에 복학하고 이어 졸업을 하였다. 그는 강원도 통천(通川)에 목회지를 지정받고 그 곳에서 목회를 시작하였으나, 그 동안 그의 첫 열정이 식어 간 것을 깨닫고 산상기도와 금식기도를 목숨을 걸고 시도하여 확실한 성령의 체험을 다시 하게 되었다. 그는 "아버지여, 나의 혼을 빼어 버리소서. 그리고 예수에게 아주 미쳐 버릴 혼을 넣어 주소서. 예수에게 미쳐야겠나이다. 예수에게 미치기 전에는 주를 온전히 따를 수 없사옵고 또한 마귀와 싸워 이기지 못하겠나이다."라고 기도하였다. 예수에게 미쳐야겠다는 그의 고백은 결국 그리스도와의 완전한 합일(合一)을 의미하는 것이고, 그것은 그리스도와의 성애(性愛)로 변화하는 것을 의미하기도 한 것이다. 이것이 그의 신비주의의 핵이었다. 그는 외쳤다. "나는 주의 사랑에 삼킨 바 되고, 주는 나의 신앙에 삼킨 바 되는 이 합일의 원리여, 오, 나의 눈아, 주를 바라. 일심으로 주만 바라보라. 잠시라도 딴 눈 팔지 말고 오직 주만 바라보세. 나의 시선에 잡힌 바 주님은 나의 속에 안주하시리라." 주님과의 완전한 합일, 이것이 그가 이끌어 낸 신앙의 결론이었는데, 이것이 바로 중세 신비주의와 일치하는 신비사상인 것이다.

이용도의 부흥회는 가는 곳마다 열화 같은 반향을 불러일으켰다. 그의 부흥회는 비단 감리교회 뿐만 아니라 교파를 초월하여 타교단에서도 부흥회를 인도하였고, 평양의 장로교회 본산인 장대현교회에서도 부흥회를 인도하여 큰 은혜의 집회가 되어, 부흥회 후 평양의 온 교회들이 기도운동에 매진하였다.

그러나 그의 부흥운동에 대한 비판의 소리가 서서히 들려오기 시작하였다. 1931년 8월 장로회 황해노회는 "이용도가 재령교회를 훼방하고 여신도들과 서신거래를 자주하며, 불을 끄고 기도하고, 교역자들을 공격하며, 「성서조선」을 선전하는 무교회주의자이며, 교회를 혼란케 하는 자."라는 이유로 금족령을 내렸다. 평양에서 그가 인도했던 부흥회가 끝난 후 몇몇 집사들이 중심이 되어 기도회를 모였는데, 누가 붙였는지 이 모임에 '기도단' 이라는 이름이 붙으면서 평양노회 역시 이들에 대해 촉각을 곤두세우게 되었다.

이즈음 한국교회는 황국주(黃國柱)의 예수 자처 사건, 최태용(崔泰瑢)의 무교회주의로 혼란에 차 있던 때여서, 기도단의 움직임은 곧 교회들로 하여금 경계를 갖게 하였다. 평양노회는 조사위원회를 구성하고 보고케 하였는데, 1932년 4월에 모인 노회에서 ① 각 교회가 통상 예배, 사경회, 부흥회, 수양회 시에 강도와 교수는 가급적 장로회로부터 인허

받은 자로 할 것, ② 기도는 은밀히 할 것, ③ 안수받지 못한 자가 병자에게 안수하지 말 것, ④ 상회가 인허치 아니한 단체는 용납치 말 것 등을 결의하였다. 이것은 구체적으로 기도단과 이용도의 장로교 활동을 금지한 것이었다. 노회장 남궁혁은 각 교회에 보낸 편지에서 "……이 영적 운동은 일종의 신비주의로서 종교신앙의 주체적 체험방면을 중시하는 것임으로 …… 심지어 성서 밖의 별(別)계시와 새 주의를 분연히 선전"하는 무리들이라고 이용도와 그 추종자들을 경계하고 있었다.

마침내 장로교 총회는 1932년 제22차 회의에서 이용도를 '이단'으로 정죄하고 장로교회 내에 그의 출입을 봉쇄하였다. 감리교회에서도 사문(査問)위원회를 소집하여 그의 활동을 조사한 후, 연회에서 그에게 휴직 처분을 내렸다. 이로써 이용도의 사경회는 그 종말을 맞게 되었는데, 기독교 신앙이 지나치게 신비주의로 갈 때 얻는 결과를 여기서 볼 수 있다.

결론적으로 말해서 이용도의 부흥운동은 장로교회 목사들인 길선주, 김익두의 부흥회와는 달리 독특한 방향에서 출발하여, 결국 이단정죄로 끝나는 불행한 결과를 가져왔다. 길선주 목사의 부흥은 철저한 성경공부에 기초하고 있었고, 김익두 목사의 부흥은 신유의 이적 역사에 기초하고 있었다면, 이용도 목사의 부흥은 이 목사 개인의 영적 체험에 근거한 신비주의에 기초하고 있었다고 보아야 할 것이다. 성경적 기초가 없는 개인적 신비체험은 흔히 오류를 범할 수 있다는 교훈을 이용도는 남겨 주었다.

이용도는 병이 짙어 결국 1934년 33세의 젊은 나이에 세상을 떠났는데, 그가 그렇게 흠모하고 열애하던 예수님이 운명하시던 때와 같은 나이에 그도 갔다.

제 17 장

1920~1930년대의 분파운동

1. 사이비 접신파들

이용도의 극단적인 신비주의적 색채가 기성교회의 거부감을 불러일으켰고, 이 때문에 교회로부터 이단으로 정죄된 것은 어쩌면 당연한 결과였는지 모른다. 그의 신비주의는 결국 기독교의 원론적 진리를 뛰어넘는 경지에 이르렀고, 이는 자신의 신학이 잘못되었다는 것을 증명하는 결과가 되어 버리고 말았다. 그것은 그가 원산의 접신(接神)녀인 유명화(劉明化)에게서 주님의 음성을 들었다고 착각하여, 그녀 앞에 엎드리어 "주여!"라고 한 데서 단적으로 나타났다.

접신극 사건은 1927년경 원산 감리교회의 여신자 유명화가 입신을 체험했다는 데서부터 시작한다. 그녀는 예수가 자기에게 임재했다고 하면서 예수 같은 모양을 하고 다른 여자들에게 강신극(降神劇)을 벌이기도 하였다. 그 후 유명화와 같이 놀아난 이들이 나타났는데 이들이 원산 신학산(神學山)의 백남주(白南柱), 한준명(韓俊明) 등이었다. 이들은 스웨덴의 신비주의자 스웨덴보그(Emanuel Swedenborg)의 책을 읽고 감동을 받아 그의 이론에 따라 신비주의에 젖어 들었다. 이들이 장씨 성을 가진 여인의 집에서 모여 기도하는데, 장 여인은 제사지내는 형식으로 기도하고, 유명화는 실신상태에서 예언을 하는데, 한준명과 백남주는 이것이 신의 입류(入流)라 하여 강신극을 벌였던 것이다. 1933년 6월 9일에 평양 시내의 회중교회에서 신탁예식(信託禮式)으로 한준명, 박승명 두 쌍의 결혼식을 이용도의 주례로 성찬예식을 겸하여 거행하였다.

원산 신학산의 교장격이었던 백남주가 유명화 등과 결탁하여 이용도, 그리고 전 감리교 목사였던 이호빈(李浩彬) 등을 신탁(信託)이라고 꾀어 이들과 더불어 '예수교회'를 만들었을 때, 이미 이들은 갈 때까지 가 버렸다. 백남주는 또 여신도 김정일(金貞一)과 동거하였는데 이것이 문제화되자 또 신명(神命)이라고 하면서, 철산에서 일어난 김성도(金聖道)라는 '새 주'(主)와 더불어 성주(聖主)교회를 만들었다. 이용도를 대표로 새로운 교회를 만드는 작태를 연출하였다.

2. 황국주의 혼음교리

접신극(接神劇)을 벌이는 자들이 세상을 혼탁하게 하고 있는 동안, 또 다른 이단의 무리들이 교회와 사회를 어지럽게 하고 있었다. 그 장본인은 황국주(黃國柱)라는 청년이었다. 그는 황해도 장연(長淵) 사람으로 간도로 이민을 가서 용정중앙교회에 출석하던 30세의 청년이었다. 그의 용모는 무척 준수하고 얼굴 모양이 그림에서 보는 예수님의 그것과 무척 흡사하였다.

그가 100일 기도를 하고 나서 머리털을 길게 내려뜨리고, 수염도 깎지 않고 길러서 예수의 모습과 비슷하게 하고는 말하기를 "기도중에 예수가 내 목을 떼고 예수의 머리로 갈아 붙여 머리도 예수의 머리, 피도 예수의 피, 마음도 예수의 마음, 이적(異蹟)도 예수의 이적, 전부 예수화 하였다."라고 황당무계한 말을 하기 시작하였다. 이것이 소위 '목가름,' '피가름'이었다. 그는 뛰어난 언변으로 사람들을 도취시켰는데, 심지어 그의 아버지 황 장로도 자기 아들 앞에 무릎 꿇고서 "주님!"이라고 부를 정도였으니 그 때의 형편을 가히 짐작할 만할 것이다.

황국주는 예수로 변하여 새 예루살렘을 찾아간다며 두만강을 건너 서울을 향하여 떠났는데, 그를 따르는 무리들 중에는 그의 아버지 황 장로와 그의 누이, 그리고 많은 부녀자들이 함께하고 있었다. 새 예수가 지나간다는 소식이 퍼지자 각처에서 예수를 구경하러 대중들이 몰려나와 그들 일행을 지켜보았다. 그를 따르는 수십 명의 처녀, 유부녀들과 남자들이 한데 어울려 먹고, 자고, 여행을 하였는데 이것은 난장 자체였다.

황국주는 자신을 예수라 칭하면서 자기는 완전자이기 때문에 죄를 범할 수 없다고 호언하였다. 그는 삼각산에 기도원을 세우고 자기를 따르는 무리들과 더불어 소위 목가름, 피가름의 교리를 가르치면서 혼음(混淫)을 하면서, 이를 영체(靈體) 교환이라며 "우리들은 요단강을 건너와서 남녀간의 성문제를 초월했다."라고 호언하였다. 그러나 황국주는 결국 운산의 한 유치원 보모와 큰 죄를 범하고 도주해 버리고 말았다.

1933년 안주노회는 황국주, 유명화 등을 위험한 이단으로 규정하고 부흥회 초빙을 금지하였고, 같은 해 가을에 모인 총회에서도 이것을 추인하였다. 난세가 되면 반드시 백성을 신앙의 길에서 벗어나게 하는 마귀의 역사가 성적인 유혹을 통하여 '신의 계시' 또는 '영체교환'이라는 허울 좋은 명목으로 비윤리적 불륜의 무리를 만들어 교회를 어지럽히게 마련이다. 우리는 이 과정을 눈여겨봐 두어야 한다. 이는 후에 나타나는 문선명의 통일교에서도 동일한 모습을 볼 수 있기 때문이다.

3. 김교신의 무교회주의

김교신(金敎臣)은 1901년 함남 함흥에서 태어났다. 그는 일본에 건너가 동경에 있는 미사노리(正則) 영어학교에서 수학할 때인 1920년 4월 동양선교회 성서학원 학생들이 노방전도에 신앙을 받아들이고 성결교회에 출석하여 세례를 받았다. 그런데 그가 나가던 교회 안에 분규가 일어나 학자풍의 훌륭한 목사가 축출당하는 광경을 목도하고, 기성교회에 회의를 느끼기 시작하였다. 김교신은 당시에 무교회주의자로 유명한 우찌므라 간조(內村鑑三)의 문하에서 성경공부를 하면서 강한 영향을 받았다. 애국자였던 우찌므라에게서 애국사랑의 정신을 배운 김교신은 조국을 사랑해야 된다는 사명감을 갖게 되었다.

1927년 4월 유학을 마치고 귀국하여 함흥 영생여자 고보에서 교편을 잡으면서, 우찌므라 문하생들과 함께 성경연구 잡지인 「성서조선」(聖書朝鮮)을 그 해 7월에 창간하였다. 그 제목에서 보듯이, 이 잡지에서는 '성서'와 '조선'이라는 두 가지 표제를 내세웠다. 그러나 이 잡지의 창간사에서 보는 것같이 이 그룹은 기성교회를 등지고 자기들이 구상하는 교회, 즉 무교회를 표방한 것을 곧 알 수 있다.

김교신의 「성서조선」은 기성교회의 교리, 조직, 예배의식을 거부하고 자기들끼리의 신앙공동체를 만들어 나갔다. 따라서 이들은 무교회주의자들이라는 칭호를 얻게 되었다. 기성교회에 적을 두지 않았기 때문에 교회로부터 치리를 당한 일은 없었으나, 1932년 12월 「기독신보」의 사설에서 '이사벨의 무리'라는 비난을 받기도 했다. 그러나 그는 처음부터 기성교회를 비난하거나 거부하려고 생각한 것은 아니고, 다만 "성서 본문의 연구와 주해에 전력을 경주하는 예수 그리스도를 믿는 일개 평신도"로 자처하면서, 성서에서 보여 주는 신앙의 모델을 찾으려 하였다. 그러나 그를 무교회주의자, 그리고 기성교회를 거부하는 자로 여기는 것은 그의 신학사상이 다음과 같은 것으로 규정되기 때문이다.

첫째, 공간을 점유하는 눈으로 보이는 회당을 진정한 교회로 여기지 않고 신자가 모이는 예배의 장소 자체를 교회로 인정하는 일이요, 둘째, 성직제도에서 비롯된 갖가지 교회가 가진 권능을 인정하지 않으며, (예를 들면, 목사에 의한 세례 등 의식의 의의를 경시하며) 장로, 집사 등의 직분에 의한 신자들의 조직도 무시하고, 셋째, 교회가 가지고 있는 성서해석권을 인정하지 않고, 신자 각자가 성서를 통해 직접 하나님과 만나 은혜의 분수대로 신앙의 진리를 깨우침 받는 만인제사장의 입장을 존중하는 사상을 가지고 있었다. 그러므로 이러한 요소들이 기성교회의 입장에서 보면 결국 교회 거부요, 공격으로 보일 수밖에 없었다.

그러나 그는 무엇보다도 섭리사관(攝理史觀)에 입각하여 하나님께서 우리 민족에게 주신 사명이 무엇인가를 규명하고 실천하는 것을 제일의 사명으로 생각하였다. 따라서 우리 민족의 정신사적, 교회사적 사명을 강조하게 되고, 이는 필연적으로 선교사들이 전수해 준 교파적 신앙을 거부하고 우리 민족 자체가 가져야 하는 민족신앙을 주창하게 되었다. 또한 선교사의 재정에 의지하는 의존적 교회기구를 거부하게 되었으며, 민족이 주체가 되는 독립적, 토착적 신앙을 강조하는 방향으로 나갈 수밖에 없었다.

「성서조선」의 이러한 민족주의적 색채는 곧 일제의 눈에 띄게 되었다. 일제는 수차에 걸쳐 이 잡지의 내용을 트집잡아 내용삭제, 발행중지 등 온갖 박해를 가했는데, 드디어 1942년 3월에 조와(弔蛙 : 개구리를 애도함.)라는 권두언이 문제가 되어 「성서조선」은 폐간당하는 운명을 맞게 되었다. 뿐만 아니라 김교신은 동지들과 함께 투옥되어 1년간 옥고를 치렀고, 1944년 함흥 질소회사에 입소하여 노무자들의 권익을 위해 애쓰다가 해방을 서너 달 앞둔 1945년 4월, 44세의 나이로 발진티푸스에 걸려 세상을 떠났다.

김교신은 기성교회의 입장에서 보면 확실히 무교회주의자요, 기성교회를 비난하고, 거부하고, 분열시킨 사람임에 틀림없다. 무슨 명분으로도 그리스도께서 세우시고 12사도와 교부들에 의해 전승되어 내려오는 기성교회를 거부하고 '무교회'로 나가는 것은 바람직한 일이 아니다. 그러나 김교신만큼 성경을 사랑하고, 조선을 사랑한 사람은 많지 않을 것이다. 그는 일생을 통해 '2C'를 사랑한다고 했는데, 그 '2C'는 'Christ and Chosun'(그리스도와 조선)이었다. 그러나 그의 그러한 사랑이 교회를 떠나 무교회를 이끌었던 일과는 결코 상쇄될 수 없는 일임을 분명히 밝히고 지나가야 할 것이다.

4. 최태용의 복음교회

최태용(崔泰瑢)은 함남 영흥(永興) 출신으로 김교신처럼 일본의 무교회주의자 우찌므라 간조에게 강한 영향을 받은 사람이었다. 그는 1924년 일본에서 귀국하여 개인 잡지 「천래지성」(天來之聲)을 창간하면서 조선의 기성교회를 공격하기 시작하였다. 기성교회를 속화, 타락한 교회로 정죄하고, 교회의 제도를 인위적인 것으로 외칠 때 벌써 그의 마음 속에는 자기의 교회를 세울 의도가 드러나고 있었다. 따라서 기성교회의 거부는 무교회주의와 축을 같이 하였으므로, 기성교회로부터 백안시되어 "조선기독교장로회에서는 결코 용납하지 못할 이단"이라고 정죄된 것은 당연한 결과였다. 이들의 단체가 이단으로 정죄된 것은 반드시 무교회주의라는 이유 외에도 교회로서는 도저히 받아들일 수 없는 옛날 초대교회의 이단이었던 영지주의(靈知主義 : Gnosticism)적 요소를 내포하고 있었기 때문이었다. 그는 1936년경에 가서는 신약성경의 유일회적 계시를 부인하고, 하나님은 "영원히 살아 계셔서 자유로 사람 안에 역사하셔서 새로이 기독교를 산출하시는 일을 …… 나에게 일하여 영적 기독교를 주장케" 한다고 했을 때, 그는 이미 정통교회의 기독론을 거부하고 있어서 더 이상 교회의 일원이라고 말할 수 없을 지경까지 가 버렸다.

그는 1929년 다시 일본에 건너가 명치학원 신학부에서 수학하고 나서는 무교회주의마저 공격하기 시작하였다. 1930년, 귀국한 후에는 일본에서부터 발간하기 시작한 「영과 진리」(靈과 眞理)를 통해서 한국에서 새로운 신앙운동을 전개하려고 하였다. 1930년부터 「영과 진리」의 독자들을 중심으로 신앙공동체가 형성되어 결국 교회를 창설하게 되었는데 이것이 '기독교조선복음교회'였다.

이 교회의 특성 중 '조선 자신의 교회'라는 말은 외래 선교사에 의해 시작되었고, 여전히 선교사가 주도권을 가진 교회인 현실의 조선교회는 조선인의 교회일 수 없다는 것을 묵시적으로 나타낸 것이다. 따라서 조선인의 교회가 되려면 선교사들을 제거하고, 그 세력을 몰아내야 한다는 반선교사적인 뜻이 짙게 배어 있었던 것이다. 선교사를 배척하는 것이 민족교회의 형성이라는 논리 구조는 기독교의 본질을 처음부터 잘못 이해하고 있는 편향적이고 사시(斜視)적 기독교 이해라고 말할 수밖에 없다.

5. 적극신앙단

1932년 당시 서울 YMCA 총무였으며, 감리교 지도자였던 신흥우(申興雨)가 중심이 되어, 일단의 장로교회와 감리교회의 지도자들이 한 그룹을 형성한 초교파 신앙운동 단체가 민족주의의 색채를 강하게 띠고 나타났다. 지역적으로 서울이 한국의 중심이면서도 교회의 세력에 있어서는 항상 서북 세력에 밀리고 있다는 의식이 서울을 중심한 남한의 교회 지도자들의 생각이었다. 따라서 이들은 서북에 대한 경쟁의식과 질투심을 잠재적으로 가지고 있었다. 1930년대에 나타난 민족주의 의식과 반선교사적인 경향, 그리고 서서히 나타나기 시작한 자유주의 신학의 경향 등과 복합적으로 작용하여 '반서북,' '반선교사,' '반보수'라는 세 가지 요인을 갖추고 나타난 것이 바로 신흥우 중심의 적극신앙단 (積極信仰團)운동이었다.

신흥우가 이 운동을 처음 시도한 것은 1927년 그가 YMCA 총무로 있으면서 '기독교 연구회'라는 반선교사, 반보수를 표방하면서 '조선 기독교의 성립과 교파의식 둔화'를 목표로 하는 단체를 만들면서부터였다. 이듬해 그가 예루살렘에서 개최된 국제선교대회(IMC)에 한국 대표의 한 사람으로 다녀와서는 그 대회의 주제 가운데 하나였던 '토착화' 신학에 강한 영향을 받아 한국에서도 '한국적' 기독교의 설립을 부각하기 시작하였다.

이들의 이런 움직임은 기성 교회의 지지를 받지 못할 것이 자명했다. 왜냐하면 당시의 한국적 풍토에서 반보수, 반선교사적 경향을 띤다고 하는 것은 아직은 시기상조였기 때문이다. 이들에 대한 단죄의 소리는 신흥우가 몸담고 있던 감리교회에서 먼저 나왔다. 이 단체는 비밀 결사의 성격을 띠었고 자기들만이 애국적이고 진보적이며 이상적인 교계 지도자라고 자처하면서 교회와 기독교 기관을 구원하기 위해 그 단원들을 각 교회와 기독교기관에 침투시켜야 한다고 생각했다.

그러나 이 운동은 오래가지 못했다. 왜냐하면 중심인물이었던 신흥우가 이혼한 박인덕(朴仁德) 여사와 스캔들을 일으켜 YMCA 총무직을 사퇴하였기 때문이었다. YMCA를 중심으로 활동하던 이 운동은 신흥우의 총무 사임으로 사양의 길을 걷게 되었기 때문이었다.

적극신앙단 문제는 언젠가는 터져 나와야 하는 한국교회의 문제, 즉 한국교회 중심이 지나치게 지역적으로 편중되어 있고, 신앙의 폐쇄성이 개방을 향해 가는 시대에서 변화를 촉진하는 세력에 부딪치게 되어 있고, 선교사 중심의 교회가 선교사들의 보호권 내지는 주도권 밖으로 나와야 하는 문제가 조금 일찍 터져 나왔을 뿐이다. 비록 적극신앙단이 좋은 결과를 얻지는 못했으며, 여러 가지 문제점을 안고 있었음에도 불구하고, 장 감이 연합하여 한국교회의 고질적 문제점과 환부를 도려내기 위해 노력한 점은 긍정적 평가를 받을 수 있을 것이다.

그러나 역사는 순수한 복음적 동기가 다른 사람들의 마음을 움직일 수 있고 좋은 결과를 가져오는 것이지, 어떤 저의를 갖고 정치적인 색채를 띠고 나오면 아무리 그 표방하는 바가 좋아 보여도 결국은 그 뜻을 관철하지 못한다는 점을 교훈으로 남겨 주었다.

제 18 장
사회적 변화에 대한 교회의 대응

1. 공산주의 사상의 대두와 교회의 피해

1917년 러시아에서는 레닌(V. Lenin)이 이끄는 볼쉐비키(Bolshevik)가 공산당 혁명을 성공시켰다. 이 때부터 공산주의(共産主義) 사상이 각처로 퍼져 나가기 시작하였는데, 이 사상은 무산대중과 억압받는 사람들에게 호소하며 그 사상을 급속도로 전파하면서 이 사상이 한국에도 소개되고 유행하기 시작하였다. 식민지 억압 속에 살아가던 한국인들에게 이 사상은 적지 않은 지성인들과 뜻있는 사람들에게 달콤한 메시지가 될 수 있었다. 기독교 국가인 미국이 독립운동에 적극성을 띠지 않는다고 판단한 이들은 공산주의와 소련이라는 신흥대국으로 그들의 머리를 돌리게 된 것이다.

그러나 이 사상이 처음부터 무신론적 이데올로기로 무장하고 있었기 때문에 교회는 이 사상의 파급에 아연 긴장하지 않을 수 없었다. 이 사상은 지금까지 기독교가 겨냥했던 일반 대중과 하류층에 파고드는 무서운 사상적 적대세력이었다. 이에 발맞추어 반기독교적 단체들이 서서히 그 모습을 드러내기 시작하였다.
 그러나 구체적으로 교회에 대해 적대적인 행동을 한 것은 '한양청년 연맹'(漢陽靑年聯盟)이었다. 이 단체는 제2회 '전조선주일학교대회'가 서울기독교청년회관에서 1925년 각 교파 주일학교와 협동하여 대회를 개최할 때 대회를 방해할 목적으로 반기독교 대강연회를 개최하기로 하고 준비에 착수하였으나 사전에 일경에 발각되어 무산되고 말았다.
 기록에 남아 있는 공산당에 의한 최초의 기독교 박해는 1925년 동아기독교회(침례교회)가 당한 것이다. 중국 길림성에서 선교사로 일하던 윤학영(尹學榮), 김이주(金二柱) 등 네 사람이, 1925년 9월에 공산당들에 의해 일본의 밀정이라는 터무니없는 죄목으로 이국 땅에서 동족들에 의해 죽임을 당함으로써, 공산당들에 의해 순교하는 최초의 기록을 남기게 되었다. 이것은 실로 무서운 비극의 서막이었다.
 두 번째 희생도 동아기독교회(침례교회)의 김영진(金榮振) 목사가 30여 명의 공산도당들에 의해 잔인하고 무도한 악형으로 탈피(脫皮 : 가죽을 벗김.)당하여 죽는 참극이 빚어졌다. 감리교회의 김영학(金永鶴) 목사도 러시아의 시베리아 지방에서 선교사역을 하다가 1930년 2월 소련 경찰에 체포되어 반동분자라는 죄를 뒤집어쓰고 중노동을 하다 얼음이 깨어지는 바람에 순교하였다.
 장로교 목사로서는 한경희(韓敬禧) 목사가 공산당에게 학살당하였다. 그는 1935년 정월 교인들과 함께 북만 호림현(虎林縣) 지방으로 교회순방과 전도여행을 하다 공비에게 총살당하여 순교하였다.
 살아갈 길 막연하여 정든 조국과 고향을 떠나 북풍한설 몰아치는 이국 땅에서 유리하던 동족들에게 사상과 이데올로기가 다르다는 이유 하나만으로 그토록 잔인무도한 만행을 저지른 야수와 같은 악마들 중에 우리 동포들이 있었다는 사실은 서글픈 일이 아닐 수 없다.

2. 교회의 농촌문제 대처

공산주의와 사회주의가 한국 사회에 이데올로기적 갈등을 야기하고 기독교의 영향력을 극소화시키기 위해 준동하고 있을 때, 교회는 흔들리는 빈민, 노동자, 농민들을 위한 대책에 나서게 되었다.

1920년대에 농민은 전체 인구의 80%을 차지했고, 한국교회는 75%가 농촌교회였다. 따라서 농촌의 문제는 곧 교회의 문제였고, 교회의 문제는 바로 농촌문제와 직결되어 있었다. 그러므로 당시에 교회가 당면한 가장 큰 문제 가운데 하나는 농민들을 위한 시책이었다. 일제에게 여러 가지 명목으로 모든 농지를 빼앗긴 농민들은 소작농으로 전락하여 고율의 소작료를 지불하지 않으면 안 되는 절대 빈곤층으로 전락하여 농토가 많고 비옥하다는 만주와 북간도로 줄을 이어 이민을 떠났다. 선교사들도 한국에 와서 절대 다수의 인구가 농민인 점을 감안하여 농촌문제에 많은 관심을 가졌다.

농촌문제가 심각한 지경에 이른 때, 농촌문제 전문가인 선교사 러츠(D. N. Luts)가 1920년에 내한하였다. 그는 농민들에게 농작물 계량법, 토지의 개량, 윤작제 등을 가르쳤고, 단기 지도자 훈련을 위한 농민학교 프로그램을 시작하여 농민 지도자 훈련에 심혈을 기울였다. 장로회 총회는 농촌문제를 다루기 위해 농촌부를 신설하고, 총무에 1928년 예루살렘에서 열렸던 국제선교대회(IMC)에 유일한 장로교 대표로 참석했던 정인과(鄭仁果) 목사를 선출하였다. 총무 정 목사는 농민잡지인 「농민생활」을 발간하고 이 책자를 통하여 농촌계몽운동에 괄목할 만한 업적을 남기었다. 뿐만 아니라 1930년, 총회는 전국교회가 농촌선교에 협력하기 위하여 10월 셋째 주일을 농촌주일로 지키기로 결정하고 이 날에 농촌을 위해 헌금을 하여 그 절반은 노회 농촌부에서, 나머지 절반은 총회 농촌부에서 쓸 수 있도록 하였다.

총회는 농촌 지도자 훈련도 시키고 농촌 살리기에 애를 썼으나 1938년에 일어났던 '농우회(農友會)사건'으로 활동이 움츠러들기 시작하였다. 그러나 일제는 이 운동을 음양으로 방해하여 교회가 농촌운동을 활발하게 전개할 수 없게 만들었고, 결국에는 농촌운동도 저들의 억압으로 더 이상 진전될 수 없는 상황에 빠지게 되어 총회도 농촌부를 폐지할 수밖에 없었다.

3. 사회계몽운동 - 절제운동

기독교가 처음 한국에 들어왔을 때는 선교사들이 한국의 뒤처진 문명을 고양시키기 위하여 교육, 의료, 사회계몽운동을 전개하여, 한국인들의 의식개혁과 생활의 근대화를 위하여 노력하였다. 그러나 1920년에서 1930년대에 들어와서는 선교사 주도가 아니고 한국교회 지도자들을 중심으로 사회계몽운동이 전개되었는데, 이는 기독교 교리에 입각해서 이루어진 면도 있지만, 그것보다는 애국, 애족의 충정에서 이루어진 면이 더 강했다. 다음에서 몇 가지 사례를 통해 이를 더듬어 보기로 한다.

3 1운동 이후 일제는 소위 문화정치라는 것을 표방하고 한국민들에게 어느 정도 자유를 허락했지만, 이는 기만정책에 불과한 것이었고, 내막으로는 한민족 말살 정책을 꾸준히 수행해 나갔다. 그 중 일부는 강압적인 방법이 아닌 민족 내부로부터 썩어 들어가게 하는 방법으로, 젊은이들을 퇴폐적인 문화에 젖게 하기 위하여 술, 담배, 아편, 공창 등이 만연하게 하는 정책을 강화해 나가고 있었다. 이것은 일제가 정치적으로 또한 경제적으로 한국을 침탈하는 방법과 축을 같이하여 정신적으로, 문화적으로 한국을 황폐화시키는 고도의 파괴 작전이었다.

이러한 상황에서 교회는 정치적, 경제적인 황폐는 때가 되면 다시 회복시킬 수 있지만 정신적 황폐는 일단 병들면 치유가 거의 불가능한, 민족정신을 말살하는 무서운 질병임을 자각하였다.

이에 대한 대처 방법으로 한국에 나와 있던 여자 선교사들이 중심이 되어 여자절제회가 창설되었다. 또한 한국 여성들도 절제회를 구성하였는데, 이 일에 주동 역할을 한 이는 이화학당의 교사로 있던 손정규(孫貞圭 : 일명 孫袂禮)였다. 1924년 8월 이화학당에서 '조선여자기독교

절제회연합회'가 창립되었는데, 이때 회장에는 YWCA 총무였던 유각경(俞珏卿)이, 총무에는 손정규가 선출되었다. 손정규는 지방에 지회를 조직하는 일에 힘써, 1928년에는 52개 지회와 3천 명이 넘는 회원을 확보하였다.

절제회가 가장 역점을 두고 한 사업은 금주운동이었다. 금주운동은 단순히 교회 내적 운동의 차원을 넘어서 국가를 살리는 운동이라는 애국적 차원으로까지 연결하여 여전도회 사경회 때 금주강연을 하고 전도할 때에 금주에 대한 전도지를 뿌리기도 하였다. 1927년 11월 황주에서 열렸던 주일학교연합대회 기간 중에 '주마정벌'(酒魔征伐) 행군식을 갖고 금주운동에 동참하였다.

이 금주운동에 특히 적극성을 보인 교회는 구세군이었다. 구세군은 창설 때부터 사회악의 척결을 그 교회의 목표로 설정하였던 것에 발맞추어 이 운동에 적극적으로 협력하였다. 그들의 기관지 「구세공보」에 금주호를 특별히 제작하여 살포하고 악대를 동원하여 가두에서 계몽운동을 전개하였다.

교회가 금주운동을 전개하는 중에 가장 괄목할 만한 일은 미성년자들에게 술과 담배를 금하는 법령을 만드는 일을 성사시킨 것이다. 1932년 12월에 범교단적으로, 그리고 사회 지도자들까지 망라하여 총독부를 상대로 미성년자 음주, 끽연 금지법 제정을 요구하여 결국 1938년 4월에 '청소년 보호법'을 만들면서 그 속에 미성년자 음주, 흡연 금지조항이 들어가게 되었다.

공창(公娼)제도의 척결을 위해서도 교회는 온 힘을 다 쏟았는데, 이것은 특히 젊은 청년들을 타락케 하는 사악한 제도일 뿐만 아니라, 젊은 이들을 황폐케 함으로써 민족의 정기를 말살하려는 일제의 간악한 정책이었으므로 이를 묵과할 수는 없었던 것이다. 1923년 11월 미국 감리회 연회의 위촉을 받아 '공창폐지위원회'가 구성된 것을 계기로 공창폐지운동이 본 궤도에 오르게 되었다. 세브란스병원의 오긍선(吳兢善)을 중심으로 '공창폐지기성회'가 조직되어 이 운동에 박차를 가하였다. 이 운동은 총회 차원에서도 후원하기로 가결하였는데, 오긍선의 강의를 듣고 "박수함으로 환영하고 차(此) 사업에 대하야 후원하기로 가결"하였다고 1926년 총회록에 기록되어 있다.

교회는 절제운동 뿐만 아니라 사회사업도 활발하게 선도해 나갔다. 특히 구세군의 역할은 다대하다. 구세군의 자선사업은 빈민들에게 구호품을 전해 주는 것으로 끝나지 않고, 그들에게 삶의 터전을 마련해 주는 데까지 나아갔다. 예를 들면, 1918년 일본인 구세군 교인의 지원으로 평동에 있던 사관학교 안에 걸인 소년들을 모아다가 기술을 습득시키는 육아원을 만들어 사회에 나가 자활할 수 있는 길을 열어 주기도 하였다. 여성들을 위한 직업훈련소, 걸인을 위한 숙박시설, 굶주리는 빈민들에게 식사를 제공하는 일도 부단히 진행하여, 1927년 겨울 동안에 6천여 명에게 1만 5천 끼를 급식하였다.

그 외에도 결핵환자를 위한 병원, 나병환자들을 위한 나병원, 맹인들을 위한 맹아학교 등 당시 사회에서 천대받고 인간 이하의 대접을 받던 소외되고 버림받은 사람들을 위해 그리스도의 사랑으로 끝없는 자선과 봉사, 그리고 계몽운동을 펼침으로써, 사회주의, 공산주의자들이 마치 자기들만이 빈민층을 위해 일하는 것같이 행세하던 때에 기독교 박애의 정신을 보여 줌으로써 교회의 사회적 사명을 감당해 나갔다.

4. 신학적 갈등 – 교회분열의 조짐들

선교사들이 가르쳐 준 정통적이고, 보수적인 신학은 해외에서 유학한 사람들이 속속 입국하면서 서서히 흔들리기 시작하였다. 새로운 신학적 갈등은 지방색이라는 요소와 맞물려 순수한 신학적 문제를 넘어 정치적 요인까지 겹쳐 문제해결을 더 어렵게 만들어 버렸다.

신학적 입장과 지방색 갈림의 배경은 이렇다. 즉, 교세가 전국에서 가장 강했던 서북지방, 특히 평안도는 신앙적으로 극히 보수적인 입장을 견지하고 있었고, 교세가 약한 남부는 신학적으로 개방적인 입장을 취하고 있었다. 따라서 신학과 정치에 있어서 보수적이고 강세인 북(北)이 개방적이고 자유스런 남(南)을 지탄하는 것으로 가닥이 잡혀 가고 있었다.

보수, 진보간의 논란은 역시 한국 보수신학의 종교재판관역을 담당한 평양 장로회신학교의 박형룡(朴亨龍)과, 한국교회 자유주의 신학의 기수라 할 수 있는 숭인상업학교의 김재준(金在俊)의 갈등이 그 대표적인 경우였다. 결국 이 두 사람의 갈등은 한국 장로교회를 신학문제로 갈라놓은 무서운 결과를 가져오고 말았다. 박형룡은 1928년 미국 유학에서 돌아와 산정현교회를 거쳐 1930년부터 평양 장로회신학교의 교수로 있었고, 김재준도 미국 유학에서 돌아와 교회가 경영하는 숭인상업학교의 성경선생으로 있었다. 두 사람 사이의 논쟁은 김재준이「신학지남」(神學指南)에 "이사야의 임마누엘 예언연구"에서 한국교회가 전통적으로 믿어 왔던 성경의 축자영감설(逐字靈感說)을 거부하고, 선교사들이 고루한 정통신학을 한국교회에 주입시켰다고 공격하는 글을 쓰고 나서 시작되었다.

박형룡은 미국 프린스턴신학교에서 공부할 때, 메이첸(G. Machen)에게서 강한 영향을 받아 신학은 사도시대부터 전승해 내려오는 '사도적 전통의 정신학'(正神學)을 그대로 보수하는 것이라고 굳게 믿고 있었다. 따라서 성경의 무오설(聖書無誤說)을 확신하였으며, 성경은 성령의 감동을 받아 쓴 책으로 일점일획도 틀림이 없다는 축자영감설(逐字靈感說)을 굳게 믿는 근본주의(根本主義) 신학의 입장에 서서 한국교회가 자유주의 신학으로 흐르는 것을 막는 첨병으로서의 사명에 충실하였다.

다음으로 장로교회에서 문제가 된 사건은 1934년 제23회 총회에서 제기된 구약 창세기의 모세 저작을 부인한 문제와 교회 안에서의 여권(女權)문제였다. 서울 남대문교회의 목사 김영주(金英珠)가 1934년경에 창세기의 모세 저작을 부인함에 대해, 박형룡은 "모세의 창세기 저작을 부인한 사람은 장로교의 목사됨을 거절함이 가하다."라고 언명하였다. 또한 여권문제는「기독신보」에 게재된 함북 성진(城津) 중앙교회의 김춘배(金春培) 목사가 "여자는 조용하라, 여자는 가르치지 말라고 한 것은 2천 년 전의 한 지방 교회의 교훈과 풍습이요, 만고불변의 진리는 아니다."라고 기록한 것이 총회에서 역시 문제가 된 것이다.

이에 대해 총회는 "모세의 창세기 저작을 부인하는 목사는 우리 교회의 교역자 됨을 거절함이 가하다."는 것과 "성경에 여자 교권이 전연 용허되어 있지 않음에도 불구하고, 여권운동이 대두하는 현 시대사조에 영합하기 위하여 성경을 시대사조에 맞도록 자유롭게 해석하는 교역자들은 처리함이 가하다."라는 원안을 통과시켰다. 당시의 강한 보수주의 신학에 밀려 진보주의가 침몰하는 모습을 보여 주었으나, 이런 진보적 견해는 수면 밑으로 일단 가라앉은 것에 불과하였다.

다음으로 문제가 된 것은 신생사에서 출판한 「아빙돈(Avingdon) 단권주석」(單倦註釋) 사건이다. 이것은 감리교회가 선교 50주년을 기념하여 유형기(柳瀅基) 목사의 책임 하에 번역, 출판한 것인데, 그 번역자들 중에 장로교 목사들이 끼여 있어서 문제가 제기된 것이다. 1935년 제24회 총회는 이 책의 구독을 금지하기로 결정, 선포하고 번역진들에 대한 공개사과를 결의하였다.

한국교회는 새로운 신학사조에 무조건 '절대불가'라는 고집을 부림으로써, 신학의 다양성을 인정하지 않고 오직 보수 정통에 매달려 결국 세월이 지난 후에 교파 분열이라는 비극을 가져오게 될 씨를 뿌리게 된 것이다. 다양한 신학을 소개하고 그러면서도 장로교회의 정통교리를 지켜 나가는 융통성을 보이지 못했던 보수주의자들이나, 상황을 고려치 않고 당시로서는 소화해 낼 수 없는 자유주의 신학을 마구 외쳐댔던 사람들 모두 다같이 역사 앞에 참회를 해야 하는 대목인 것이다.

일본 군국주의 통치하의 교회의 시련

1. 황국신민화 정책

아시아 제패의 꿈을 이루기 위해서 한국을 그 전초기지로 삼을 수밖에 없다고 판단한 일제는 한국민을 철저하게 황국신민화(皇國臣民化)해야 될 필요를 느끼게 되었다. 이들은 이 목적을 달성하기 위해서 착안한 것이 옛날의 천황(天皇)이나 무사들의 영을 섬기는 신사(神社)에 참배하게 하는 신사참배(神社參拜)를 전국민에게 강요함으로써 일치성을 강조하고 또한 국가와 천황에게 충성을 바치는 표를 삼으며, 한민족을 정신적으로 완전히 일본화하려는 정책을 구사하였다.

일제는 1925년 서울의 남산에 조선신궁(朝鮮神宮)을 세우면서 한국인들에게도 신사참배를 강요하기 시작하였다. 신사참배는 동방요배(東方遙拜), 황국신민(皇國臣民) 서사(誓詞)의 제창, 창씨개명(創氏改名), 일본어 상용(常用)으로 이어지는 일련의 한민족 말살정책 중 하나였다. 따라서 이 정책은 딱히 교회를 겨냥한 것은 아니지만, 가장 무섭게 피해를 본 집단은 교회일 수밖에 없었다. 왜냐하면, 신사참배나 동방요배는 바로 "우상을 섬기지 말라."는 기독교 신앙의 가장 핵심적인 교리에 위배되는 것이기 때문이었다.

1930년대에 일제는 만주를 삼키고 중국을 넘보기 시작하면서, 내선일체(內鮮一體)를 강조하여 한국인들에게도 이를 강요하기 시작하였다. 저들은 일본 민족과 한국 민족은 동조동근(同祖同根), 즉 조상과 뿌리가 같다는 터무니없는 논리를 내세우면서 우리 민족을 일본화하는 이론적 근거를 삼았다.

일제는 먼저 통제가 손쉬운 학교부터 신사참배의 공략을 시작하였고, 이어 종교계에도 압박을 가해 오기 시작하였는데, 처음에는 상대적으로 힘이 약한 군소 교단부터 시작해서 마지막에 가장 크고 강한 교단인 장로교회를 쓰러뜨리는 작전을 세웠던 것이다.

2. 기독교 학교에 대한 억압

기독교회가 그들의 교리를 내세워 신사참배를 반대할 것이라는 예견을 한 일제는, 이 문제를 가지고 처음부터 기독교와 정면충돌하는 것이 바람직하지 않다고 판단하고 이것이 종교적인 문제가 아니고, 국가 의식이라는 논리를 내세웠다. 다시 말해서 신사참배는 종교적 의식이 아니고 국민된 사람으로서 국가에 대한 의무로 수행하는 종교성이 없는 행위라고 역설하였다.

일제가 각급 학교에 신사참배를 강요하게 된 배경은 두말할 필요도 없이 기독교 학교를 굴복시키기 위한 음모였다. 여기에는 한국교회 지도자들과 선교사들 사이를 이간시키고, 이들 학교를 자기들의 손아귀에 넣어 식민지 교육의 도구로 삼으려는 의도가 분명히 나타나 있었.

1932년 일제는 평양에서 열린 춘계황령제(春季皇靈祭)를 계기로 평양에 있는 기독교계 학교에 참배를 강요했을 때, 선교사들이나 교사들은 우상숭배 행사에 참석할 수 없다는 입장을 분명히 전했다. 이에 대해 일제는 제사 후 국민의례에만 참석하라는 타협안을 내세웠다. 이에 따라 숭실전문, 숭실중학, 숭의여중학교가 이 예식에 참석하게 되었다. 이를 기해 전국 학교들로 하여금 신사참배를 강요하게 되었다. 자연히 이 문제는 교회의 문제로 떠오르게 되었고, 1933년 장로회 총회에서는 전국의 여러 노회로부터 신사참배 문제에 대한 문의가 있었다.

평남 지사는 1935년 11월 도내 공 사립학교 교장회의를 소집하면서, 회의 전에 모든 교장들은 평양 신사에 참배하도록 명령하였다. 그러나 몇몇 기독교 학교 교장들은 양심상 참배할 수 없다고 거절하였다. 선교회는 평양 시내 목사들이 모인 자리에서 선교회의 입장을 전하자 한국 교회 목사들도 이에 동조하고 신사참배를 단호히 거절하기로 결의하였다. 감리교 계통의 학교들은 아무 저항 없이 신사에 참배했으나, 북장로교계 학교들은 폐교로 맞섰고, 남장로교회 선교부도 이에 동조했다.

선교사들이 우리 민족의 개화와 발전을 위해 고난 속에서 세우고 가꾸어 왔던 이 모든 학교들이 일제의 민족말살 정책의 희생물로 폐교당하는 현실 앞에 선교사들도, 교사들도, 학생들도 서러운 눈물을 흘리지 않을 수 없었다. 그러나 역사를 섭리하시는 하나님의 은총으로 모든 장로교 계열 학교들은 고난의 세월이 가고 해방이 왔을 때 모두 다시 문을 열고 그 본래의 사명을 수행하고 있으니, 역사는 신사에 참배하면서 학교를 계속했던 친일적 학교들과 끝까지 우상 앞에 절하기를 거절하고 폐교했던 학교 중 어느 쪽이 옳았는가를 웅변으로 증언하고 있는 것이다.

3. 교회 지도자들의 굴복

일제는 1937년 7월 노구교(蘆溝橋) 사건을 일으켜 중 일전쟁을 시작하면서 기왕에 시작된 신사참배를 교회에까지 확장할 계획을 착착 진행시키고 있었다. 우선 각지에 신사를 건립하게 하였고, 매달 6일을 애국일로 정하고 국기게양, 국가봉창, 조서봉독, 동방요배, 신사참배를 강요하였다. 저들은 1938년 10월 황국신민서사를 제정, 제창하게 하였고, 12월에는 천황사진을 전학교에 배포하여 예배를 강요하였다. 1938년 2월에 육군특별지원병 제도를 정하고, 3월에는 조선교육령을 제정하여 학교의 명칭, 교육의 내용을 일본학교와 같이하여 조선어의 사용을 금지하였다. 5월에는 국가 총동원 법이 조선에 적용되었고, 1939년에는 창씨개명을 실시하였으며, 또한 국민징용령에 의하여 강제연행이 시작되었다.

이러한 사회 형편에 따라 일제는 마지막 남은 보루인 교회를 공략하기 시작하였다. "전조선에 50만에 달하는 예수교 신자들은 시국에 대하여 대단히 냉담한 태도를 가졌고, 신사에 있어서도 이와 같은 국가적 행사에 참가하는 일은 기독교의 계명에 위반되는 일로 이를 긍정하지 않았고, 혹은 예수를 가리켜 만왕의 왕이라는 설명을 하고 있으므로 불경죄로 잘 살펴서 처단되어야 할 것"이라고 하여 교회를 옥죄기 시작하였다.

교회는 이제 마지막 벽에 부딪치게 되었다. 그 동안 갖가지 박해를 견디어 나왔는데 이 마지막 억압을 어떻게 피해 가느냐가 관건이었다. 신사참배, 그것은 기독교인이라면 누구도 부인할 수 없는 우상숭배였다. 따라서 교회가 신사참배를 하는 것은 우상 앞에 무릎 꿇는 결과밖에는 다른 것이 없었다. 그러므로 모든 교회는 이에 대해 생명을 걸고 투쟁해야만 했었다. 그러나 교회는 그렇게 하지 못했다. 역사는 우리에게 언제나 고난의 세월에 타협하고 순복하는 자들이 나오게 되어 있다는 사실을 보여 주고 있다.

먼저 신사참배를 수용한 교회는 로마 가톨릭이었다. 이어 안식교가 1936년에 신사참배를 가결하였고, 이에 따라 성결교회, 구세군, 성공회, 심지어 감리교회까지도 1936년 6월 개최된 제3차 연회에서 당시의 총리사 양주삼(梁柱三) 목사가 총독부 초청 좌담회에 다녀온 후 신사참배를 하기로 결정, 통보함으로써 이에 동조하였다.

4. 굴절된 교회의 모습 – 장로교회의 굴복

1938년 9월의 장로교 총회 때는 어떤 수단, 방법을 동원해서라도 신사참배를 결의토록 하겠다는 계획을 세운 일제는, 우선 각지에서 모이는 노회에서 신사참배를 결의하도록 하는 공작을 수행하였다. 노회가 모일 때 회원들로 하여금 먼저 신사에 참배하도록 온갖 압력을 가하였다.

9월 총회까지 23개 노회 중 17개의 노회가 굴복하고 말았다. 각 노회의 총대들은 그 지역 경찰서로부터 총회에 가면 신사참배안에 동의하든지 아니면 침묵하든지, 둘 다 못 하겠으면 총대를 사퇴하라고 하는 강압을 받았다. 뿐만 아니라 총대들이 총회에 갈 때 사복 형사 2인이 함께 동행하여 이들을 감시하였다.

1938년 9월, 총회가 회집되어 신사참배안이 일제의 각본대로 신사참배는 우상숭배가 아니고 국가의식이므로 우리 총회도 신사참배하기를 결정함이 가하다는 안을 총회장 홍택기는 수백 경찰들의 위압으로 떨리는 목소리로 동의에 찬성을 물으니 두어 사람이 "예"라고 대답하였다. 이에 경찰들이 벌떡 일어나 위협적인 태도를 보이자 놀란 총회장은 부(否)는 묻지도 않고 만장일치로 가결되었다고 선포하였다. 이는 불법 결의 선포였다. 이때 봉천노회 소속 함부선(B. F. Hunt) 선교사가 "의장, 불법이오!"라고 소리치며 일어나자 일경들이 떼로 몰려들어 그를 밖으로 끌어내 버렸다. 이로써 한국 장로교회는 우상 앞에 무릎을 꿇는 부끄러운 역사를 남기게 되었다.

선교사들은 오후 1시에 따로 모여 총회에 항의서를 제출할 것을 결의하였고, 같은 달 12일에는 권찬영(權燦永) 외 25명의 연서로 총회의 결의는 불법이요 무효라는 항의서를 총회에 제출하였다. 그러나 이 항의서는 경찰의 강요로 각하되고 말았다. 그래도 적은 숫자의 양심은 남아 있어서 항의서를 제출이라도 할 수 있었던 것은 어두운 시대에도 양심의 불씨는 완전히 꺼지지 않고 재 속에 약간은 남아 있는 모습을 보여 주고 있었다.

5. 신사참배를 거부한 주기철 목사

주기철(朱基徹) 목사는 신사참배 반대투쟁의 대표적 인물이며, 한국 개신교 역사에 있어서 가장 빛나는 순교자이다. 그는 1897년 11월 경남 창원군 웅천(熊川)면에서 주현성(朱炫聲) 장로의 7남매 중 넷째 아들로 태어났다. 그는 소학교를 마치고 1912년 평북 정주(定州)의 오산(五山)학교에 진학하여 20세에 우수한 성적으로 졸업하였다. 오산학교는 남강(南岡) 이승훈(李昇薰) 장로가 세운 학교로서 당시 민족의식을 고취하는 항일적 기상이 강했던 학교였다. 주 목사는 오산에서 당시의 교장 조만식(曺晚植) 장로를 위시하여 민족정신이 투철한 교사들에게서 민족정신을 배웠는데, 여기서 배운 항일정신이 후에 신사참배 반대의 서릿발 같은 절개를 이끌어 준 정신적 지주가 되었다.

오산학교를 마치고 1917년 연희전문 상과(商科)에 진학하였으나, 평소에 앓던 안질이 악화되어 학업을 중단하고 낙향하였다. 이 무렵 그는 김해교회에 와서 부흥사경회를 인도하던 김익두 목사의 집회에서 감동되어 회개하고 김 목사의 안수로 안질의 치료까지 받게 되었다.

1921년 평양의 장로회신학교에 입학하여 수업을 시작, 1926년 30세에 졸업하고 부산 초량교회에 청빙받아 처녀 목회를 시작하였다. 주 목사가 그 교회를 목회하면서 경남 성경학교에서 가르쳤는데, 그의 제자중에 같이 신사참배를 반대하여 옥고를 치르고 해방 후 출옥하였으나 결국 6·25사변중에 순교한 손양원(孫良源)이 있었던 것은 결코 우연이 아니었다.

초량교회에서 6년 간 목회를 한 후에 주 목사는 마산 문창교회로 옮기게 되었다. 이때 문창교회는 박승명(朴承明)이 목회하고 있었는데, 교회 안에서 불미스러운 일을 일으키고 교회를 떠나게 되자 교회의 혼란을 수습할 사명을 띠고 주 목사가 청빙받아 오게 되었다. 교회는 주 목사가 온 후 안정을 되찾았고 크게 성장하여 주 목사의 명성은 전국에 널리 알려지게 되었다. 그는 일본에까지 가서 사경회를 인도하였고, 평양 장로회신학교에서의 사경회는 오랫동안 전해 오는 귀감이 된 집회였다. 그러나 주 목사는 이 곳에서 부인을 잃은 어려움을 겪었고, 얼마 후에 마산 의신(義信)여학교 교사 오정모(吳貞模) 양과 재혼하였다. 오정모 사모야말로 주기철 목사가 순교자의 영예를 안게 한 장본인이요, 목사 사모로서 우리 교회사에 길이 남을 귀한 인물이었다.

마산에서 6년의 목회생활이 끝날 무렵, 평양의 산정현교회에서 목회하던 송창근 목사가 신학사상 문제로 교회를 떠나게 되자, 전에 오산학교의 교장이며 은사였던 이 교회 조만식 장로가 주기철 목사를 청빙하러 내려왔다. 주 목사는 하나님의 부르심인 줄 믿고 평양으로 떠나갔는데 이 때가 1936년, 그러니까 일제가 서서히 한국교회를 신사참배의 올무로 옥죄기 시작한 때였다. 평양과 한국교회의 거목 길선주 목사가 1935년 세상을 떠나고, 주기철 목사가 이듬해에 평양에 왔으니 이 또한 우연은 아니었다.

산정현교회에 부임하고 나서 그는 곧 예배당 신축을 하였는데, 예배당이 완공되어 헌당하기 직전인 1938년 2월에 일제는 주 목사를 검거하였다. 1938년 제27회 총회가 신사참배를 결의하자 주 목사를 일시 석방하였으나, 1939년 7월 유재기(劉載奇) 목사가 농우회(農友會) 사건으로 의성 경찰서에 연행되자 아무 연고도 없는 주 목사를 이 사건에 연루된 것으로 하여 또 검속하였다. 7개월 동안 조사한다고 구속해 두었다가 별 혐의를 발견하지 못하고 일단 석방하였다. 평양에 돌아와 다시 강단에 서서 그는 최후의 유언과 같은 "5종목의 나의 기원"이라는 설교를 하였다. 이 설교 후 일제는 주 목사에게 3개월 내에 목사직을 사면하라고 협박하였다. 그러나 그는 신앙의 절개를 꺾고 평안히 사는 길보다는 일사각오(一死覺吾)로 끝까지 싸우다 죽는 길을 택하였다.

일제의 사주로 평양 노회장 최지화(崔志化) 등 임원들이 평양 감옥으로 수차 찾아와 주 목사에게 사표를 내라고 강요하였으나 응하지 않자 평양노회는 할 수 없이 주 목사를 제명하는 결정을 내리고 노회 명부에서 삭제하고 말았다. 이에 따라 평양 경찰서는 산정현 예배당에 횡십자로 나무를 대고 못박아 폐쇄하고 말았다.

주 목사는 옥중에서 온갖 고문을 받으며 5년 하고도 수개월의 세월을 보내면서 안질과 폐와 심장이 허약해질 대로 허약해져서 1944년 4월 병감으로 옮겨졌는데, 순교의 날이 가까이 오고 있었다. 같은 달 어느 날 오정모 사모가 면회갔을 때, 주 목사는 간수에게 부축을 받고 나와서 부인과 최후의 면회를 하였다. 그때 마지막 유언을 남겼는데, "① 내 대신 어머님을 잘 모셔 주오, ② 따뜻한 숭늉이 한 그릇 먹고 싶소, ③ 나는 하나님 앞에 가서 주님의 조선교회를 위하여 기도하겠소. 교회에 이 말을 전해 주시오, ④ 나를 웅천에 데려가지 말고 평양 돌박산에 묻어 주오."라는 것이었다. 이 말을 마치고 그 자리에 쓰러졌다. 간수들에게 업혀 병감으로 돌아간 그는 그날 저녁, 즉 1944년 4월 21일 하오 9시에 하나님의 부르심을 받을 때, "내 영혼의 하나님이여, 나를 붙드시옵소서."라고 외치며 운명하니, 그때 그의 나이 47세로 한참 일할 나이였다. 그는 신사참배의 강요도 없고 친일하는 배도(背道)의 무리도 없는 하나님의 품으로 갔다.

한국이 낳은 위대한 순교자 주기철 목사는 우상 앞에 고개 숙인 한국교회를 짓누르고, 우상 앞에 머리를 곧게 쳐들고 우뚝 선 우리 교회의 다니엘이요, 신앙의 사표이며, 영원히 꺼지지 않을 횃불로서 타고 있는 것이다. 해방을 불과 1년 서너 달 남겨 두고 떠나간 순교자 주기철 목사는 오고, 오는 모든 세대에게 신앙의 본이 되는 청사에 길이 빛날 우리의 선배이다.

제20장
교회의 친일과 변절

1. 교회의 친일행각

교회로 하여금 신사참배를 결정케 한 일제는 1939년에 종교단체법을 공포하여 교회에 대한 압박에 도를 더해 갔다. 각 도시에는 한 개의 교회의 존립만 허가하고 그 외에는 모두 폐쇄하여 신책(神冊)설치, 국민의례, 궁성요배, 신사참배, 국방헌금, 애국헌금, 항공기헌금, 예배당의 종이나 철제 문짝 공출, 위문대 강요, 근로봉사 등 끝없는 수탈과 부역을 강요하였다.

1941년 일제가 미국을 향해 소위 대동아전쟁을 일으켜 제2차 세계대전에 본격적으로 참여하게 되었을 때, 교회는 이에 발맞추어 친일적 색채를 뚜렷이 나타내기 시작하였다. 이 때부터 '일본적'이라는 말이 유행어처럼 떠돌아다녔는데, 이 말은 교회에도 어김없이 적용되었다. 즉, '일본적 기독교'의 수립이라는 명제가 교회 앞에 대두된 것이다.

신사참배를 결의한 장로교회는 1939년 4월 총회에서 '국민정신 총동원 조선예수교장로회연맹'을 조직하여 국가 시책에 적극 협력할 것을 결의하였다. 그리고 이 연맹이 일을 더욱 효율적으로 수행하기 위하여 '중앙상치위원회'를 설립하여 총간사에 정인과 목사가 취임하였다. 위원회는 교회로 하여금 신사참배, 궁성요배, 황국신민서사 제창을 하도록 하였으며, 교회의 헌법, 교리, 의식 등에서 민족주의적 요소를 제거하고 순 일본적 교회로 만들 것과 찬송가와 기타 기독교 서적들을 재검토하여 국가의 시책에 어긋나는 것은 그 자구(字句)까지 고치는 등 일제를 위해 충성을 다하였다.

감리교회에서도 이에 뒤질세라 1940년 10월 총리원 이사회에서는 민족주의 자유주의 배격, 일본 정신의 함양, 일본 감리교회와의 합동, 일본적 복음 천명 등을 결의하였으며, 심지어 개교회의 애국반 활동을 강화하고, "교도로 하여금 지원병에 다수 참가케 할 것"이라는 사항까지 규정해 놓았다.

장 감교회 이외에 군소 교단도 예외는 아니어서 1940년 11월 구세군도 그 이름을 '조선구세단'으로 바꾸었고, 순 일본적 지도이념을 위한 기구를 조성할 것을 선언하였다. 성공회도 같은 해 12월 일본 정신에 의한 새 출발을 다짐하면서 1942년 교회의 지도자들이 좌담회를 개최하였는데, 감리교회의 신흥우는 「매일신보」에 다음과 같은 말로 그의 친일적 작태를 보여 주었다.

> 우리의 위대한 구주 예수는 먼저 그 나라를 사랑하라 가르치셨다.……우리의 나라는 대일본제국이다. 우리는 종교인이기 전에, 조선인이기 전에 먼저 제일로 일본인이라는 것을 잊어서는 안 된다. 천황 폐하의 충성한 적자로서 다만 일본을 사랑하라. 이것이 우리들 조선 기독교도에게 주어진 하나님의 명령이다. 나는 감히 이렇게 확신한다.

이 글 속에서 우리는 당시의 한국교회의 일그러진 단면을 뚜렷이 들여다볼 수 있다. 한국교회가 얼마나 그 본래의 모습을 상실했는지는, 1942년 10월 평양의 서문밖교회에서 모였던 장로교회 제31회 총회 회록을 옮겨 보면 여실히 볼 수가 있다.

- 17일 오전 9시에 회원 일동 평양 신사에 참배하다.
- 동일 오전 10시 30분에 회의장에 집합하여 국민의례를 행한 후 예배순서, 그 후 평안남도 고등경찰과장 심정(深井)의 시국강연이 있었다.
- 18일 오후 3시 30분, 조선군 보도부장의 '일본인의 군인'이라는 제목으로 특별강연
- 18일 오후 7시 30분 전승기원 예배를 열고, 국민의례 후 촌안청진(村岸淸彦)이 "대동아전쟁과 우리의 태도"라는 강연이 있은 후 국방헌금을 하다.
- 국민 총력 야소교 장로회 총회 연맹의 이사장 철원지화(鐵原志化 : 최지화), 총간사장 덕천인과(德川仁果 : 정인과)의 보고가 다음과 같다.
    1. 1943년 2월 중 본부 주최로 대동아전쟁의 목적 관철과 기독교도의 책무를 재삼 격려하기 위하여 다음과 같이 연사를 파견해 지방 시국 강연회를 개최코자 함(생략).
    2. 애국기(愛國機) 헌납의 건, 육, 해군에 애국기 1대, 또 육전 기관총 7정 자금으로 150,317원
    3. 육군 환자용 자동차 3대 기금으로서 23,221원 28전
    4. 진유기(眞鍮器) 헌납 건은 합계, 2,165점
    5. 헌납종수(獻納鍾數) (교회의 종) 1,540개
    6. 일본어 상용운동을 하고, 일본어의 성경 교본을 출판 인쇄중
    7. 징병령 실시를 철저하게 촉진할 것.
    8. 전선 그리스도교 지도자는 일본적 그리스도교 정신하에, 황도 정신의 함양과 기독교 신학사상의 명랑화를 기하고, 철저하게 연성운동할 것.

아무리 당시가 전쟁중이었고, 일제의 억압하에 있었던 교회라 할지라도 이것이 총회의 회록이라고 말해야 되는지 주저하지 않을 수가 없

다. 이런 와중에 장로교회는 한껏 움츠러들어 1942년 교회수가 전년도에 비해 750개가 감소하였고, 교인수도 76,747명이 줄어들었는데, 이는 자연스러운 일이었던 것이다.

감리교회도 1941년 3월에는 국민총력조선기독교감리회 연맹 주최로 시국대응 신도대회를 열어, 혁신요강 실천과 고도국방국가(高度國防國家) 완성을 위해 최선을 다 할 것을 다짐하였다. 그 해 10월에는 3부 연회를 해산하고 일본 감리교회 교단 규칙에 따른 새로운 교단 규칙을 만들어 '조선기독교감리교단'을 조직하였다.

1942년 2월 당시 감리교단 통리 정춘수(鄭春洙) 목사가 각 교구장에게 보낸 '황군 위문 및 철물 헌납의 건'이란 공한에서 교회의 철문, 철책을 포함하여 예배당의 종도 성전(聖戰) 완수를 위해 헌납해야 된다고 독려하고 있다.

또한 1944년 3월에 교단 상임위원회를 열고 '애국기 헌납'에 대한 아래와 같은 결의 사항을 발표하였다.

* 결의사항
  - 애국기 헌납의 건 : 현하 시국 가열한 전선에 비행기를 한 대라도 많이 보내야 할 이 때에 본 교단은 조속히 다음과 같이 애국기를 헌납한다.
  1) 애국기 (감리교단호) 3대
  2) 애국기 헌납 자금 예산액 21만 원
  3) 이 자금은 신도의 헌금 전액과 본 교단 소속교회의 병합에 의한 폐지 교회의 부동산을 처분하여 그 대금의 일부로서 이에 충당한다.

또한 감리교회는 1944년 9월 상동교회당에 '황도문화관'(皇道文化館)이라는 간판을 걸고 갈홍기 목사를 관장으로 임명하고, 교단 내의 목사들을 강제로 모아놓고 일본정신과 문화를 강의하였다. 그리고 이들 목사들을 신관(神官)의 인솔로 한강으로 끌고 나가 신도(神道)의 의식인 청정(淸淨)을 행하고 머리에 일장기가 그려진 두건을 쓰고 남산까지 뛰어가서 신궁에 참배케 하였다.

　1943년 여름 경성부 근로동원과에서 당시 경성교구장 김영주 목사(새문안교회)에게 충남 부여(扶餘) 신궁 건설에 근로봉사대를 보내라는 지시를 하자, 경성교구 소속 목사, 신자 50여 명이 신궁건설 정지 작업에 동원되었다. 천주교회와 성공회, 성결교, 구세단, 안식교 등 군소 교단들도 친일 부역을 하는 데는 예외가 아니었다. 1942년 조선에 징병제 실시가 공포되자 성결교회, 구세단 등의 군소 교단들은 앞다투어 '징병제실시축하강연회', '징병제실시감사강연회' 등을 개최하고, 이를 지지하는 성명서, 결의문을 채택하여 일제의 환심을 사기 위해 사력을 다하고 있었다. 그러나 그들의 이런 일들이 얼마나 앞을 내다보지 못한 한심스런 작태였는지 곧 드러나게 되었으니, 일제는 기독교회 파괴 공작을 노골화하여 이들 작은 교단을 해체하고 말았던 것이다. 1943년 5월 재림사상을 강조한다는 이유로 성결교회, 침례교회, 안식교회 등이 해산되는 비운을 맞게 되었다.

2. 혁신교단

　일제는 한국에 있는 여러 교파를 하나로 묶어 통제하는 것이 이롭다고 판단하고, 일본의 기독교 연합회장 도미다(富田滿)를 한국에 보내 "기독교의 신 체재"라는 제목으로 한국교회의 황국화와 교파 합동을 촉구하였다. 이에 발맞추어 한국교회의 지도자들은 교회 합동을 위하여 1942년 정월부터 교파 합동위원회를 만들어서 활동을 시작하였다. 이 일을 추진하는 인사들이 새문안교회에 모여 '조선기독교합동준비위원회'를 구성하였다. 이 곳에서 그 해 7, 8월경에 새 교단 창설을 가결하였다. 그러나 이 계획은 실천에 옮기지는 못했는데, 그 이유는 감리교측이 소위 혁신 기독교단에 관한 12개조의 혁신안을 제출하였기 때문이었다. 이 혁신안에는 "신약성서를 기초로 하여 교의를 선포하고 구약성서에 나타난 유대사상을 일체 없애기 위하여 구약성서의 새로운 해석교본을 제정"하여 신도들을 가르치자는 것이 들어 있었다. 이것은 쉽게 말하면 구약을 정경에서 제외하여 없애자는 것이었다. 이 감리교 측의 제안을 수정하자는 안이 통과되자 감리교회가 이에 불복하고 탈퇴하여 결국 이 합동안은 수포로 돌아가고 말았다.

이 일이 실패하자, 1943년 초 감리교측이 주동이 되어 혁신교단(革新敎團)을 만들게 되었다. 그런데 이 혁신교단은, 구약은 유대민족의 역사가 주축이므로 전쟁을 하는 터에 일본에 도움이 되지 않음으로 사용하지 말 것과 국민들의 정신무장을 위하여 일본의 개국신(開國神)을 둔 신단(神壇)을 예배당 안에 설치하자고 하였다. 이것은 전쟁을 수행하는 데 교회가 앞장 서서 국민들의 정신무장을 도모해야 한다는 이유에서였다.

혁신교단은 장로교회의 전필순 목사를 통리(統理)로 내세웠다. 그러나 이 일은 곧 장로교회 경기노회에서 내분이 일어나 전필순이 탄핵을 받게 되었다. 전 목사는 하는 수 없이 혁신교단에서 탈퇴하였고, 혁신교단은 조선감리교단으로 환원하고 말았다.

3. 교회의 병합 및 통합

일제는 자기들의 목적 달성을 위해 한 지역에 여럿 있는 교회들을 하나로 통합하는 일을 추진하였다. 이 일에는 예배당의 재산을 갈취하려는 속셈이 있었던 것이다. 이에 따라 각 지역별로 교회를 병합하였는데, 경성에서 13개, 평양에서 6개, 원산 해주 개성 인천에서 3개, 진남포에서 2개, 강릉, 강경 1개로써 7도시와 2읍에서 모두 34개 처의 교회, 30여 채의 주택, 20여 채의 부속건물이 병합되기에 이르렀다. 교회 병합에 의해 없어진 예배당과 기타 건물들로 인하여 나온 돈은 모두 국방헌금으로 전환되었다.

일제는 1943년 장로교회를 '일본기독교조선장로교단'으로 만들더니, 마침내 1945년 8월 개신교 각 교파를 합하여 소위 '일본기독교조선교단'이란 이름으로 통합시켰다. 따라서 명실공히 모든 교파가 해산되어 조선교회는 일제 교회에 그대로 예속되어 버리고 말았다. 아배(阿陪) 총독에 의해 초대 통리(統理)에 장로교회의 김관식(金觀植 : 평양 장대현교회 목사), 부통리에 김응태(金應泰), 총무에 송창근이 임명을 받고 있었다. 해방을 불과 2주일 앞두고 이루어진 일이었다. 앞을 내다볼 수 없는 안타까운 인생사였다.

이러한 불법적, 비신앙적 강요에 응치 않은 인물은 투옥하거나 강단에서 축출한 후 함구령 또는 금족령을 내려 실제의 활동을 금지시켰고, 그들의 의사와 요구에 순응하는 인물들만으로 교회를 지도하도록 하는 간악한 수단을 사용하였다. 이에 반하는 뜻있는 인사들은 지하로 숨어 버려, 한때 70만을 헤아리던 개신교인의 숫자가 그 절반으로 줄어들기도 하였다. 교회가 가장 처절하게 움츠러들었던 시기였다.

4. (후)평양 장로회신학교와 조선신학교의 설립

1938년 장로회 제27차 총회에서 신사참배안을 불법 통과시키자 선교사들이 주도하고 있던 평양 장로회신학교는 신사참배 반대를 관철하기 위해 무기 휴교에 들어갔다. 재학생들은 통신교육으로 과정을 마치게 하고 졸업을 시켰으나, 교단의 유일한 교역자 양성기관인 신학교가 문을 닫아 버리자 교역자 양성의 길이 막혀 버렸다. 총회는 어쨌든 교역자 양성을 포기할 수는 없다고 판단하고 다시 신학교를 시작할 방안을 모색하게 되었다.

신사참배를 반대하던 보수적인 선교사들이 모두 신학교에서 물러가고, 한국교회의 정통보수의 보루임을 자처하던 박형룡 박사도 신사참배를 피해 국외로 도피해 버렸다. 또한 보수적인 목사들 대부분이 투옥된 상태에서의 신학교 재건은 당연히 자유주의 신학적 배경을 가진 친일적 인사들이 주축이 되어 발기했을 것이라는 사실을 미루어 짐작할 수 있다. 이 일을 처음 제안한 사람은 채필근 목사였다. 서울을 중심으로 한 인사들이 조선신학교 설립을 위한 기성회를 1939년 3월에 발족하였다. 신학교 재건안은 그 해 제28회 총회의 인준을 받아 그 설립이 눈앞에 왔으나, 같은 해에 평양의 인사들이 중심한 평양 장로회신학교 재건운동이 일어났다. 이 일은 급속히 추진되어 1940년 2월 총독부로부터 신학교 인가를 받아냈다.

조선신학교 설립을 추진하던 이들은 신학교 인가를 총독부로부터 받지 못하게 되자 어쩔 수 없이 1940년 4월 경기도 지사의 강습소 인가를 받아 서울 승동교회에서 개교하였다. 이 신학교에 교수로 취임한 김재준 목사는 "한국신학은 선교사들이 전수해 준 신학으로 한국인의 신학이 전무(全無)하다."라며 자유주의 신학으로 출발함으로써, 앞으로 한국교회가 이 신학교와 더불어 보수적 경향의 지도자들과 길을 달리할 조짐을 출발 때부터 내비치고 있었다.

이 신학교의 설립 목적을 "복음적 신앙에 기해서 기독교 신학을 연구하고, 충량유위(忠良有爲)한 황국의 기독교 교역자를 양성한다."라고 했을 때, 이미 그 성격이 분명히 드러나고 있었고, 1941년 선교사들을 매도하여 한국교회의 주체성 무시를 그들의 책임으로 돌리면서 개교한 조선신학원이 일본 사람을 이사장으로 앉혔을 때 이미 그들의 한계가 엿보이고 있었다. 이렇게 불행하게 출발한 조선신학교는 결국 김재준 목사를 중심으로 후에 기독교장로회로 갈라져 나가 새로운 교단을 형성함으로써 장로교회가 갈리는 쓰라린 상처를 남기고 말았다.

어두웠던 시절 교회가 살아남기 위해 발버둥치는 모습에 일말의 동정을 보낼 수도 있겠으나, 그리스도의 교회는 고난의 시절에 그 절개를 지키고 믿음을 사수하여 그 생명을 이어왔다는 사실을 상기한다면, 시련의 시절을 보내던 한국교회의 모습은 너무나 초라해 일말의 비애를 느끼지 않을 수 없다.

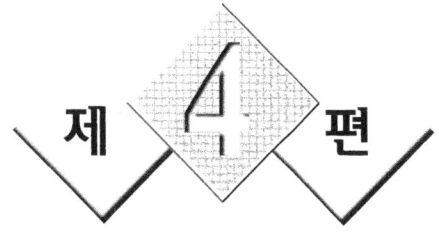

제4편

해방 후의 한국교회

제 21장   해방 후의 북한교회
제 22장   남한에서의 교회재건
제 23장   한국전쟁과 교회의 수난
제 24장   1950년대 이단운동의 발흥
제 25장   장로교회의 통합과 합동측의 분열
제 26장   1960~1970년대의 신학 논쟁
제 27장   1960~1970년대의 교회 일치운동
제 28장   1960~1970년대의 부흥운동과 사회운동
제 29장   한국교회의 여성운동과 선교 100주년 기념
제 30장   새로운 세기를 향하여 – 통일을 위한 전진

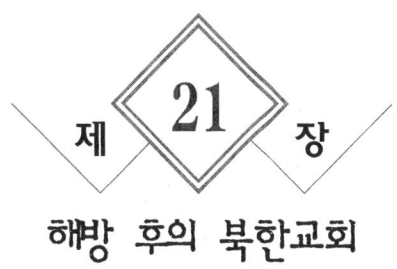

제 21 장
해방 후의 북한교회

해방! 1945년 8월 15일, 우리 민족이 영원히 잊을 수 없는 감격의 그 날이 드디어 찾아왔다. 우리 민족을 사랑하시는 여호와 하나님께서 그 구원의 손길을 우리에게 펼치셨다. 하나님께서는 이스라엘 민족이 바벨론에 포로로 끌려가 생활했던 70년의 절반인 35년 만에 우리에게 자유의 날을 허락하셨다.

해방! 그 얼마나 그리던 두 글자였던가? 일제의 혹독한 고문과 처절한 형극의 길을 가면서 이 두 글자를 그리며 감옥에서 숨져 갔던 신앙의 선배들과 애국지사들이 그 얼마나 많았던가? 하나님께서는 그들의 피눈물의 기도를 들으시고 우리에게 해방의 그 날을 허락하셨다. 우리는 이제 마음껏, 그리고 목청을 높여 찬송할 수 있게 되었고, 신 구약 성경 어느 곳도 마음대로 읽고 설교할 수 있게 되었으며, 그 지긋지긋하던 신사참배로 인하여 우상 앞에 머리 숙이지 않아도 되는 자유를 얻게 된 것이다. 일본 사람들에게 아부하지 않아도 되고, 마음에 없는 부역도 더 이상 하지 않아도 되는 세상이 된 것이다. 이제 저 사악한 무리들에 의해 허물어졌던 제단을 수축하고, 변질될 대로 변질되어 버린 교회를 올바르게 재건해야 되는 무거운 짐이 우리 교회 앞에 놓이게 되었다.

그러나 해방의 기쁨도 잠깐일 뿐 우리 민족의 힘으로 해방을 얻지 못하고 연합군의 승리에 따른 전리품처럼 굴러 온 해방은 그렇게 값싸게 오는 것이 아니라는 사실을, 38선을 경계로 북에는 소련군이, 남에는 미국군이 전승국의 점령군으로 밀려 들어와 우리 민족을 다스릴 채비를 하는 것을 보고 실감했다. 참으로 한스러운 일이 아닐 수 없었다. 해방을 불과 일주일 남겨둔 8월 8일, 소련이 일본에 선전포고를 하고 연합국에 가담하는 순간에 우리 민족의 운명은 예측할 수 없는 비극으로 치닫게 되었다.

1. 교회의 재건운동

해방은 우리 민족 모두에게 더 할 수 없는 기쁨이었지만, 그 중에서도 우리 기독교인들에게는 신앙의 자유를 찾은 기쁨으로 인해서 더더욱 기쁘고 감격스러운 일일 수밖에 없었다. 신사참배를 우상숭배로 규정하고 끝까지 감옥에서 투쟁하던 신앙의 선배들 중 주기철 목사를 위시하여 50여 명이 순교의 반열에 서서 그 빛나는 이름을 역사에 남겼다. 한편 목숨을 내어 놓고 끝까지 신앙의 절개를 지키며 투쟁에 승리한 신앙의 투사들인 채정민, 이기선 목사, 안이숙(安利淑) 선생 등 20여 명이 평양 감옥에서 출옥하였고, 전국 여러 곳에서 수감되어 있던 투사들이 출감하였다.

또한 신사참배를 반대하여 지하에 숨어 은신하던 교계의 지도자들도 해방과 더불어 일시에 햇볕을 보면서 밝은 세상으로 나왔다. 교회가 당면한 문제는 그 동안 일제의 강압에 못 이겨 고유의 명칭마저 뺏겨 버리고 일본 교회의 부속으로 있던 교회들이 본래의 모습으로 되돌아가는 것이었다. 일제에 의해 강제 해산되었던 군소 교단들도 자연히 그 복구작업에 박차를 가하게 된 것은 자연스러운 일이었다.

1945년 9월 4일 평양노회가 산정현교회에서 회집되어 일제의 강압에 못 이겨 신사참배를 한 죄악을 하나님과 민족, 교회 앞에 자복하면서 3일간 금식, 부흥사경회를 가졌다.

출옥 성도들은 감옥에서 나와 각각 자기 집으로 돌아가지 않고 주기철 목사가 목회하던 평양의 산정현교회에 모여 약 2개월 동안 머물면서, 앞으로 한국교회의 재건을 위해 기도하며 여러 가지 문제들을 심도 있게 논의하였다. 그들은 숙의를 거듭한 끝에 9월 20일, 한국교회 재건의 기본원칙을 다음과 같이 발표하였다.

1. 교회의 지도자(목사 및 장로)들은 모두 신사에 참배하였으니, 권징의 길을 취하여 통회 정화한 후 교역에 나아갈 것.
2. 권징은 자책 혹은 자숙의 방법으로 하되, 목사는 최소한 2개월간 휴직하고 통회 자복할 것.
3. 목사와 장로의 휴직 중에는 집사 혹은 평신도가 예배를 인도할 것.
4. 교회재건의 기본원칙을 전한(全韓) 각 노회 또는 지교회에 전달하여 일제히 이것을 실행케 할 것.
5. 교역자 양성을 위한 신학교를 복구 재건할 것.

이 재건의 원칙이 발표되자 자기들의 신사참배 죄악을 시인하고 적지 않은 교회, 노회들이 이에 따라 실시하였다. 해방이 되자 평북 6노회는 그 해 11월 평북노회 주최로 일주일간 선천 월곡동(月谷洞)교회에서 해방 축하 및 심령부흥회를 겸하여 교역자 퇴수회를 가졌다.

이때 강사로는 출옥성도 이기선(李基宣) 목사와 신사참배를 피해 만주로 가서 봉천신학교 교수로 있던 박형룡 박사가 맡게 되었다. 사경회가 끝나 갈 때 박형룡 박사가 교회의 재건 원칙을 발표하자 분위기가 급속히 냉각되었다. 신사참배안을 불법통과시켰던 홍택기 목사 등 친일파 목사들은 목소리를 높이며 공박하고 나섰다. "옥중에서 고생한 사람이나 교회를 지키기 위하여 고생한 사람이나 그 고생은 마찬가지였고, 교회를 버리고 해외로 도피생활을 했거나, 혹은 은퇴생활을 한 사람의 수고보다는 교회를 등에 지고 일제의 강제에 할 수 없이 굴한 사람의 수고가 더 높이 평가되어야 된다."라는 궤변을 늘어놓았다. 뿐만 아니라, 신사참배에 대한 회개와 책벌은 하나님과의 직접 관계에서 해결될 성질의 것이라고 주장하는 화인(火印)맞은 양심을 가진 자들의 작태를 여실히 보여 주었다.

신사참배파 목사들의 후안무치(厚顔無恥)한 태도에 크게 실망한 이기선 목사는 이들과는 도저히 교회를 같이할 수 없다고 판단하고는 평북 지방 여러 곳에 다니며 단독으로 30여 교회를 개척하여 1949년 5월에 재건교회(再建敎會)라는 간판을 내어 달고 새로운 단독교회를 출발시켰다. 이들이 소위 '재건파' 라 불리우는 교회이다. 이들은 신사참배죄를 회개하지 않은 교회에는 구원이 없다고 극언하기를 서슴치 않았다.

그러나 평북 6노회 수련회에 참석한 나머지 출옥성도들과 신사참배 목사들은 교회의 재건을 위해 이북의 5도 16노회를 그 해 12월 초에 평양 장대현교회에서 소집하는 것에 합의하였다. 북한에 진주해 온 소련의 태도가 점점 교회에 대해 강경해지고 38선의 경계를 강화하여 남북의 왕래를 금지하고 교회 지도자들에 대한 감시와 사찰의 강도가 심해짐으로써, 교회의 결속은 그 어느 때보다도 더욱 시급한 실정이 되었기 때문이었다. 연합노회는 우선 다음과 같은 사항을 결정하였다.

1. 북한 5도 연합노회는 남북통일이 완성될 때까지 총회를 대행할 수 있는 잠정적 협의 기관으로 한다.
2. 총회의 헌법은 개정 이전의 헌법을 사용하되 남북통일 총회가 열릴 때까지 그대로 둔다.
3. 전 교회는 신사참배의 죄과를 통회하고, 교직자는 2개월간 근신할 것.
4. 신학교는 연합노회 직영으로 한다.
5. 조국의 기독문화를 목표로 독립기념 전도회를 조직하여 전도, 교화 운동을 대대적으로 전개한다.
6. 북한교회를 대표한 사절단을 파송하여 연합국 사령관에게 감사의 뜻을 표하기로 한다.

연합회는 남한교회와의 연락을 위하여 대표단을 파송하기로 하고 증경 총회장 이인식 목사와 평동노회장 김양선 목사를 선출하였다. 그러나 이 대표단은 파견의 목적을 소련 군정과의 마찰을 피하기 위하여 연합군 사령관에게 감사의 뜻을 표하기 위한 사절단이라고 하였다. 이들은 남한교회 지도자들을 만나 교회의 앞날을 의논하고, 또한 미국에서 귀국한 이승만 박사와 상해에서 귀국한 임시정부의 김 구 선생을 만나 그들의 노고를 치하하도록 내정했던 것이다. 이들은 남하한 후 38선이 가로막혀 다시 이북으로 돌아가지 못하고 남한에 계속 남아 있을 수밖에 없었다.

2. 조선기독교도연맹의 출현

해방의 기쁨을 채 만끽하기도 전, 북한에는 연합국의 협정에 따라 소련군이 진주하여 사실상 군정에 들어갔다. 평양에 입성한 지 이틀 후에 정치 사령부 로마넨코(A. A. Romanenko) 소장의 지시로 민족진영과 공산진영이 같은 비율로 평남인민위원회를 조직하고 이어 5도 인민 정치위원회를 조직케 하여 이를 장악하고 군정을 실시하였다. 소련은 앞으로 북한을 공산당이 지배하는 지역으로 만들 계획을 가지고, 젊은 소련군 장교 김일성을 내세워 그 계획을 진행해 나갔다. 저들은 우익 세력을 한 사람씩 제거하는 공작을 실시하여, 결국 인민위원회를 공산당이 완전히 장악케 하였다.

공산당들은 북한의 기독교 세력을 완전히 제거할 목적으로 1946년 9월 5일 입법부를 만들기 위한 도, 시, 군인민위원회 선거를 1946년 11월 3일 주일에 실시한다는 법령을 포고하였다. 이것은 교회에 대한 선전포고였다. 교회가 모두 하나님께 예배드려야 하는 시간에 투표를 하라고 하는 것은, 일제시대의 신사참배 강요와 같이 교회를 또다시 시험대에 올려놓은 것이었다.

또한 교회를 박멸하기 위해서는 이에 대응하는 단체를 만드는 것이 가장 빠른 길이라고 판단한 저들은 공산당 어용 기독교 단체를 1946년 11월에 구성하였으니, 이것이 소위 '조선기독교도연맹'(朝鮮基督敎徒聯盟)이라는 친공산당 조직의 기독교 단체였다. 이 단체를 만든 장본인은 평양 장로회신학교 출신이며 김일성의 외조부의 육촌 동생인 강양욱(康良旭) 목사로서, 그는 공산당으로 전향한 자였다. 1946년 10월경 강양욱은 평양에서 일부 목사들을 포섭하여 기독교도연맹을 발기하였다. 이들은 증경 총회장이며, 왕년의 대부흥사였던 김익두(金益斗) 목사, 전 산동성 선교사 박상순(朴尙純) 목사, 그리고 황해도 인민위원회 요직에 있던 증경 총회장 김응순(金應淳) 목사를 회유, 협박하여 이 연맹에 가입시켰으며, 박상순 목사를 위원장으로 앉혔다. 김일성은 북한 괴뢰정부를 수립하기 위한 인민위원회 선거를 1946년 11월 3일 주일에 실시한다고 선언하면서, 기독교도연맹의 이름으로 다음과 같은 결의문을 발표하였다.

1. 우리는 김일성 정부를 절대 지지한다.
2. 우리는 남한 정권을 인정치 않는다.
3. 교회는 민중의 지도자가 될 것을 공약한다.
4. 교회는 선거에 솔선하여 참가키로 한다.

선거일자가 발표되자 교회 안에서는 다시 양론이 제기되었다. 당시 평양에는 약 30여 개의 교회가 있었는데, 그 목회자들 중 대부분은 신사참배를 한 인사들이었으나, 그 중에는 출옥성도들도 있었고 지하에 은거했던 목사들도 있어서 이들은 주일 선거에 대한 문제에 있어서는 모두 강경한 입장을 고수하였다. 10월 25일 5도 연합회가 산정현교회에서 소집되었는데, 회장 김진수 목사의 사회로 개회된 회의에서 총선거를 전면적으로 거부한다는 결의를 하였다.

7인 대표들은 주일 선거를 평일로 바꾸어 달라는 청원을 냈지만 저들은 한마디로 거절해 버리고 말았다. 하지만 이들은 생명을 걸고 교인들에게 투표에 임하지 않도록 통보하고, 주일 새벽기도 시간부터 밤 12시까지 강단을 떠나지 말고, 선거에 참여하지 않도록 종용하였다. 많은 교회와 교우들이 이 지침에 따라 교회에서 하루를 보내고, 선거에 나가지 않았다. 그러나 이 때부터 공산당들은 투표에 참여하지 않은 교역자와 교인들을 정치보위부로 끌고 가서 무자비한 고문을 가하기 시작하였다.

3. 신학교의 문제

평양에 있던 장로회신학교는 5도 연합회에서 연합노회 직영으로 한다는 결의에 따라 해방되던 해 12월에 김인준(金仁俊) 목사를 교장에 임명하였다. 그러나 그는 기독교도연맹에 가입하는 것을 거부하였기 때문에, 1947년 1월 소련군사령부에 연행되어 온갖 고문을 당하다가 결국 시베리아에 유배되어 그 곳에서 순교를 당하였다. 김인준 목사가 순교를 당한 후, 이성휘 목사가 그의 뒤를 이어 교장에 취임하였다.

그러나 기독교도연맹이 신학교를 그대로 방치해 둘 리가 만무하였다. 당시 평양에는 장로회신학교와 감리교의 성화신학교가 있었는데, 연맹의 관계자들은 두 신학교를 하나로 통합하는 작업을 서둘러 결국 '기독교신학교'로 재편성하였다. 조택수 목사는 강양욱의 심복으로 장로회신학교 현관에 스탈린과 김일성 사진을 걸어 놓고 신학생 하나하나를 불러 사상 검증을 한 후 두 신학교에서 각각 60여 명만을 선택, 120명 정도의 학생만 공부하도록 하고 나머지는 모두 신학교에서 축출하여 버렸다.

저들은 1950년 3월 두 신학교를 완전히 하나로 통합하였다. 장로회신학교의 교장 이성휘 목사는 정치보위부에 끌려갔고, 연맹 부총회장인 김응순이 교장으로 들어와서 공산당 시책에 따른 세뇌교육을 실시하였다. 이성휘 목사는 6 25가 터진 후 평양이 탈환될 때 우익 인사들과 함께 총살됨으로써 순교의 길에 들어서셨다. 그러나 이러한 공산당 어용 기독신학교도 6 25와 더불어 완전히 와해되어 소멸되어 버리고 말았다.

4. 교회의 와해

1948년 북한 공산당은 교회의 모든 재산을 국유화해 강탈해 갔으므로, 어떤 교회는 지금까지 자기들이 썼던 예배당을 임대료를 내고 쓰기도 하였다.

6 25가 우리 민족과 국토에 남긴 상처는 필설로 다 표현하기 어렵다. 그 중에서도 교회가 받은 피해는 가공할 만하며, 특히 북한교회의 피해는 말로 다 설명할 길이 없다. 휴전 후 북한교회는 공산당들에 의해 완전히 와해되어 버렸다. 공산당들은 교인들을 인민재판을 통해 불과 30분 만에 총살하는 만행을 자행하였다. 많은 목사들과 교인들이 저들의 박해를 피해 월남하였고, 남아 있던 목사들과 교인들은 끈질긴 공산당들의 색출로 거의 모두 참살되거나 추방되어 교회나 목사, 교인들은 공식적으로 하나도 없는 형편이 되었다. 따라서 북한의 교회는 단 하나도 없고, 교인도 공식적으로는 하나도 존재하지 않게 되었다. 그렇게 선교가 잘 되었고, 많은 신자들이 있었으며, 해방 직전에는 평양성에만도 100여 개의 장로교회가 설립되어 동양의 예루살렘이라는 이름을 들었던 지역이 이제는 종교적으로 폐허가 된 사실 앞에 민족의 비애가 서린다.

1972년 남북적십자 회담 기자단의 일원으로 평양을 다녀온 한국일보 사회부장 김창열은 북한의 실정을 보도하면서 북한의 교회 실정에 대해 다음과 같은 결론을 내렸다. "북한에 종교는 있을 수 없다. 있다면 그것은 유일한 종교, 유일사상(唯一思想)이 있을 뿐이다."라고 술회하였다.

제22장
남한에서의 교회재건

1. 남부대회의 와해

해방이 되던 해 9월 8일 미국 점령군 사령관 핫지(John R. Hodge)가 서울에 입성하면서 미군정이 시작되었다. 북한에 공산 소련군이 진주한 것과는 달리 자유민주주의 제도를 따르는 미군의 진주는 남한교회의 재건에 크게 도움을 주었다.

출옥성도가 북한에 비해 훨씬 적었던 남한교회의 재건은 자연히 친일 인사들, 즉 교단 지도자들에 의해 이루어질 수밖에 없었다. 따라서 교단의 통리였던 김관식 목사를 비롯한 장로교 계통의 인사들과 김인영, 박연서 등 감리교 계통의 교단 지도자들은, 당연히 모든 교직에서 물러나 참회와 반성의 시간을 가졌어야 마땅함에도 불구하고 그들에 대해 그렇게 하라고 요청하는 사람들도 없었고, 또 그들의 자리를 메울 만한 인사들도 마땅치 않아, 자연히 그들이 교권을 그대로 쥐고 남한교회의 재건에 나서게 되었다.

일제 말엽 저들의 강압에 의해 한국 내의 제(諸) 교파들이 하나가 된 것은 사실이지만, 기왕에 하나가 된 교회의 조직을 그대로 존속시켜 나가는 것이 좋겠다고 그들은 생각하였다.

해방이 되고 3주가 지난 9월 8일에 새문안교회에서 교단의 지도자들이 모여 '남부대회'라는 이름으로 교단 총회를 소집하였다. 여기서 교단의 존속문제를 논의했으나, 감리교회측 대표들이 옛날 교회로의 환원을 주장하며 퇴장하고 말았다. 이로써 해방 후의 교회는 남부대회의 와해와 교파의 난립이라는 혼란의 늪으로 서서히 빠져 들어가고 있었다.

일단 감리교측의 변홍규, 이규갑 등이 감리교 재건의 기치를 걸고 나갔으나 남은 사람들은 1945년 11월 27일부터 30일까지 정동제일교회에서 남부대회 성사를 위해 '조선기독교남부대회'를 개최하였다. 여기서는 앞으로의 사업을 위해 다음과 같은 몇 가지를 결정하였다.

- 조선독립 촉성(促成)을 위하야 3일간 금식기도키로,
- 대한민국 임시정부를 절대 지지키로,
- 선교사 내방 환영의 편지 발송키로,
- 38도 문제와 조선 완전자주독립키 위하야 미국 교인에게 여론을 환기할 것과 트루먼 대통령에게 진정키로,
- 폐쇄되었던 교회 문을 속히 열기로,
- 유년 및 장년공과 발행키로,
- 찬송가 합편 발행키로,
- 종전 기독교 계통의 학교는 기독교계로 환원할 것이며, 성경을 정과(正課)로 편입토록 교섭키로 하다.

이때 임원으로 대회장에 김관식, 부대회장에 김영섭이 선출되었다. 여기에서 「기독교공보」를 교단의 기관지로 하기로 결정하였다. 그러나 감리교회가 탈퇴하고 나서 장로교회에서도 본래 장로교회로 환원해야 된다는 여론이 높아가자, 제2회 남부대회가 1946년 4월 30일부터 5월 2일까지 정동제일교회에서 소집되어 대회장에 배은희 목사가 선출되

었지만 몇 사람 모이지도 않았고, 주동세력인 장로교회와 감리교회가 불참하는 대회는 더 이상 존재가치가 없다고 판단하고 각자 교파의 특성대로 활동키로 결정하고 남부대회 해체를 선언하게 되었다.

그러나 1946년 9월 3일 장로교, 감리교, 구세군, 성결교 대표들이 모여 조선기독교연합회를 창설하고, 회장 김관식, 총무 임영빈, 간사 엄요섭 목사를 선출함으로써 오늘의 한국기독교교회협의회, 즉 KNCC의 모체가 되었다. 조선기독교연합회는 그 첫 사업으로 이듬해인 1947년, 남산에서 부활절 새벽예배를 초교파적으로 개최하여 오늘에 이르고 있다. 또한 1949년 미군이 철수한다는 소식에 접하여, 철수를 반대하는 반공기독교 총궐기대회를 서울운동장에서 개최하기도 하였다.

2. 장로교회의 재건

장로교회의 재건운동은 경남노회에서 가장 먼저 활발하게 진행되었다. 그 이유는 경남노회에서 가장 많은 신사참배 반대자가 나왔는데, 순교자 주기철 목사와 최상림 목사가 이 노회 출신이었고, 출옥성도 손양원, 주남선, 한상동 목사도 역시 모두 경남 사람으로서 이 지역과 깊은 연관을 맺고 있었기 때문이었다.

1945년 9월 2일 부산에 있는 교회들이 연합하여 예배를 드리게 되었는데, 이때 친일인사들은 신앙부흥운동 준비위원회를 조직하고, 과거의 모든 죄악을 통회 자복하였으며, 정통 신학에 의한 교회재건을 결의하였다. 이에 따라 같은 달 18일 부산진교회에서 경남재건노회가 조직되었고, 같은 해 11월 3일에 제17회 경남노회가 개회되어 출옥성도 주남선(朱南善) 목사가 노회장에 추대되었다. 경남노회의 재건에 발맞추어 여타 노회들도 모두 다시 조직하여 1946년 초까지 남한 전역의 모든 노회들이 재건을 완료하였다.

전국의 노회재건이 완료됨에 따라 1946년 6월 12일부터 서울 승동교회에서 남부대회가 소집되었다. 남한교회들만의 모임이었기에 '총회'라 이름 붙이지 못하고 '대회'라 칭하였다. 대회는 재야 목사였던 배은희(裵恩希)를 대회장에, 부대회장에는 함태영 목사를 추대하였다. 이 두 사람 모두 해방 전에 교단에 직접 참여하지 않은 사람들이었으므로 교회의 주도권이 전(前) 교단 지도자들로부터 떠난 것같이 보였으나 배은희, 함태영 목사는 실제 목회자들이 아니었으므로, 내막적으로는 여전히 교권이 전(前) 교단 인사들 손에 놓여 있었다. 남부대회는 다음과 같은 중요 사항을 의결하였다.

1. 헌법은 남북이 통일될 때까지 개정하지 않고 그대로 사용한다.
2. 제27회 총회가 범과한 신사참배 결의는 이를 취소한다.
3. 조선신학교를 남부총회 직영 신학으로 한다.
4. 여자 장로직의 설정문제는 남북통일 총회시까지 보류한다.

여기서 주의해 볼 만한 점은 남부대회가 신사참배 결의를 불법으로 규정하고 이를 취소하였으나, 진실된 참회의 모습은 보이지 않았다는 것이다.

1947년 4월 대구제일교회에서 제2회 남부대회가 열렸는데, 이때 1942년 일제의 강압으로 해산되었던 대한예수교장로회 제31회 총회를 계승하여 제33회 총회로 개회할 것을 결의하였다. 이렇게 결정한 것은 제반여건이 통일이 불원(不遠)한 장래에 이루어질 수 없다고 판단되었기 때문이었다.

총회는 북에서 남하한 목사들을 해당 노회의 목사 3인의 추천으로 남한 각 노회에 가입케 하여 목회의 길에 나서게 하였으며, 이들은 대부분 개척교회를 시작함으로써 교회부흥에 크게 공헌하였다.

3. 여러 교파의 재건

- 감리교회

해방 후 새문안교회에서 모였던 교단대회에서 감리교회의 재건을 외치며 퇴장했던 변홍규(卞鴻圭), 이규갑(李奎甲), 김광우(金光宇) 목사 등은 당일 동대문교회에 모여 감리교 재건중앙위원회를 조직하고 이규갑을 위원장으로 선출, 감리교의 재건을 내외에 선포하였다. 그들은 3연회를 조직하기로 하고, 동부는 변홍규, 서부는 이윤영(李允榮), 중부는 이규갑이 회장이 되어 1946년 1월 동대문교회에 다시 모여 연합연회(General Conference)를 형성하고 감리교회의 재건을 결의하였다. 신학교 재건도 결의하여 같은 해 2월에 개교하여 교장에 변홍규가 취임하였다. 그러나 이에 가입한 교회는 70여 개에 불과하였고 서울의 큰 교회들이 여기에 거의 가담치 않았는데, 이는 재건파들은 일제 말기에 만들어졌던 교단의 횡포에 밀려났던 인물들이었으므로 교단측 교회나 인사들이 등을 돌렸기 때문이었다.

따라서 재건파는 "감리교회의 완전 재건을 목표로 일제시대에 교권을 남용하고 교회를 팔아먹던 교직자에 의하여 지도되고 있는 교회들의 각성을 촉(促)하기 위하여" 전국 각 교회에 감리교의 완전 재건과 순결의 보수를 강조하는 내용의 성명서를 발표하였다. 따라서 감리교회의 앞날은 재건파와 교단파 중 어느 쪽이 교권을 잡느냐 하는 문제로 귀결되게 되었다.

교역자들 중심으로 교권쟁탈을 위한 암투가 계속되고 있을 때, 이를 중재하기 위해 평신도들이 전면에 나서게 되었다. 유력한 평신도들의 중재는 성공적이어서 양파의 지도자들은 서로 화해하고 1949년 연합연회를 개최하였으며, 단일 감독으로 김유순(金柔順) 목사를 호선함으로써, 수년 간 갈등을 겪던 감리교회는 일단 하나의 교회로 새 출발을 할 수 있었다.

- 성결교회

성결교회는 그 재림사상이 일제의 국체에 어긋난다고 하여 일본 내에 있는 안식교, 동아기독교(침례교)가 해산되면서 같은 운명에 처하게 되었다. 1943년 5월 경무국에 의해 전국의 모든 교역자가 검거되었고, 9월에는 모든 예배가 금지되었으며, 12월에 강제 해산령이 내려졌다. 당시 약 5만에 이르던 성결교인들은 해방이 되어 다시 교회가 재건될 때까지 장로교회나 감리교회에 나가 신앙생활을 계속할 수밖에 없었다.

　해방이 되자 흩어졌던 교역자들과 교인들이 다시 모여 교회재건에 박차를 가하게 되었다. 해방이 되던 해 11월 서울에서 총회로 모여 박현명(朴炫明) 목사를 총회장에 선임하였고, 교단 신학교였던 경성신학교를 서울신학교로 개명하고 이 건(李健) 목사가 교장에 취임하여 70여 명의 학생들이 수업을 시작하였다. 또한 교단지인「활천」이 다시 복간되었고, 과거 이사회와 총회 제도로 이원화되어 있던 교회의 행정제도를 의회제도로 일원화하기로 결정하였다. 교회의 재건은 급속히 진행되었고, 해산된 교회는 거의 제모습을 찾게 되었으나 6 25를 당하여 교단 내의 유력한 지도자들이 납치, 또는 순교당함으로써 그 타격이 적지 않았다. 그러나 저들의 불붙는 전도열은 교회를 크게 성장시켜 한국에서 장로교, 감리교 다음 가는 교단으로서의 위치를 확보하였다.

- 침례교회(동아기독교회)

　동아기독교회, 즉 침례교회 역시 일제 말엽에 강제해산되는 비운을 겪었다. 1940년 이 교회의 목사 34명이 투옥되었고, 1944년 5월 흥남재판소에서 교단 해체령이 내려 완전 해산되었다. 해방이 되자 동아기독교회도 즉시 재건운동에 나섰다. 1946년 9월 노재천 대리 감목(監牧)의 소집으로 충남 강경에서 제36회 대화회(大和會)를 소집하였다. 1940년 동아기독교회 소속 교회가 254개였는데, 이 때에 교회는 단 42개밖에 남아 있지 않았고, 교인수는 불과 350명에 불과하였다.

　이 대회에서는 이 교회의 체제를 근본적으로 바꾸기로 하고 대화회를 총회제로, 감목정치를 회중정치로, 안사는 목사, 감노는 장로, 통장은 권사, 총장 반장은 집사로 그 명칭을 바꾸기로 하였고, 파송제로 하던 교역자 제도도 청빙제로 바꾸기로 하는 획기적 전환을 결정하였다.
 그러나 이런 획기적 변혁은 수구적인 인사들의 불만을 낳게 되어 결국 교회가 양분되는 비극을 연출하였다. 교통편 등의 곤란으로 지난해 대화회에 참석하지 못했던 지역의 목회자들이 자기들이 없을 때 결정한 총회제 등을 본래의 형태로 환원하자는 제안을 했으나, 이 안이 받아들여지지 않자 이에 불복하고 교회의 체제와 전통을 그대로 살려 '대한기독교회'라는 옛 이름으로 10여 개의 교회가 분립하여 나갔다.
 1947년 9월 경북 예천에서 모인 대화회에서는 이 교회가 미국 남침례교회와의 유대 관계를 갖자고 하는 제의가 있어 이를 승인하고, 도미하는 우태호(禹泰浩) 목사를 통해 교섭한 결과 미국 남침례교회는 그 동안 해오던 중국선교 대신 한국선교를 시작하기로 하고 정식관계를 체결하였다.
 1949년 9월 강경에서 모인 제39회 총회에서는 교단 이름을 '동아기독교'에서 '침례교회'로 바꾸기로 의결하였는데, 교단 공식명칭은 '대한기독교침례회'였다. 이로써 이 교회는 침례교회라는 공식명칭을 갖게 되었다. 1950년 2월에는 미국 남침례교회에서 에버나디(J. A. Abernathy) 선교사 부부가 내한하여 선교활동을 벌임으로써 미국 남침례교회와의 공식적 관계가 구체화되어 교회 발전에 큰 도움을 받게 되었다.

- 구세군

 일제에 의해 명칭이 '구세단'으로 바뀌었다가 급기야는 교단의 강제 해산을 당했던 구세군도 해방과 더불어 교회의 재건에 나섰다. 해방이 되던 해 10월에 전국에 흩어졌던 사관과 지방관들이 회집하였는데, 여기서 앞으로 구세군을 '구세교회'로 할 것인지 아니면 본래대로 '구세군'으로 할 것인지 심도 있게 의논을 한 후에 결국 원래대로 '구세군'으로 할 것을 결정하였다. 황종율(黃鍾律) 정령을 서기관장으로 임명하였고, 이듬해 로드(H. Lord)가 내한하여 사령관에 취임하면서 구세군은 재조직을 완료하였으며, 지방령(地方營)을 일제히 열게 되었다.

사관학교(신학교)도 1947년 개교하였고, 사관 후보생들의 교육을 실시하였다. 그러나 6 25때 로드 사령관이 공산당들에게 납치되어 가는 불행한 일이 있었다. 구세군의 사회사업은 항상 활발하여 고아원, 후생학원, 모자원, 구세병원 등 전국 각지에 많은 기관들이 창설자 부드(W. Booth)의 정신으로 활기차게 그 활동을 계속하고 있으며, 특히 성탄절 때 거리에서 악기를 연주하고 북을 치면서 자선냄비를 운영하여 극빈자들에게 자선을 베푸는 교회로 일반인들에게도 친숙하게 되었다.

4. 고려신학교의 설립과 경남노회의 분립

1938년 장로회 총회가 신사참배를 결의하자 선교사 주도의 평양 장로회신학교는 문을 닫았고, 서울에서 김재준 목사가 주도하는 '조선신학교'가 형성되었다. 해방이 되자 북한의 교회는 한국전쟁까지 완전히 와해되었고, 서울의 조선신학교는 친일했던 인사들과 신학적으로 자유스러운 입장에 있었던 사람들이 주도하고 있었다.

그러나 남한에 이 신학교 하나밖에 없었으므로 자연히 장로회 총회는 이 신학교를 교단의 직영신학교로 지정하게 되었다. 그러나 신사참배에 반대해 투옥되었다 출옥한 성도들이 볼 때 친일파, 자유신학자들이 조선신학교에서 목사 후보생을 양성한다는 것은 용인할 수 없는 일이었다. 따라서 그들은 보수, 정통을 지키는 순수한 신학교 건설을 외치며 1946년 9월에 한상동, 박윤선, 주남선, 손양원 목사 등이 주축이 되어 '고려(高麗)신학교'를 부산에 설립하였다.

그러나 그 해 12월에 모인 경남노회가 고려신학교를 인정할 수 없다며 신학교 학생 추천을 거부하였다. 일이 이렇게 되자 한상동 목사는 노회의 결의에 항의, 노회를 탈퇴한다고 선언하고 퇴장해 버렸다. 1948년 서울 새문안교회에서 모인 제34회 총회에서도 역시 고려신학교 입학 지원자에게는 추천서를 주지 않기로 결의함으로써 고려신학교측이 기성교회로부터 밀려나는 형세가 되었고, 나간 사람들은 따로 경남노회를 조직하여 결국 경남노회가 둘이 되고 말았다.

1950년 4월 대구 제일교회에서 모인 36회 총회는 두 개의 경남노회 총대 문제와 고려신학교 문제로 싸움판이 벌어지고 말았다. 총회는 어쩔 수 없이 같은 해 9월 청주에서 속회로 모이기로 결의하고 해산하였으나, 그런 일이 있은 지 불과 두 달 만에 6 25가 터졌으니, 이는 교회가 싸우고 난장판을 만든 죄악으로 인한 하나님의 심판이라고 보여진다.

1950년 가을에 모이기로 한 총회는 전쟁으로 인하여 모이지 못했고, 이듬해 5월 부산에서 속개된 총회에서는 경남노회 총대를 기성 교회쪽 총대로 받기로 가결하자, 한상동 목사측은 저들과는 도저히 교회를 같이 할 수 없겠다고 판단하고, 새로운 교회를 만들 목적으로 자기가 목회하던 초량교회를 떠나 삼일교회를 창립하고, 경남법통 노회를 조직하여 기성교회와의 결별을 선언하였다. 이것이 소위 '고려파 장로교회'의 시작이었다.

제 23 장
한국전쟁과 교회의 수난

1. 전쟁 발발의 배경

35년 간의 피맺힌 한을 단번에 풀어 버린 해방의 감격을 맞이하고 나서, 우리 동족은 국제정치의 비극적 현실 앞에 아연할 수밖에 없었다. 우리의 힘으로 독립을 쟁취하지 못한 채 연합국들의 승전의 전리품처럼 얻어 온 해방은 그렇게 쉽고 또 값싸게 오는 것이 아니라는 사실을, 원산항에 소련군이 들이닥치는 모습을 보면서 뼈아프게 깨닫게 되었다.

진주한 소련군은 젊은 장교 김일성을 내세워 공산정권을 세울 계획을 수행하고 있었다. 1930년대부터 교회가 공산주의자들에게 박해를 받으며 피흘리는 순교의 행렬이 시작되었는데, 이제 본격적으로 교회가 수난의 길을 가야 하는 막다른 골목으로 접어들게 된 것이다.

공산주의자들은 6 25를 일으켜 남한을 공산화할 계획을 치밀하게 진행하고 있었다. 1945년에 진주한 소련군은 김일성 일당이 공산당 정권을 세우는 데 성공하고 나서 1948년 12월 철수를 완료하고 미군의 철수를 요구해 와, 미군도 1948년 12월 유엔의 결의에 따라 같은 해 12월부터 철수를 시작하여 고문단 500명만을 남겨 두고 이듬해 6월까지 완료하였다. 1950년 1월 12일, 그러니까 6·25가 터지기 불과 6개월도 안 되는 때에 미국 국무장관 딘 에치슨(Dean Acheson)이 전국 기자클럽(National Press Club)에서 "미국의 방위선은 알류션 열도(Aleutian Isladns), 일본, 오키나와, 필리핀을 잇는 선이며, 한국은 이 방위선에서 명백히 제외되어 있어 한국에 군사적 공격이 생겨도 먼저 공격받은 국민이 저항하고 다음엔 유엔 헌장 밑의 전 문명세계가 조치해야 할 것"이라는 발언을 했다. 이것은 곧 한국의 방위를 미국이 책임지지 않겠다는 말로서 우리의 운명과 직결되는 내용이었고, 북한에게는 더할 수 없이 좋은 침략의 조건이 성숙된 것으로 판단될 수 있었던 발언이었다.

1950년 6월 25일 주일 새벽, 보병 10개 사단, 전차 242대, 항공기 211대의 정예부대로 탱크를 앞세우고 인민군들이 일제히 38선을 넘어 밀물처럼 남한으로 진격해 왔다. 그러나 남한에는 보병 8개 사단에 전차는 단 한 대도 없었고, 항공기는 연습기 10대가 고작인 상태에서 6·25를 맞아 남한이 입은 피해는 필설로 다 형용하기 어렵다. 공산군들이 파죽지세(破竹之勢)로 남한을 거의 다 점령하고 부산항 하나만이 겨우 남아 있을 때, 다행히 하나님께서는 우리 민족을 살리시기 위해 유엔을 움직여 유엔군이 한국에 참전함으로써 남한이 살아 남을 수 있었다. 이 민족을 사랑하시는 하나님의 역사는 U.N.군 파병의 안을 미국이 유엔의 안전보장이사회에서 다루게 되었을 때, 소련 대표 아담 말리크(Adam Malik)는 유엔이 중공의 가입을 거부했다는 이유로 회의 참석을 불매 동맹(不買同盟, boycott)하고 있었던 때였다.

소련이 거부권을 행사하지 않은 덕에 안전보장이사회는 한국에 유엔군 파견을 결의하게 되었고, 따라서 세계 역사에 유래가 없는 16개국의 군인들이 U.N.군의 이름으로 한반도에서 전투를 한 기이한 역사를 기록한 것은 하나님의 섭리라고 해석할 수밖에 없다.

1953년에 이르러 3년간 동족들 간의 이데올로기 때문에 죽이고 죽는 전대미문(前代未聞)의 전쟁은, 그 서글픈 역사를 남기고 휴전선이라는 국경 아닌 국경을 경계로 휴전이 성립되어 종전이 아닌 휴전으로 포성은 일단 멎게 되었다. 한국은 휴전을 극력 반대했지만, 미국과의 한미 상호안전보장조약의 체결과 장기간의 경제원조 및 한국군의 증강 등을 약속받는 선에서 어쩔 수 없이 동의하고 말았다.

2. 교회의 피해와 순교자들

우리 민족의 역사가 시작된 이래로 다시 없는 동족간의 대참살극은 어이없는 결과를 모든 분야에 남겨 놓았다. 그러나 그 어느 집단보다도 교회는 더 큰 상처를 입었다. 이미 북한에서 조선기독교도연맹을 만들어 공산주의를 지지하지 않은 기독교인들과 교역자들을 무참하게 학살했던 저들의 만행을 익히 알고 있던 북한에서 월남한 교회 지도자들은 전쟁이 나자 가장 민감한 반응을 보였다. 인민군이 서울에 입성하자 지하에 숨어 있던 공산주의자들은 제 때를 만나게 되었다. 불행하게도 기독교도들을 색출하고 검거하는 데 기독교도들이 앞장 섰다는 사실은 우리의 가슴을 너무나 아프게 하는 대목이다. 서울이 함락되었을 때, 경동교회 교인이라고 자처하는 김 욱(金旭)이 나타나 '기독교민주동맹'이라는 간판을 종로 YMCA 건물에 내다 걸고 김일성 환영식을 준비한다고 떠들고 다니면서 교인들의 동원을 독려하였고, 미처 피난 가지 못한 교회 지도자들에게 7월 9일(주일)에 인민군 환영대회를 기독교측에서 열라고 협박하였다.

서울에 잔류해 있던 목사, 장로들은 최문식(崔文植)이 나타났을 때 간담이 서늘해짐을 느꼈다. 최문식은 1933년 평양 장로회신학교를 졸업하고 목사 안수를 받았으나 공산당으로 전향한 자로서 1946년 대구에서 일어난 철도파업 때 행동대원 노릇을 한 주모자 중 하나였다. 그는 이 사건으로 투옥되어 있다가 공산당이 서울을 점령하자 출옥하여 종로 기독교서회에 자리를 잡고 나서, 은신하고 있는 목사들을 찾아내어

8월 21일 김일성 정부를 지지하는 궐기대회를 열고 목사들을 강제로 동원시켰으며, 목사들에게 자수서(自手書) 제출을 강요하였다. 그는 유엔군의 인천상륙작전으로 서울이 수복되자 밀려가는 공산군과 더불어 월북하고 말았다. 한편 감리교회에서도 감리교인이며 인민군인 최 택이라는 자가 성서공회 2층에 사무실을 차려 놓고 자수서를 받아 내고 있었다.

유엔군의 개입으로 인천상륙작전이 성공리에 이루어져 서울 수복이 눈앞에 오자, 북괴는 지하에 숨어 있던 목사들 검거에 혈안이 되었다. 김인선(金仁善), 김윤실(金允實) 목사는 유치장에서 순교하였고, 나머지 목사들은 대부분 납북되어 가는 비운을 겪게 되었는데, 장로교회의 송창근, 남궁혁, 김영주, 유재헌 목사 등과 감리교의 김유순 감독을 비롯하여 양주삼 목사, 성결교회의 박현명 목사, 구세군의 김삼석 사관 등 60여 명이 납북되어 현재까지 그 생사여부도 알 수 없으니, 이것은 본인과 가족, 그리고 우리 온 교회의 참담한 고통이 아닐 수 없다.

이름이 남아 있는 분들은 그나마 다행이고, 이름도 남기지 못하고 학살당하거나 행방불명된 이들도 그 수를 헤아릴 수 없이 많을 것이다. 사변 중에 순교를 당한 이들도 적지 않았는데, 북한에서 조선기독교도연맹의 총회장까지 맡았던 김익두 목사도 저들에게 총살당하였다. 황해도 신천(信川) 서부예배당에서 새벽기도하는 중 공산당이 들이닥쳐 김익두 목사 외 6인의 교인을 총살하였고, 기독교도연맹에 가담했던 많은 목사들도 결국 살해되는 운명을 맞게 되었다.

이북에서 순교한 이들 중 꼭 기억해야 되는 이들 중에 주기철 목사가 섬기던 산정현교회의 유계준(劉啓俊) 장로와 백인숙(白仁淑) 전도사를 빼놓을 수 없다. 유 장로는 주기철 목사가 감옥에 있을 때 그 가족들에게 자비로 생활비를 계속 지급하였고, 해방이 되고 나서 북한에 공산정권이 들어서면서 기독교인들에 대한 박해가 구체화되어 가자, 주 목사 가족들과 자기 가족들을 먼저 이남으로 피난시키고 혼자 교회를 지키다 공산당들에게 순교당하였다. 백 전도사는 주 목사가 감옥에 있을 때 목사 없는 교회를 안정모 사모와 함께 심방하면서 돌본 믿음의 역군이었는데, 결국 공산당들에 의해 정일선(丁一善) 목사와 함께 순교를 당하였다.

서울에서는 신당동 중앙교회의 안길선(安吉善) 목사, 김예진(金禮鎭) 목사가 순교했고, 서대문 감옥에서 주채원(朱採元) 목사 등 여러분들이, 김응락(金應洛) 장로는 영락교회 앞에서, 김인룡(金仁龍), 김윤실(金允實) 목사 등은 서대문 감옥에 갇혀 있다가 후퇴하던 인민군들에 의해 총살당하였다. 전북 옥구군 미면(米面) 원당(元堂)교회의 교인 75명 중 73명이 한꺼번에 살해되는 처참한 살육이 감행되었다. 전북 삼례(參禮)교회의 김주현(金周鉉) 목사는 그의 가족 7인과 함께 순교했고, 광주 양림교회의 박석현(朴錫炫) 목사가 순교할 때 그의 부인, 외아들, 장모가 함께 공산당에게 살해당하였다. 황해도 봉산의 계동교회 180여 교인 중 175명이 목조 건물 예배당 안에 갇힌 채 소사되었고, 대전형무소에는 남한 각지의 교역자, 평신도들이 수백 명 투옥되어 있었는데, 공산당들은 후퇴 직전에 감옥에 불을 질러 이들 모두를 소사시켰다.

6 25를 겪으면서 인적 피해 뿐만 아니라 교회당의 파괴도 심각하였다. 장로교회 소속 예배당 소실이 152동, 파손 467동, 감리교가 소실 84동, 파괴 155동, 성결교회는 소실 27동, 파괴 79동, 구세군은 소실 4동, 파괴 4동 등이었는데, 이것은 통계에 나온 것의 일부일 뿐 실제는 이보다 훨씬 더 많은 피해가 있었음을 미루어 짐작하기 어렵지 않다.

3. 교회의 대처

- 교회의 지원

미증유의 대참변을 겪은 교회는 전쟁 동안도 꾸준히 교회가 해야 할 임무들을 부분적으로나마 수행하였다. 6 25가 발발하자 서울을 탈출한 교역자들과 미점령 지역의 교역자들이 모여 그 해 7월 대전제일교회에서 '대한기독교구국회'를 구성하였다. 구국회는 대구, 부산 등 전국에 30여 지회를 설치하여 국방부, 사회부와 긴밀한 연락을 가지면서 선무(宣撫), 구호, 방송사업에 참여하였고, 의용군 모집에도 협력하여 기독교 의용군 1연대 3천 명을 모집하여 국방부에 이관하기도 하였다. 국군과 유엔군이 9월 28일 서울을 수복하고 북으로 진격해 들어갔을 때에도, 교회는 천여 명의 선무대원을 점령지에 보내 적극적인 활동을 하였다.

연합군이 압록강까지 진격하면서 한반도 통일이 눈앞에 온 것 같았으나, 전쟁은 중공군이 개입하면서 1 4후퇴라는 또 다른 시련에 부딪쳤다. 부산까지 밀려간 교회 지도자들은 그 곳에서 교회와 민족 앞에 내린 하나님의 심판에 참회의 기도회를 열었고, 또한 '기독교연합전시 비상대책위원회'를 조직하고, 우선 미국의 트루먼 대통령과 유엔 사무총장, 그리고 유엔군 사령관에게 호소문을 보냈다. 한국교회는 각파 교회의 대표자들을 미국에 파송하여 미국 교계에 한국 지원을 호소함으로써 미국 내의 여론을 환기시키기에 노력하였다. 이들의 노력으로 피난민들에게 구호품이 전달되었고, 교역자들과 교인들의 생활에 보탬을 주었다.

1952년 1월 한국기독교연합회 주관 하에 여러 교파가 연합으로 교회의 재건운동을 결의하고 주일학교, 교육과 문화, 사회의 후생, 농촌, 경제, 산업 등 6개 분야의 교회 재건사업을 주한 각파 선교부와 제휴하여 추진해 나갔다. 각파 선교부의 노력으로 기독교세계봉사회, 국제선교협의회, 기독교국제연합위원회 등의 세계교회협의체 대표들이 한국을 방문하였고, 이들의 주선과 호소로 세계교회가 한국교회 및 한민족 구호에 나서게 되었다.

-새로운 교회 및 선교회와 구호단체들의 시작

6 25사변이 지나고 나서 여러 선교단체들이 밀려 들어오기 시작하였다. 먼저 한국에 들어온 선교회는 남침례회(Southern Baptists)였다. 미국에서 가장 보수적인 이 교회는 오랫동안 중국에서 선교활동을 하

다가 중국이 공산화되면서 선교를 계속할 수 없게 되자 한국에 선교를 시작하였다. 대전에 신학교를 세우고 신학생들을 훈련시켰는데, 이때 이 선교회를 이끈 사람은 에버나디(J. A. Abernathy) 목사였다.

그 외에도 나사렛(Nazarene)교회, 그리스도의 교회(Church of Christi), 순복음교회(Assembly of God), 한국복음선교회(Korea Gospel Mission), 여호와의 증인(Jehovah's Witnesses) 등의 소종파들이 서울이나 인근에 거점을 확보하고 자파교회의 증식을 위해 활동을 개시하였다.

팀미션(Team Mission : Evangelical Alliance Missions : 복음주의연합선교회)은 1953년부터 한국에서 그 활동을 시작하였는데, 이 선교회는 교회 설립을 목적으로 하지 아니하고 고아원, 성경학교 등을 경영하였으며, 특히 방송선교와 문서선교를 통해 교파의 구별 없이 기성교회를 돕는 선교활동을 하는 특성을 가졌다. 이들은 1956년 인천에 극동방송국(HLKX)을 세워 국어, 영어, 중국어, 러시아어, 몽고어, 우크라이나어 등으로 방송하여 공산권 선교에 큰 공헌을 하였으며, 오늘에 이르러는 기독교방송국과 더불어 많은 신자들의 신앙지도와 선교에 주력하고 있다.

선명회(World Vision)도 6·25 후에 우리 나라에 들어온 선교단체 중 하나이다. 이 단체는 한국 전란으로 많은 이재민이 생기자 이들을 돕기 위해, 1953년 한국에 진출하여 대구에 본부를 두고 교파 구별 없이 기존교회나 선교부의 사업에 협력하였다. 선명회 어린이 합창단은 고아들로 구성되어, 구미 여러 나라를 순방하면서 전쟁 동안 한국의 고아들을 도와 준 은덕에 감사하고 그들의 뛰어난 재질을 과시하기도 하였다.

콤패션(Compassion Inc.)은 미국의 유명한 부흥사 스완슨(E. Swanson) 목사가 세운 단체이다. 그는 동란이 한창 진행중이던 1952년 내한하여 전투에 참가중인 미군들을 위해 부흥집회를 하고 돌아갔다가 이듬해 다시 한국에 와서 수많은 전쟁고아들을 보고 고아원 사업을 하기로 결심하고 콤패션이라는 단체를 만들어 전국에 190여 개의 고아원을 설립, 2만여 명의 고아들을 수용하고 교육하였다. 이 단체는 또한 농촌교회 교역자들을 돕기도 하고 진료사업도 펼쳤다.

홀트양자회(Holt Adoption Program)는 미국 오레곤(Oregon) 주에 거주하는 한 농부였던 홀트(H. Holt) 씨가 한국전의 비극적 유산으로 남은 혼혈고아 80여 명을 미국에 데리고 가서 각 가정에 입양시킴으로 시작된 입양기관이었다. 본래 목재상이었던 홀트가 전쟁 고아들 중 특히 혼혈아들의 비참상을 보고 1955년에 이 입양기관을 발족하여, 수천 명의 전쟁고아 및 일반아 입양을 하여 오늘에 이르기까지 이 방면에서 크게 공헌하고 있다.

- 군목제도의 시작

한국교회의 부흥과 선교에 있어서 가장 중요한 부분 가운데 하나는 군선교에 관한 부분이다. 군대선교가 시작되면서 많은 장병들이 전시나 평화시에 기독교 복음을 받아들이고 신앙생활을 하기 시작하면서 신자들이 늘어나 한국교회 성장에 괄목할 만한 영향을 미쳤다.

한국전쟁이 발발하기 전 미국 군정청은 한국 군대의 훈련을 지도하기 위해 '미국 군사고문단'(The Korea Military Advisory Group of the U.S. Army, 보통 K-MAG으로 불렸음.)이 조직되었는데, 이 본부는 대구에 있었다. 육군 군목(軍牧)제도는 대구지역 장로교회가 차태화 목사와 캠벨(A. Campbell) 목사를 훈련병들에게 파송하기로 하고, 이들이 병영 내에 출입할 수 있도록 허가를 얻어 신앙지도를 하게 한 것이 효시였다.

1949년 5월, 차 목사는 한국 육군에서 처음으로 400여 명의 군인들과 몇 명의 장교들을 모아 놓고 공식적인 예배를 드렸는데, 이때 캠벨 선교사가 설교를 하였다. 1950년 6 25가 일어나 치열한 전투가 계속되는 동안 아담스(E. Adams, 安斗華)와 캠벨은 고문단 참모부에 군목제도 신설을 청원하였고, 캠벨은 미군의 군목제도 법령을 한글로 번역하면서 기독교 뿐만 아니라 타종단도 포함하도록 하였다. 그러나 참모부가 이를 묵살하여 그때 실현되지는 못했다.

　그 후 개신교의 여러 교파 지도자들이 이 제도의 정착을 이승만 박사에게 진언하여 대통령의 재가를 얻게 되었다. 1951년 정월 대구에서 군목학교를 개설하였고, 1951년 2월 제1회 군목학교 졸업생 39명이 배출되었는데, 당시 그들은 군인이 아니고 계급 없는 민간인으로 활동을 시작하였다. 그러나 계급사회인 군대 내에서 계급 없는 민간인으로 활동한다는 것은 너무나 많은 제약이 따른다는 것을 실감한 실무자들은 정식 장교로 임명해 줄 것을 청원하여, 드디어 1954년에 정식으로 군목을 장교로 임관하게 되었다. 이러한 군목제도가 실현된 것 역시 그 어느 선교지에서도 없었던 최초의 사건이었다.

　군목제도가 시작된 이래 각 군에서 군목들에 의해 전도활동이 활발하게 계속되어 군선교를 통해 헤아릴 수 없이 많은 성과를 거두고 있다. 1970년대부터 당시 1군 사령관이었던 한 신(韓 信) 장군의 명에 의해 시작된 '전군신자화운동'은 젊은이들이 군에서 외롭고 힘들게 지내는 동안 신앙을 넣어 주고, 믿음으로 군생활을 뜻있고 보람있게 하는데 결정적 역할을 했을 뿐만 아니라 교회성장에도 괄목할 만한 공헌을 하고 있다. ('전군신자화운동'에 대한 것은 245쪽에서 자세히 다루겠다.)

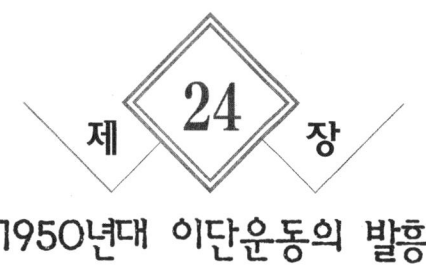

제 24 장
1950년대 이단운동의 발흥

6·25라는 미증유의 대전란이 일단 정지되고 평화가 찾아왔지만, 그 전쟁의 피해는 극심하였다. 기아와 질병, 산업시설과 교육기관의 파괴, 도로, 교통, 통신의 두절, 실업과 빈곤 등의 문제는 어느 한 집단의 문제가 아니고 3천만 모두의 문제였다. 사회적 혼란과 기댈 곳 없는 불안은 기독교인들이라고 해서 예외가 될 수 없었다.

따라서 항상 그랬듯이 이 세상에 희망이 없어 보이고, 현실에 좌절하게 될 때에 이 어려움을 하나님께 호소함으로써 해결할 수밖에 없는 교인들의 신앙은 열광적인 경향을 띠게 되었다. 사회적 혼란 속에서는 기성교회의 전통적 종교행위로 만족하지 못하고 신비하고 초자연적인 역사를, 다시 말하자면 직접적이고 피부에 와 닿는 구체적이고 현실적인 종교현상을 통해서 불안한 마음을 해소시키고자 하는 생각을 갖게 되는 것이 일반적 현상이다. 이에 발맞추어 교회 안에서는 여러 가지 사이비 이단운동들이 나타나게 되었는데, 그 중에서 몇 가지만 더듬어 살펴보기로 하겠다.

1. 나운몽의 용문산 기도원

용문산 기도원은 나운몽(羅雲夢)이 설립하였다. 그는 1914년 평북 박천 맹중리에서 태어나 오산중학에서 수학하다가 2년 만에 중퇴하고 일본으로 건너갔다. 그러나 일이 뜻대로 되지 않자, 그는 만주, 시베리아 등지에서 유랑생활을 하다가 1940년에 귀국하였다. 그는 그 해 6월에 용문산의 일부를 매수하여 애향숙(愛鄕塾)이라는 사설학원을 세우고 계몽운동을 전개하였으나, 일제의 간섭이 심해지자 폐쇄하고 서울로 올라왔다. 그는 서울 수표교교회에 출석하면서 그 곳에서 장로로 장립되었다.

해방이 되고 나서 그는 폐쇄된 애향숙을 다시 개원할 목적으로 1947년 4월 용문산에 들어가 그 곳에 기도원을 세워 기도에 전력하다가 성령의 체험을 하고 입신, 방언 등의 신비체험을 하게 된다. 그는 곧 전도운동에 박차를 가해 전도서 4 : 12에 나오는 '삼겹줄'을 토대로, 1) 기도전도, 2) 부흥전도, 3) 문서전도를 전개했다. 그러나 기성교회는 나운몽의 기도원을 이단시하기 시작하였다. 그 이유는 애향숙의 수련방법이 비성서적이고, 그들이 경영하는 기드온성경학교, 기드온신학교의 성경해석이 "동양적 특수 신령철학을 제창하여 주역(周易)으로 성경을 해석하기 때문"이었다. 예를 들면,「구국 설교집」제5집에서 다음과 같이 주장하고 있다.

1) 공자, 석가도 신이 보낸 동방의 선지자요, 신의 뜻을 따라 내렸다.
2) 복음이 전파되기 전 세대인은 유 불교를 통해서 구원받은 사람들이 있다.
3) 유 불교가 기독교 안에서 조화된 것이 천국이다.
4) 진리는 형에 있지 않고 질에 있으니, 진리라면 유교, 불교, 기독교가 하나다.

이런 주장을 하는 집단이 기성교회로부터 배척을 받으리라는 것은 자명한 일이었다. 나운몽은 삼각산 기도단이란 조직을 만들어 철저한 독재 체제로 이 단체를 이끌고 가면서 한 사람이 두 사람을 위하여 기도하고, 이 두 사람은 각각 또 다른 두 사람을 위해서 기도함으로써 기하급수적인 피라미드 형식의 조직을 확대해 나갔다.

장로회 총회는 군산노회가 "근래 한국교계를 풍미하는 나운몽 씨에 관하여 각 지방에서 그로 인한 손해를 많이 입고 있는 바, 그 정체를 밝혀 주기를 청원한 것은 그 신분과 거취가 분명하지 않고 신앙의 기초를 정신수련 위에 두며 우리 장로교 신경에 맞지 않는 점이 많으므로 막는 것이 가하다."라고 결의하였다.

1956년 9월 새문안교회에서 모인 장로교회 총회는 장로교회의 공식적 태도로 나운몽 집단에 대해 "거년 총회시에 결정한 바 있거니와 본 장로교회 강단에 세우는 것은 물론 엄금할 것이요, 기타 장소에서 개최하는 집회에도 교인들의 참석함을 금지할 일이오며"라고 선언하여 이들을 비성서적 교훈을 가르치고 교회질서를 문란케 하는 자들의 집단으로 규정하였다. 이 총회에서는 또한 "경북노회에서 나운몽 씨가 김천시 감리교회 장로로 임직함은 부당하니, 한국기독교연합회에 경고하여 감리회로 차를 시정케 하여 달라는 건은 타교파에서 하는 일이므로 우리가 관계할 바 아니나 총회 임원회와 기독교연합회 총대에게 일임하여 선처케 할 일"이라고 결의하였다.

기타 다른 교단들도 비슷한 결정을 내려 나운몽 집단은 한국교회에서 이단 집단으로 낙인찍히게 되었다.

2. 박태선의 전도관

처음에는 전도관이라 부르다가 후에 천부교(天父敎)가 된 이 이단집단은 박태선(朴泰善)에 의해 시작되었다. 그는 1915년 평북 영변 빈농의 가정에서 태어났다. 그는 어려서 부모를 잃고 고아가 되어 평남 덕천의 친척집에서 자라며 그 곳에서 초등학교를 마치고, 일본으로 건너가 고학을 하면서 공업고등학교를 졸업하였다. 그는 어느 공업사에서 일하면서 기독교 신앙에 접하게 되고 성경을 애독하는 청년이 되었다. 해방이 되자 귀국하여 서울 서대문 근처에 정밀기계 공장을 경영하면서 남대문교회에 출석하였다. 그 후 남대문교회의 김치선 목사가 창동교회(현 한양교회)로 목회지를 옮기자 박태선도 김 목사를 따라 창동교회로 옮겼다. 그는 자기 공장에서 직공들을 모아놓고 예배를 드리면서 설교를 하는 훈련을 쌓기 시작하였다. 그리하여 그는 창동교회에서 장로로 피택 안수받았다.

1955년 1월, 그는 우연히 서울 무학교회에서 부흥집회를 인도한 것이 계기가 되어 서울, 대구, 부산 등 전국 각지로 다니면서, 전란 후 도탄에 빠져 정신적 방황을 하고 있던 교인들에게 호소력 있는 말씀을 외치게 되었다. 특히, 남산에서의 집회는 그를 전후 최대의 부흥사로 만드는 계기가 되었다. 이 집회는 기독교부흥협회가 미국인 부흥사 스완슨(Swanson) 박사를 주강사로, 박태선을 보조강사로 1955년 3월 남산의 옛 신궁터 광장에서 모인 것이었다. 이때 전국에서 사람들이 몰려오고 각색병자들이 병을 고치기 위해 모여들었다. 오전과 저녁에는 스완슨 박사가 성경해설 집회를 하였고, 새벽과 오후 집회는 박태선이 손뼉 치고 찬송하면서 병 고치는 은사 집회를 인도하였다.

이때 박태선은 찬송을 계속 부르게 하면서 사람들을 흥분시켜 놓고 "하늘에서 불이 내려와 모든 죄인들의 죄를 태우는 썩은 뼈 타는 냄새가 나더니 그 악취가 어느 사이엔가 사라지고 백합화 향기가 나기 시작하고 이슬이 내리고 하늘의 광채가 나타났다."고 주장하였다. 그는 모든 사람들이 지금 죄를 회개하지 않으면 지옥에 떨어질 것이라고 강대상을 내리치며 공갈, 협박을 하면서 회개를 촉구하였다. 그러자 많은 사람들이 흥분하여 박수를 치고 발장단을 치면서, 고성방가와 통곡기도를 드리며 죄를 회개하는 현상이 나타났다.

이어 더욱 한심한 사건이 터졌는데, 사흘째 되던 저녁에 박태선은

"주최자측 목사님들의 은혜가 말라서 은혜를 막고 있으니, 목사님들이 안찰기도를 받아 죄를 소멸해야 은혜의 집회가 될 것"이라며 안찰기도 받기를 권하자, 장로회 증경 총회장 권연호 목사 등 100여 명의 목사들이 장로에게 안찰 기도를 받는 기현상이 나타났다. 계속된 집회에서 박태선은 구국 기도관을 짓는다며 교인들의 금반지, 시계, 현금 등을 거두어 갔다. 이때 모은 돈은 모두 박태선이 착복했다고, 당시 남산 부흥회를 주최했던 부흥협회 간사 김선환 목사가 증언하고 있다. 박태선이 이렇게 된 연유는 당시 교계의 원로였던 권연호, 김치선 목사 같은 이들과 윤치영 씨 등 정계요인의 후원이 컸었던 점이 지적되어야 할 것이다.

그러나 이런 비정상적인 신앙형태는 오래 갈 수 없는 게 역사의 교훈이다. 1955년 11월 신당동 중앙교회에서 모인 제65회 장로회 경기노회 정기회와 이듬해 3월 승동교회에서 모인 임시노회에서는 박태선 소속의 창동교회로 하여금 그를 장로직에서 제명처리토록 명하였는데, 그가 가르친 가장 결정적 비기독교적 교리는 소위 '피가름' 교리였다. 이는 그가 "주의 보혈을 받았고, 자기 몸에서 이루어졌고, 남에게 분배해 준다."고 하면서, "뱀으로 타락한 천사장 미가엘과 하와가 간음죄를 지었기 때문에 뱀의 피가 가인을 위시한 인류의 원죄가 되었다. 그러므로 은혜 받고 성화된 자기와 성교(性交)를 하면 그 피가 성화되고, 피가름 받은 자가 또 다른 이와 성교를 하면 그가 성화된다는 등의 혼음(混淫) 교리로 신도들의 정신적 단결을 도모"하였던 것이다. 또한 그는 자기가 이사야 41장에 나오는 "동방의 의인, 곧 동방의 감람나무"라 칭하면서 자기를 하나님이 한국을 구원하시기 위해 북방에서 보내신(자기의 고향 평북 영변) 자라 지칭하였다. 뿐만 아니라 자기의 손을 담근 물은 성수(聖水)이기 때문에 그 물을 마시면 모든 병이 낫는다 하여 손 씻은 물을 팔았고, 나중에는 발 씻은 물까지 파는 삼척동자(三尺童子)도 웃을 가소로운 작태를 연출하기도 하였다.

따라서 1956년 장로회 총회에서 "그 가르치는 바가 비성서적이요, 본 장로교 교리와 신조에 위반됨이 많을 뿐 아니라 교회를 크게 소란케

함으로 차를 이단으로 규정함이 가한 일이다."라고 하여 이단으로 정리하였다. 그리고 1957년 7월 한국기독교연합회 역시 이 전도관을 사이비 단체로 규정하였다.

3. 문선명의 세계기독교통일신령협회(통일교회)

세계기독교통일신령협회(統一敎會 : The Unification Church)를 창설한 문선명(文鮮明)은 1920년 음력 정월, 평북 정주군(定州郡) 덕언면(德彦面)에서 문경유(文慶裕)의 차남으로 태어났다. 그가 15세 되었을 때 그의 형님과 누님의 중병 치료가 동기가 되어 전 가족이 장로교 신자가 되었다. 서울에 와서 경성상공실무학교(京城商工實務學校)에서 수학하던 중 교회 출석을 시작한 것으로 추측된다.

그는 서울서 학교를 마치고 1941년 일본 동경으로 가서 그곳 조도전(早稻田)대학 부속 고등공업학교에서 수학하면서 해방을 맞았다. 해방이 되자 김백문(金百文)이 세운 이스라엘 수도원에서 4개월간 체류하면서 원리교리를 배우고 나서, 그는 다시 월북했다. 평양으로 가서 당시 광해교회에 출석하게 되었는데, 이 교회는 독립교회로서 예배시 박수치고 춤추며 발을 구르며 우는 광신자들이 모여 예배드리는 '우는 교회'였다.

1946년 8월 문선명은 유부녀인 김종화(金種和)와 강제 결혼식을 거행하다가 그 남편의 고발로 1947년 5월 북한 법정에서 사회문란죄로 5년 형을, 여자는 10월 형을 선고 받아 흥남노무자 특별수용소(속칭 흥남감옥)로 갔다. 6 25가 터지고 유엔군이 북진하게 되자, 그는 1950년 10월 함흥 감옥에서 출감하고 1 4후퇴 때 월남하여 부산에서 작은 공장을 경영했으나 실패, 교회운동을 시작하였다. 1953년 12월 동향 출신인 유효원(劉孝元)을 자기 교회에 출석케 하였는데, 유효원은 오산중학을 마치고 경성제대 의학부를 다니다가 병으로 중퇴한 사람이었다. 통일교의 「원리강론」(原理講論)은 유효원이 문선명의 가르침의 원리를 정리한 것이다. 그 내용은 문선명이 16세부터 "수십 성상을 성서의 문자 뒤에 감추인 숨은 진리를 찾으려고 예수님을 비롯한 낙원의 뭇 영인들과 또는 역사 이래에 지상에 왔다 간 모든 성령들과 자유로 접촉하였고, 때로는 하나님과 친히 교통하시어 하나님의 품속에 감추인 천륜의 비밀 찾아내기에 온갖 심혈을 경주하였으며, 때로는 수억의 사단들과 혈투전을 겨뤄 나왔다."는 내용을 모은 것이었다.

1954년 5월 문선명은 유효원 등과 함께 서울 성동구 북학동에서 통일교회를 정식으로 발족시켰다. "기독교를 비롯한 모든 종교가 갈라질 대로 갈라졌고 기진할 대로 기진하여서 진퇴유곡의 막다른 골목에 이르고 …… 성서 한 권은 궁경(窮境)에 도달하고 …… 예수님은 말씀도 밝히지 못하고 돌아가셨고 …… 십자가로서는 원죄를 벗어날 수 없어 …… 어떠한 종교라도 전부 포섭할 수 있는 깊이와 넓이를 가진 원리"를 가지고 세계 종교를 통일하는 한 종교를 세우는 목표로 문선명이 교주가 되고, 유효원이 협회장이 되어 출발하였다. 1955년 7월 문선명은 혼음사건으로 4명의 간부와 함께 3개월간 구속되었고, 이 사건으로 연세대, 이화여대 교수 여러 명이 면직되고 이화여대생 10여 명이 퇴학당하는 사건이 있었다. 1960년 3월 문선명이 41세 되던 해에 18세의 여고생과 네 번째 결혼을 감행하였다.

통일교의 주요 교리는 그들의 「원리강론」에 나타나는데 창조론, 타락론, 복귀섭리론 등이다. 그런데 그 중 가장 문제가 되는 것은 바로 타락론인데, 그 내용을 한 마디로 요약하면 타락한 천사장 루시퍼(Lucifer)가 뱀으로 나타나 하와를 감언이설로 속여 성관계를 가졌다는 것이다. 그 후 하와는 아담과 성교를 하였고, 하나님이 나타나셨을 때 부끄러워 허리 아래, 즉 하체를 가렸다는 것이다. 따라서 인류는 이 사단의 사악한 피를 갖게 되었다는 것이다.

그들 교리의 원리는 주로 성경의 내용을 중심으로 동양의 주역(周易)과 음양 오행설, 그리고 현대 과학의 제 이론을 결합하여 만든 일종의 혼합주의(Syncretism)이다. 이 교리의 중심은 반(反)기독교적 내용으로 가득 차 있고 기독교의 근본교리를 처음부터 거부하고 있다. 그것은 특히 예수 그리스도의 십자가 구속이 완성되지 못한 미완으로 끝났다고 보면서 이 미완의 구원을 완수하기 위해서 말세에 재림주가 오시게 되는데, 이 재림주가 바로 문선명이라는 것이다. 따라서 문선명을 통해 인류의 구원이 가능하다고 하는 논리를 전개하고 있다.

통일교는 국내에서 무수한 문제를 일으키고, 가정을 파괴하며, 기독교 신자들 뿐만 아니라 비기독교인들까지 포섭하여 이 교회의 교리를 선전케 하고 꽃을 팔거나 여러 가지 물건을 강매하게 하는 등 그들의 조직유지를 위한 자금원 확보를 위해 여러 가지 사업도 전개하여 거대한 기업군으로 성장하였다.

기독교의 근본교리를 거부한 이 문선명 집단이 기성교회로부터 철저하게 비판되고 거부되었던 것은 자명한 일이었다. 1971년 장로회 총회는 통일교에 대한 기본 태도를 천명하였고, 1979년 4월 한국 기독교교회협의회의 이름으로 7가지 이유를 들어 통일교는 기독교가 아니라고 선언하였다. 그리고 같은 해 5월에 '문선명 집단에 대한 한국교회대책위원회'가 16개 항을 들어 통일교가 하나의 한국적 사이비 집단에 지나지 않음을 확신하고 이를 만천하에 공포하였다.

박태선의 '전도관운동'과 문선명의 '통일교운동'은 한국교회와 사회에 심대한 악 영향을 끼쳤다. 많은 교회가 이들 때문에 상처를 입었고, 수많은 가정이 파괴되었으며, 개인들의 영혼이 파멸하는 비극을 초래하였다. 박태선 집단은 그의 사후 거의 소진되어 몇 개 남은 천부교가 그 명맥을 이어가고 있지만, 통일교는 오히려 그 세력을 더욱 확산하면서 심지어 정치, 경제, 문화, 교육에까지 그 힘을 과시하고 있다. 우리는 이러한 현실을 바라보면서 기성교회가 한 이단자를 내게 될 때 받는 피해가 얼마나 큰가를 뼈아프게 반성해야 할 것이며, 교회는 교인들이 이단 사설에 빠지지 않게 하기 위해 부단히 영적 갈증 해소에 노력해야 할 것이다.

제 25 장
장로교회의 통합과 합동측의 분열

    1950년대는 분열의 비극이 연속된 시기였다. 1950년 6 25사변은 남북이 나뉘어 동족간에 다시 없을 죽이고 죽는 피흘리는 비극을 세계 앞에 노정(露呈)시킨 비극적 사건이었다. 6 25가 남기고 간 유산은 민족과 강토의 나뉨, 그것뿐 아무것도 아니었다. 민족과 강토가 나뉘면서 교회도 나뉘었는데, 특히 장로교회가 1950년대에 세 번씩이나 나뉜 것은 참으로 가슴 아픈 일이 아닐 수 없다. 1951년에 고려파가, 1953년에는 기독교장로회가 갈려 나가더니 급기야 1959년에는 소위 통합(統合)과 합동(合同)이라는 두 개의 교단으로 나뉘게 된 것이다. 불과 10년도 안 되는 기간 동안에 반세기 이상을 하나로 내려오던 교회가 세 번씩이나 분열을 하였으니, 이것은 분명히 교회를 분열시키는 마귀의 역사가 아닐 수 없다.

1. 분열의 도화선 – 3,000만 환 유용 사건

    전술한 바와 같이 대구에서 개교한 장로회신학교의 교장이었던 감부열(A. Campbell) 박사가 교장직의 사표를 내자, 이사회는 1953년 8월 박형룡 박사를 후임 교장으로 결정하였다. 휴전이 되어 서울로 모두 상경하게 됨으로 신학교도 일부는 대구에서 수업을 하면서, 일부는 서울로 올라와 남산(지금의 어린이회관 자리)에서 수업을 하였다. 그러나 이 자리는 적산이었으므로 정부에 교섭하여 불하받도록 하자는 데 뜻을 모았다.

이 일은 박호근이라는 사람이 맡아서 처리하게 되었는데, 불과 두 달도 안 되는 기간 동안에 무려 3,000만 환이 넘는 거금을 받아 모두 탕진하여 버리고 말았다. 물론 이 모든 돈은 교장 박형룡의 결재를 받고 지불된 것이었다. 돈은 3,000만 환이나 지출되었으나, 그가 장담한 대지불하도, 건축허가도, 신학교의 대학인가도 얻어 내지 못했다.

이런 사실이 밖으로 새어 나가 문제가 비화되기 시작하였다. 신학교 부지를 불하도 받지 못하고 경비로 그 많은 돈을 탕진해 버렸으니, 문제가 안 될 수가 없었다. 교장 박형룡은 궁지에 몰리기 시작하였다. 우선 도의적 책임을 지고 교장직을 물러나고 교장집을 팔아 얼마라도 변제하는 것이 좋겠다고 제언하는 이들이 있어 그대로 하려고 했다. 그러나 박형룡을 지지하던 일부 인사들은 교장이 돈을 쓴 것도 아니요, 아래 사람들이 잘못해서 그렇게 된 것이니 교장은 책임이 없다고 하면서, 교장직 사임이나 사택의 매각은 할 필요가 없다고 부추기기 시작하였다.

그러나 신학교 이사회는, 1958년 3월 대전에서 이사회를 열어 박형룡의 사표를 수리하고 명예교수로 있게 하면서 제43회 총회에서는 교장 서리에 노진현 목사를 임명하고 학교의 내무는 계일승 목사가 담당케 하였다. 이렇게 되어 일단 3,000만 환 사건은 수습 단계에 들어간 것같이 보였다.

2. 경기노회 총대사건

신학교 부지사건이 어느 정도 가닥이 잡혀가던 때에 이 문제를 더욱 어렵게 하는 사건이 터져 나왔다. 소위 경기노회 총대 부정 시비의 문제였다. 사건의 대강은 이러하다.

1959년 대전 중앙교회에서 모이는 장로회 제44차 총회는 한국선교 75주년이 되는 해였으므로 내외에서 많은 손님들이 참여할 뜻깊은 총회였다. 총회가 모일 때마다 경기노회 총대 선출문제는 중요한 사안 중 하나였는데, 그 이유는 경기노회가 전국에서 가장 많은 총대수를 가지고 있었기 때문이었다. 그 해 총회에서는 박 교장의 문제가 중심문제로 떠오르고 있었기 때문에 경기노회 총대선출은 더욱 중요성을 띠게 되었다. 따라서 박 교장의 책임을 물어야 한다고 주장하는 에큐메니칼운동을 지지하는 측과 박 교장을 비호하는 복음주의협회(NAE : National Association of Evangelicals) 측은 각각 자파 세력확보에 열을 올리고 있었다. 5월에 모인 정기노회에서 총대 투표를 한 결과 NAE측의 승리로 끝났다. 즉, 총대 28명 중 NAE측 18명, 에큐메니칼측 10명이었다. 노회가 끝난 후, 자기가 당연히 총대로 선출되어야 한다고 생각한 황금천(黃金泉) 목사가 총대가 되지 못한 점을 이상히 여기고 여론을 환기하자 임원회의 결의로 투표지를 다시 검표하게 되었다. 이때 황금천 목사가 80표를 얻어 당선이 확실하였는데 그의 이름이 누락되었고, 당선자들의 득표수와 순위에 다소 차이가 있는 것이 발견되었다. 그러자 이 일에 대해 도의적 책임을 지고 당시 노회장 이환수 목사와 서기 서재신 목사가 사임을 하고, 부노회장 강신명 목사의 소집으로 다음 달 임시노회가 모여 지난번 정기노회시의 총대 명부는 무효화하고, 다시 총대를 선거하였다.

그런데 이 임시노회에서의 총대 선출은 공교롭게도 NAE측에서는 목사 1인, 장로 1인밖에 당선이 안 되고, 나머지는 모두 에큐메니칼측에서 당선이 되었다. 그러나 어쨌든 모든 일이 합법적으로 이루어졌으므로 당연히 임시노회 선출의 총대가 합법성을 갖게 되어 있었음에도 불구하고, 전 노회장 이환수 목사는 정기노회에서 선출된 총대 명단을 총회 서기부에 제출하였다. 임시노회에서 선출된 강신명 목사측의 명단도 당연히 총회 서기부에 접수됨으로써, 결국 경기노회 총대 명부가 둘이 되는 결과를 낳았다. 이는 NAE측에서 이 두 명부를 놓고 총회에서 결의하면 자기들이 승산이 있다고 판단하고 총회에서 결의하려는 작전을 구사했던 것이다.

1959년 9월 제44회 총회가 대전 중앙교회에서 개회되었으나, 처음부터 경기노회 총대문제로 파행이 시작되었다. 즉, 경기노회 총대 명부 두 개가 접수되었으므로 어느 한 쪽으로 결정을 하지 않으면 총회가 계속될 수 없었다. 첫 날 저녁은 개회도 하지 못하고 혼란 속에 해산되었다가 이튿날 다시 모여 결국 총회는 두 총대명부를 놓고 투표로 결정하기로 하고 투표하니, 결과는 정기노회측 지지 119표, 임시노회측 지지 124표, 기권 5표로 임시노회측이 총대 자격을 획득하였다. 회장은 임시노회측 총대가 선정되었음을 선포하고 총대 명부에 기재케 하였다.

다음날 속개를 하니 전 경기노회장 이환수 목사가 나와 이미 어제 일단락된 경기노회 총대문제를 다시 제기하여 회의 진행을 지연시켰다. 이때 NAE측인 박희몽, 김자경 장로가 나와 총대들을 향하여 "독사의 자식들"이라고 저주하면서 에큐메니칼은 용공, 신신학, 단일교회 운동이라고 고함을 치며 회의를 방해하고 나섰다. 총회장 노진현(盧震鉉) 목사는 그들이 자파 사람들이기 때문에 아무런 제재도 하지 않고 그대로 방치하였다. 회장은 장내를 정리하고 회무를 진행하면 되었지만, 자파 총대가 많은 정기노회측 총대를 다시 살려 볼 양으로 이 일을 해결키 위해 정치부와 증경총회장 연석회의를 열어 해결토록 하자고 제안하였다. 그러자 증경 총회장들은 11월까지 정회하고 경기노회 총대를 다시 선임하라는 의견을 제시하였다.

결국 총회는 정상적으로 개회하지 못하고 파행을 거듭하다가 정회를 하고 말았다. 에큐메니칼측 총대들은 그 밤으로 상경하여 서울 연동교회에서 속개, 총회장에 이창규(李昌珪) 목사, 부총회장에 김석진(金錫珍) 목사, 서기에 김광현(金光顯) 목사 등 임원을 선출하였다.

한편, NAE측은 자기들의 결의대로 11월에 승동교회에서 총회를 속개하였다. 따라서 한때는 이들을 '승동측'이라 불렀다. 280명의 총대 중 193명이 모였다고 했으나 대전 총회 총대로서 참석한 사람은 95명뿐이었다. 뿐만 아니라 몇몇 노회는 노회장의 추천서도 없는 총대로 보충했고, 선교사는 단 한 사람도 없었다. 이런 총회에서 임원을 선거하니, 회장에 양화석, 부회장에 나덕환(羅德煥), 서기 박찬목 등이 선출되었다. 총회는 그 동안 문제되었던 WCC를 영구히 탈퇴하기로 가결하고, 또한 NAE도 개인적으로 가입된 회원은 직접적으로 관계가 없어도 총회를 어지럽게 하는 요인이 된다는 평이 있어 교직자(목사, 전도사)는 탈퇴하기로 가결하였다.

3. 장로회신학교와 총회신학교의 분립

교회의 분열은 항상 신학교의 분열과 궤를 같이하였다. 총회가 분열되었으므로 신학교도 자연히 분열될 수밖에 없었다. 남산에 있던 신학교 부지는 국회의사당을 짓는 계획이 확정되어 더 이상 수업을 할 수 없게 되었으므로, 당시의 교장 서리 계일승 목사가 1959년 10월 임시 교수회의를 열고 신설동에 있던 대광중고등학교의 구건물을 수리하여 옮기기로 결의하였다. 신학교의 몇 교수들이 신학교의 비품을 옮기려고 트럭 두 대를 갖고 남산의 신학교에 갔으나 NAE측 학생들의 방해로 책상 하나, 책 한 권 가져오지 못하고 말았다.

에큐메니칼측은 장로회신학교라는 옛날 평양 장로회신학교의 이름을 그대로 유지하면서 현재의 위치인 광진구 광장동 353번지의 땅 1만 7천 평을 매입하여 1960년 4월에 교사를 착공하였고, 그 해 12월에 준공하였다. 이때 교수로는 계일승, 김윤국, 박창환 목사와 권세열 선교사 등이 있었고, 이듬해 2월 문교부(현재 교육부)로부터 장로회신학대학 인가를 받았다. 그 해 9월에 신학교는 신설동에서 광나루로 이전하여 소위 광나루신학교 시대가 시작되었다.

한편 NAE측도 남산에서 더 이상 학업을 계속할 수 없게 되자 일단 남산동 한양교회 구내로 수업장소를 옮겼다. 그 후 이들은 ICCC의 매킨타이어로부터 10만 불을 받아 한강로에 4층 빌딩을 구입하여 수업을 하다가, 5년 후에 서울 사당동의 현 총신대학으로 자리를 옮겨 갔다. 따라서 총회와 신학교가 양분됨으로써 장로교회의 분열은 기정 사실화되고 말았다.

- 통합을 위한 노력

결국 총회도, 신학교도 양분되고 말았다. 총회와 신학교가 양분되고 나서 각 노회, 각 교회도 양분되어, 전국의 장로교회는 싸움판이 되고 말았다. 같은 교회 안에서 목사, 장로가 갈리고, 장로끼리 갈리고, 교인끼리 갈리는 추태가 연출되었다. 세상 법정에 고소하고, 불신자 법관 앞에 목사, 장로들이 서서 재판을 받는 어처구니없는 비극이 연출되었던 것이다. 대구 서문교회에서는 강단 빼앗기 싸움이 치열하게 진행되던 중 설교를 위해 등단한 목사의 머리 위에 똥물을 덮어 씌우는 등 최악의 상태에까지 이르렀다. 교회의 분열은 비극의 연속이었다.

통합측은 NAE측에 통합안을 제시하고, 1960년 2월 17일 새문안교회에서 총회를 개최하였다. 이 총회에는 에큐메니칼측 총대 전원은 물론이고, 승동측에서는 전년 11월 총회에서 부총회장으로 선출된 순천 제일교회의 나덕환 목사를 비롯하여 적지 않은 승동측 총대들이 참가했고, 각 선교부가 모두 통합하여 참가하는 '통합총회'를 개최하였다. 이 때부터 '통합측'이라는 말이 쓰이기 시작하였다.

1960년 9월에 모인 통합측 총회는 회의 시작시에 "회의를 진행해야 할 것이나, 같은 시간에 승동측에 따로 모이는 형제들과 다시 한번 합할 수 있는 기회를 만들기 위하여 …… 내일 아침 속회시까지 개회를 연기하기로"하였다.

한편 승동 총회에서도 합동안을 내놓았는데, 그 내용은 연동 총회에서 받아들이기 어려운 조건들만을 제시하였다. 따라서 통합안은 처음부터 실현이 어려워 보였고, 한국교회 분열의 비극을 본 미국 남 북장로교회, 호주장로교 선교부에서 중재를 시도하였다. 또한 미국 남장로교회 본부에서 두 사람의 지도자들이 그 해 12월에 내한하여 조정을 시도해 보았다. 그러나 갈라진 총회와 신학교가 다시 하나가 된다고 하는 것은 갈라지는 것보다 훨씬 더 어려웠다. 양총회에서 위원들이 나와 여러 차례 통합을 시도해 보았고, 선교사들의 끈질긴 노력에도 불구하고 통합의 가능성은 점점 더 멀리만 가고 있었다.

4. NAE측과 고려파의 연합, 그리고 또 분열

1960년 연동측과 결별한 승동측은 10년 전에 갈라져 나간 고신파와 합동하자는 소리가 높아 갔는데, 이는 교단을 분리해 나온 명분을 찾기 위해서였다. 또 다른 명분은 신학적으로 같은 노선이기에 같은 동지로서 합할 수 있다는 논리였다. 합동 추진위원회가 양쪽에서 발족되어 합동에 대한 논의가 계속되다가, 두 총회는 서로 의기투합되어 1960년 12월 13일 서울 승동교회에서 두 총회가 합동하는 소위 '합동총회'가 열렸다. 이 때부터 이 총회를 '합동측' 이라고 부르게 되었다. 그러나 의기와 현실은 거리가 있었다. 특히 신학교의 합병은 쉬운 일이 아니었다. 총회가 하나가 되었으므로 당연히 신학교도 하나가 되어야 했지만, 고신측은 고려신학교는 반드시 부산에 있어야 한다면서 신학교의 일원화를 고집하였다.

총회가 합한다는 총론에는 이의가 없었으나, 각론에 들어가서는 모든 일이 그렇게 쉽게 해결되는 것은 아니었다. 첫째, 경남노회 명칭문제, 둘째, 고신측 교역자들의 율법주의적 도덕성의 갈등, 셋째 이근삼의 교수 채용을 원하는 한상동 목사의 의견이 제대로 수렴이 되지 않은 문제들이 얽혀 결국 1963년에 고신측이 부산으로 되돌아감으로써, 2년 몇 개월 동안 합했던 두 총회는 다시 분열하는 비극을 연출하였다. 1963년 9월 17일, 부산 남교회당에서 '환원총회'가 모여 고신측은 재

출발하게 되었다.

5. 합동측 주류와 비주류의 분열, 성경장로교회

합동측은 자체 내에서 또다시 분열의 조짐을 보이기 시작했다. 그 원인은 대전중앙교회의 이영수 목사가 교단 안의 권력을 장악하면서 전횡을 부리기 시작하자 이에 대한 반대세력이 대두되면서 비롯되었다. 이영수 일파는 주류, 반이영수파는 비주류로 분류되면서 세력다툼이 일어났는데, 결국 1970년대 후반에 이르러 주류파에 밀린 비주류파는 교단분열의 명분을 찾다가 총신대 학장 김희보가 성서의 문서설을 주장하는 신신학자라고 고발하면서, 박형룡 박사의 정통신학으로 되돌아가야 한다며 박형룡의 아들 박아론을 교장으로 서울 방배동에 총회신학교를 세움으로써, 결국 교단은 둘로 쪼개지고 신학교도 둘이 되는 결과가 초래되었다.

이렇게 갈라진 두 교단과 신학교는 그 세(勢)를 확장하는 수단으로 신학생을 많이 받아 목사를 대량 생산하는 길이 첩경이라 판단하고 무자격자를 신학교 자체의 검정시험이라는 제도를 도입하여 신학교에 응시하는 사람은 자격여부에 상관없이 무조건 받는 원칙을 결정하였다. 이에 따라 한국교계에 무자격자의 목사 양산이라는 지극히 바람직하지 못한 현상이 나타나면서 교계와 사회에 물의를 일으키는 사건들이 꼬리를 물고 일어나게 되었다.

이렇게 무원칙한 신학생 입학은 자연히 이사회와 교수회의 갈등으로 비화되면서 1980년대 총신 갈등으로 이어졌다. 이 갈등 속에서 학생들은 교권주의자 이영수 목사와 학장 김희보의 퇴진을 요구하게 되었고, 이사회는 주동학생을 제적하라고 교수회에 압력을 가하였다. 이에 반발한 교수들이 일괄 사퇴를 하게 되어, 결국 박윤선 박사 중심의 합동신학교가 세워지는 계기가 되었다. 합동측은 1969년 제59회 총회시에 박정희 군사정권의 유신헌법을 지지한다는 결의를 하고 지지성명을 내는 일까지 서슴지 않아 박 정권의 가장 악랄한 유신헌법을 지지하는 추태를 부리는 지경에까지 가게 되었는데, 광주의 정규오 목사는 "심지어 박형룡 박사까지 가세하여 신학교를 위해 불가피한 일이니 지지하는 게 좋겠다고 종용하였다."라고 기록하였는데, 결국 이 문제로 합동 보수의 분열이라는 또 하나의 비극을 연출하였다.

이렇게 시작된 합동측의 분열은 비주류 안에서 다시 세포분열을 시작하여 오늘에 130개 이상의 비주류교단(이들 모두가 '대한예수교장로회'란 간판을 걸고 있음.)으로 분열하였고, 여기에 따라 300여 개의 무인가 신학교의 난립이라는 필연적 귀결이 따랐는데, 이는 비극이라기보다는 차라리 희극의 연출이라고 말해야 할 것이다. 이러한 현상은 비단 교계 뿐만 아니라 일반 사회의 조소거리가 되고 있는 실정이니, 교회분열은 교묘한 마귀의 장난이지 결코 성령의 역사는 아닐 것이다.

제26장
1960~1970년대의 신학 논쟁

1. 토착화 논쟁

기독교 선교가 진행되면서 줄곧 일어났던 문제 중 하나가 소위 토착화(土着化 : Indigenization) 문제였다. 토착화란 기독교의 복음이 어떻게 비기독교권 문화 속에서 뿌리내리고 그 문화 속에서 정착, 성장하느냐 하는 문제이다. 선교 이론가들도 이 문제를 관심있게 다루었는데, 시대에 따라 다른 이론들이 대두되었다. 19세기의 유명한 미국의 선교 이론가 루프스 앤더슨(Rufus Anderson)은, 선교사들은 오직 복음만을 전해야지 서구 문화를 전해서는 안 된다고 하면서 처음으로 토착교회(indigenous church)의 중요성을 강조하였다. 이런 경향은 선교지에서 토착교회 설립, 토착인 교역자 양성, 토착문화에 대한 새로운 이해 등의 문제와 어울려 새로운 선교의 지평을 열어 갔다. 그러나 토착화 문제는 그렇게 간단한 것이 아니었다. 토착화 과정에서의 복음의 변질에 대한 우려와 토착화를 어디까지, 그리고 어떻게 할 것이냐 하는 문제를 수반했기 때문이었다.

한국에서 토착화 문제가 제기된 것은 1960년대 초반부터였다. 맨 먼저 토착화 문제를 제기한 이는 한신대의 전경연(全景淵) 교수였다. 그는 "그리스도교 문화는 토착화할 수 있는가?"라는 글에서 그리스도의 신앙과 문화라는 양면을 얘기하면서, 그리스도 신앙은 토착화할 수 없으나 문화는 토착화할 수 있다고 말했다. 그는 복음과 문화는 동일한 것이 아니며, 복음은 하나님의 말씀으로서 불변의 진리로 남아 있기 때문에 어떤 문화 속에서도 토착화라는 것은 있을 수 없다고 하였다. 그러나 문화는 인간이 만드는 것이고, 시대와 지역에 따라 다른 것이기에 기독교적 문화의 토착은 가능하다고 보았다.

그의 이런 이론에 반기를 들고 나온 이가 감리교신학교의 유동식(柳東植) 교수였다. 그는 「기독교사상강좌」에서 다음과 같이 말했다.

> 나는 실존으로서의 개성적 존재다. 서구인이 있듯이 한국인이 있다. 따라서 서구인에게는 서구인으로서의 그리스도 신앙과 이를 토대로 한 교회가 있을 것이며, 한국인에게는 한국인으로서의 신앙과 교회가 있어야 한다. 한국의 그리스도교가 결코 서구적 전통과 형식에 대한 단순한 모방과 맹종일 수는 없는 것이다.…… 토착화는 초월적인 진리가 일정한 역사적 정황 속에 적응하도록 자기를 변화하는 것이다.

유 교수는 복음은 변할 수 없는 진리라 할지라도 그 복음이 한 문화 속에 옮겨질 때 그 문화의 틀 속에 담겨져 새로운 모습으로 표현되고 이해되어야 한다는 점을 강조하였다.

토착화 문제가 서서히 그 방면에 관심 있는 학자들 간에 거론되기 시작했을 때, 감리교신학교의 윤성범(尹聖範) 교수가 이에 가담함으로써 새로운 국면의 전환이 이루어졌다. 그는 1963년 5월호 「사상계」에 "환인(桓因), 환웅(桓雄), 환검(桓儉)은 하나님이다."라고 선언함으로써, 소위 단군신화를 기독교의 삼위일체 신앙에 적용하려는 과감한 시도를 하였다. 그는 단군신화에 나오는 3신, 곧 환인, 환웅, 환검을 기독교 신학의 삼위일체의 하나님으로 대비하여 환인은 성부되시는 하나님, 환웅은 성령되시는 하나님, 그리고 환검(단군)은 성자되시는 하나님으로 설정하였다. 단군왕검되는 환검이 환인의 허락을 받고 천부인 3개를 가지고, 3천 명의 부하를 거느리고 태백산 신단수 아래에 내려와서 360여 정령(政令)을 가지고 다스렸다는 단군신화를 예수 그리스도의 성육신 사건으로 대치하였다. '환'은 '한'으로서, 이것이 곧 하나님이라는 설명이었다.

윤성범의 단군신화 토착화 이론은 한국교회에 충격을 주기에 충분하였다. 윤 교수의 토착화론을 둘러싸고 한신대의 박봉랑, 전경연, 감신대의 홍현설 등 여러 학자들 간의 설전이 계속되었고, 긍정적으로 보려는 견해와 부정적인 견해가 만만치 않게 대두되었다. 한동안 한국교회 안에서 토의되던 토착화 논쟁도 시간이 가면서 차차 수그러들었고, 간헐적으로 신학자들 간에 의견이 제시되고는 있지만 아직 성숙한 단계에 이르지 못하고 있다.

토착화 문제는 앞으로도 많은 논쟁을 거쳐야 할 것이고, 그 논쟁은 어떤 면에서 필요한 것이기도 하지만, 또 어떤 측면에서는 비생산적 요인도 있을 수 있다는 점도 지적해 두어야 할 것이다.

2. 민중신학 논쟁

민중신학은 1970년대 군사정권하에서 이에 저항하다가 투옥된 신학자들을 중심으로 일어난 한국적 신학의 하나였다. 민중신학은 남미의 해방신학의 아류로서, 독일 튜빙엔(Tübingen)대학의 몰트만(J. Moltmann) 교수의 정치신학에서 영향받은 바가 크다. 몰트만은 "자신을 방어하지 못하고 폭력과 불의에서 고통을 당해야만 하는 모든 사람들은 가난한 자들이다. 생활 자원이 없고 생활에서 아무것도 얻지 못하여 물적으로나 영적으로 죽음의 직전에 머물러 있을 수밖에 없는 사람들이 가난한 자들이다."라고 말하였다. 이 말은 곧 민중을 위한 신학을 촉구한 것이 되었다.

26. 1960~1970년대의 신학 논쟁

전 이화여자대학교 교수 서광선(徐光善)은 한국의 민중신학의 발생을 다음과 같이 설명한 바 있다.

> 민중신학은 1970년대의 한국이라는 상황에서 한국의 그리스도인들이 경험한 나름대로의 사회적 경험들을 신앙으로 성찰한 과정의 결과라고 할 수 있다. 민중신학의 발생과 기원은 한국 그리스도인이 한국사회의 정치적, 경제적 상황에서 그 상황의 부당함과 모순, 비리와 부조리를 경험하면서 그 경험을 고발하고, 그 상황의 시정과 개혁을 연구하는 과정에서 얻은 경험이다.

박정희 군사정권이 들어서면서 경제제일주의를 기치로 내세워, 외국의 자본과 기술이 필요하다고 판단하고, 이들은 일본과의 해묵은 적대감정을 척결하고 서둘러 국교 정상화를 이루고 나서 고도성장과 공업화를 이루어 냈다. 그러나 이런 근대화의 제한적 성공 뒤에는 엄청난 부작용이 우후죽순처럼 나타났는데, 그것은 "농촌의 피폐와 이농인구의 증가, 도시빈민의 확대, 노동조건의 열악에 따른 노동문제의 대두, 부익부 빈익빈의 심화에 따른 분배문제의 노정, 엄청난 외채의 누적과 이에 따른 해외 의존도의 심화 등 사회, 경제적 문제들이 노골화되기 시작했다."

민중신학의 출현은 아무래도 유신정권하에서 그 정권의 폭압적 처사에 대해 항거했던 성직자, 교수, 대학생, 그리고 신학자들의 감시, 연행, 해직, 재판, 투옥 등의 정치적 탄압으로 인한 결과라고 보는 것이 타당할 것이다. 특별히 이 과정에서 신학자들이 '억압받는 자들의 고통'을 직접 체험함으로써 이것을 성서적 근거와 연결하여 우리 역사 속에서 억압받고, 억눌리고, 소외되고, 수탈당하여 온 소위 '민중'들의 고난에 동참한다는 논리로써 민중신학이라는 것을 창출하였다.

그러나 이 민중신학은 민중신학자라고 자처하는 사람들조차도 민중의 개념을 정확히 정의하기 힘들다는 사실을 인정하고 있는 데 그 한계가 있다. 민중신학에 대한 또 다른 비판은 흑인신학을 백인이 하는 것이 걸맞지 않은 것처럼, 민중도 아닌 사람들이 민중신학을 운위하는 것은 어울리지 않는다는 비판도 없지 않았다. 따라서 이 민중신학은 유신정권하에서 인권회복을 위해 노력했던 소수의 사람들에 의해 남미(南美) 해방신학의 영향을 받아 일시적으로 나타났던 소위 '한국적 신학'의 한 모습이었다고 여겨진다. 따라서 민중신학이 항구적인 한국적 신학으로 자리잡음하기 위해서는 이쪽에 관심을 가진 신학자들의 부단한 노력이 경주되어야 할 것이다.

3. 도시산업선교

산업화와 도시화가 가속되면서 공장에서 일하는 공원들을 중심으로 한 선교에 교회는 다시 눈을 뜨기 시작하였다. 한국교회는 일찍이 노동의 신성을 강조하였고, 성경말씀에 있는 "일하기 싫거든 먹지도 말라."는 말씀에 근거하여 육체노동의 중요성을 계몽하여 왔다. 교회는 육체노동의 중요성을 강조하였을 뿐만 아니라, 노동자들의 권익에 대해서도 일찍부터 관심을 갖고 그들에게 관심을 표하고 있었다. 일찍이 1926년 5월 「기독신보」에 원산의 맥도널(McDonald) 선교사는 당시 미국 NCC가 발표한 '사회강령'을 수차에 걸쳐 각 조항마다 연재하여 한국교회의 노동자들의 권익에 대한 주의를 환기하고 있었다.

초기부터 한국교회의 구성원들은 80% 이상이 농민들이었기에 노동자들 선교에는 별 관심이 없었다. 한국에서는 산업혁명이란 것은 없었으나 시대의 변화에 따라 한국사회가 차차 산업화의 길을 걸으면서 서서히 노동자들에 대한 관심을 갖기 시작하는 사람들이 나타나기 시작하였다. 1956년 미국 뉴욕의 레이크 모홍크(Lake Mohonk)에서 피선교지에 있는 대표자들이 모여 변화하는 '세계에서의 선교전략을 위한 5개년 사업에 대한 대회가 열렸다. 한국 선교부 대표로 참가했던 아담스(E. Adams) 선교사가 돌아와서 이 대회에서 논의되었던 산업선교에 대한 보고를 하였고, 이 분야의 권위자인 존스(H. D. Jones) 박사가 그 운동을 격려하기 위해 내한하면서 한국에서도 산업선교에 대한 관심이 확산되기 시작하였다. 또한 선교부에서는 이 분야에 예산을 책정하기로 결정하였다.

한국교회가 산업선교를 구체화한 것은 1957년 산업선교의 실무자인 어커트(R. C. Urquart)가 내한하여 산업선교를 시작하면서였다. 이로써 한국에도 산업선교 시대가 도래하였고, 그 해에 장로교회는 총회 안에 산업전도위원회를 두기로 결정하였다. 감리교회에서도 1960년대 초반에 오글(G. Ogle) 선교사가 인천지방에서 산업선교를 시작하여 장로교회와 발맞추어 이 부분의 선교에 관심을 기울이기 시작하였다. 1960년대 후반에는 산업선교의 지부를 영등포, 대전, 대구, 부산, 광주, 인천, 등지에 지역 산업전도위원회를 결성하고 산업전도를 위한 각 지역의 조사 활동을 벌였다.

산업선교는 한국 사회가 산업화되어 가면서 그 필요성이 더욱 강조되었고, 공장 지대에 있는 교회들도 자연히 이 방면의 선교에 더욱 관심을 갖게 되었다. 1969년 8월에 미국 연합장로회 선교사 화이트(H. White)가 내한하여 연세대학교 내에 '도시문제연구소'를 만들고, 이 대학의 교수였던 노정현 박사가 소장이 되어 도시문제에 대한 학문적 연구와 더불어 요원 양성에 주력하였다. 그러나 산업선교는 노동자들 편에 서서 일하게 됨으로써 자연히 공장주와 기업주들에게는 거침돌이 되는 결과가 되었고, 경제발전에 온갖 노력을 기울이고 있던 당시의 군사정권에게는 자기들의 계획에 차질을 빚게 하는 존재들로 비쳐지게 되었다. 따라서 "도산(都産 : 都市産業宣敎會)이 들어가는 데는 도산(倒産)한다."라는 말이 유행할 정도로 기업측은 도시산업선교에 대해 못마땅하게 생각하면서, 어떻게 해서든지 도산이 자기 공장에 들어오지 못하도록 갖은 방법을 다 동원하였다.

박정희 군사정부가 소위 '긴급조치'라는 위헌적 법률을 공포하여 국민들의 기본권을 제약하였는데, 이 법은 도시산업선교를 규제하는 데

악용되어 도산의 실무자와 관계자들이 구속되는 불행한 사태를 가져오게 되었다. 정부는 산업선교가 마치 근로자들을 선동하여 국가의 법을 어기고 계급의식과 계급투쟁을 조장하는 것처럼 매도하였다.

교회는 산업선교가 기독교 선교의 일환이며, 노동자뿐 아니라 기업가도 선교의 대상이 됨을 천명함으로써 교회 선교의 영역임을 재확인하였다. 산업선교는 현대 사회의 산업화, 도시화와 더불어 불가분의 관계에 놓이게 되는 현대교회의 필수적 선교의 영역임이 확실해졌고, 선교가 여기에 미쳐야 할 것은 당연한 것으로 받아들여졌으나, 교회 안에서는 그 선교의 방법론에 대한 이론에 있어서 일사불란한 실현에 약간의 혼선이 온 것도 사실이었다. 산업선교는 노동자들의 의식이 높아지고, 노동자들에 대한 정부의 태도가 달라지며, 기업의 노동자들 권익에 대한 인식이 깊어지면서 서서히 제자리를 잡아가게 되었다.

4. 1967년도 신앙고백 논쟁

신앙고백은 개인이나 교회가 처한 시대와 상황에 따라 행하게 되어 있다. 따라서 교회의 전통이나 상황에 따라 신앙고백은 다를 수밖에 없다. 전통적으로 우리 교회가 신앙고백하는 사도신조나 니케아신조, 칼케돈신조, 그리고 웨스트민스터신조 등 교회는 다양한 신조를 갖고 있고 또한 고백하고 있다. 따라서 어떤 교회가 그 교회의 형편에 따라 신앙고백을 했다면 그 교회의 신앙고백으로 인정하면 되는 것이다. 그 신앙고백이 우리 교회의 실정과 맞지 않을 경우, 받지 않으면 그뿐이다. 그러나 신앙고백을 한 교회가 우리와 끊을 수 없는 깊은 관계에 있는 교회라면 문제는 그렇게 간단히 끝나는 것이 아니다.

1960년대 후반, 한국교회는 소위 1967년도 신앙고백으로 한바탕 소용돌이 속에 휘말렸다. 이 신앙고백은 미국연합장로교회(UPCUSA)가 1967년에 발표한 신앙고백이어서 '67년도 신앙고백'이라고 불리웠다. 이 신앙고백서가 발표되자 우리와 선교 협력관계에 있는 미국연합장로교회가 자유주의 신학을 배경으로 하는 이러한 신앙고백을 발표한 것에 대해 한국교회는 민감한 반응을 보이기 시작하였다. 가장 먼저 이 신앙고백에 대해 비판하고 나선 곳은 장로교회 합동측이었다. 그들은 총회장 이름으로 성명서를 발표하면서, 이 신앙고백을 절대 받아들일 수 없다고 못박았다.

이 신앙고백서는 한국교회 안에서 적지 않은 파문을 일으켰는데, 결국 논란의 초점은 이 신조가 지나치게 그리스도의 인성면을 강조하고 교회의 세속화를 부추겨 교회로 하여금 초월적 하나님의 섭리를 약화시키고, 역사적 예수를 강조하고 있다는 것이다. 따라서 이 신조는 이 시대에 대한 교회의 책임을 강조하는 것으로서는 타당하다고 볼 수 있으나, 기독교 신앙의 근본인 개인의 죄악에 대한 참회, 거듭남의 강조, 그리고 성육신하신 그리스도의 사역을 강조하는 면이 약화되어 있다는 점이 지적되어야 할 것이다. 이 신앙고백은 어디까지나 미국 장로교회의 신앙고백이지만, 그 신앙고백이 한국교회에 직접 영향을 미친다는 점에서 논쟁의 여지가 충분하다고 보면서도, 지나치게 남의 신앙고백을 우리의 것과 같이 과민 반응을 보이면서 신학논쟁을 벌여 교회로 하여금 이런 문제에 휩쓸려 들어가 낭비적 논쟁과 심지어 인격을 모독하는 글도 서슴지 않은 데까지 간 것은, 아직도 한국교회가 이런 문제에 대해 더 성숙한 모습을 보여야 할 것이라는 교훈을 남겼다. 신앙고백은 그 시대, 그 교회가 그 상황에서 하는 것이라 해도 기독교의 근본을 그르쳐서는 안 된다는 점을 다시 한번 일깨워 주는 과정이었다.

제 27 장
1960~1970년대의 교회 일치운동

1. 복음화운동 - 3천만을 그리스도에게로

한국을 복음화하고자 하는 운동은 우리 교회의 역사 속에서 늘 있어 왔던 운동이었다. 멀리는 1909년에 시도되었던 '100만 명 구령운동'으로부터, 교회와 민족이 어려움을 겪을 때마다 교회는 민족의 구원을 위해 힘써 왔다. 근대에 이르러서는 1천만 전도운동을 전개하자는 메아리가 1952년 6·25가 한창일 때, "무너진 3천여 제단의 재건과 …… 성령의 불이 내려 1천만 전도운동을 전개하자."는 운동이 일어난 일이 있었다.

그로부터 10여 년이 지난 1965년은 개신교의 첫 순교자 토마스 목사가 대동강변에서 순교의 피를 뿌린 지 100년이 되는 해이며, 한국교회가 선교를 받은 지 80주년이 되는 뜻깊은 해였다. 이런 뜻깊은 해를 맞이하여 이화여자대학교 총장 김활란 박사의 주도에 의해 전국적인 복음화운동을 전개하기로 의견을 모으고 개신교 각 교단이 연합하여 운동 본부를 만들기로 합의하였다. 처음에는 개신교단 교회들만이 참여하였던 이 운동에 로마 가톨릭교회도 동참하여 범교회적인 운동으로 발전되었다. 운동본부는 해외의 저명 부흥사를 초청하여 부흥집회를 갖기로 하고 중국인 부흥사 조세광(趙世光) 목사를 초청하여 서울을 비롯한 전국 각지에서 부흥집회를 개최하였고, 국내의 여러 인사들도 성회를 인도하여 좋은 성과를 내었다. 1년여 동안 진행된 복음화운동은 가시적인 성과가 여러 분야에서 나타났다.

그 동안 동원된 강사가 400명이 넘고 동원된 인원이 100만 명을 상회하여 이제까지의 어떤 운동보다도 큰 영향력을 행사하였다. 특히 이 운동을 통하여 그 동안 여러 가지 요소로 갈렸던 교회들이 하나로 결집될 수 있었다고 하는 것은 좋은 성과였다고 평가할 수 있다. NCC가 주동이 되었기 때문에 에큐메니칼 운동의 일환이 아닌가 하고 처음에 의심의 눈초리를 보냈던 보수 교회들도 의심을 버리고 동참한 것은 신학적 논쟁에 있어서는 찬 반이 갈릴 수 있어도, 민족복음화운동에 찬 반이 있을 수 없다는 좋은 교훈을 남겨 주었다고 하는 데서 이 운동은 긍정적 평가를 받을 만하다.

2. 장로교 일치를 위한 노력

한국의 장로교회는 장자(長子)교단으로 자처하지만 그 어느 교단보다도 잦은 분열의 수치스런 역사를 지니고 있다. 그러나 분열된 교회들이 다시 하나되고자 하는 노력들이 조금씩 나타나기 시작하였다. 1972년 9월 16일 4개의 장로교회들, 대한예수교장로회 고신측, 합동측, 통합측, 그리고 기독교장로회 총회장들과 각 교단 총무들이 성서공회 회의실에 모여 기도와 간담의 모임을 통하여 대화를 가졌다. 이날 모임에서 대표들은 나라와 남북적십자회담을 위해서, 북한 선교를 위해서, 그리고 장로교회 일치를 위해서 기도했다. 또한 대표들은 서로의 대화를 위해서 우선 함께 기도할 것과 교회의 공동과제를 위한 상설기구를 두는 문제 등에 대한 의견일치를 보았다.

이로써 해방 전까지는 하나로 내려오다가 사분오열된 장로교회가 다시 하나의 장로교회로 통합하려는 의지가 서서히 표출되기 시작하였다. 네 장로교단의 대표들은 드디어 1981년에 이르러 장로교협의회를 발족하여 친교를 나누어 왔다. 1995년은 장로회 총회 창립 80주년, 그리고 조국 광복 50주년이 되는 해로 이 때를 기해 연합기념예배를 드리게 되었다. 그 동안 협회에 가입하는 교단도 합동측 비주류의 개혁측, 합정측, 호헌측, 그리고 대신(대한신학교측)이 가담하여 4개 교단에서 8개 교단으로 늘어나게 되었다.

기념예배는 1995년 9월 1일 통합측 소망교회당(곽선희 목사)에서 8개 교단 지도자들과 평신도들이 운집한 가운데 장로교회들이 수차 분열한 이래 처음으로 같이 예배를 드리고 성찬을 나누는 뜻깊은 예배를 드렸다.

그러나 갈라진 장로교회들의 숫자가 너무 많고 짙게 패인 골들이 깊어서, 모든 장로교회들이 다시 하나가 되는 지난(至難)한 작업을 성공시키기까지는 아직도 넘어야 할 산맥들이 수없이 가로놓여 있는 것이 현실이다.

3. 감리교회의 통합

1974년부터 감독선출 문제로 여러 개의 교단으로 갈렸던 대한기독교감리회 연합연회가 1978년 11월 30일부터 12월 1일까지 정동제일교회에서 열려 중부(김지길), 동부(이경제), 남부(박우희), 중앙(김재황)의 4개 연회 감독 위임식을 거행하고 감독회장에 김지길 목사를 선출하는 한편 상정된 헌법 및 규칙 제정안을 만장일치로 통과시킴으로써, 명실공히 교회가 하나되어 새로운 출발을 하였다. 4백여 총대와 많은 방청객이 지켜보는 가운데, 김창희 감독의 사회로 진행된 연회에서는 최대의 쟁점이었던 평신도 건의안에 대해서는 8인(목사 4, 장로 4)의 위원회가 합의한 3개 조항, 즉

1. 모든 위원회는 교역자와 평신도를 동수로 하는 것을 원칙으로,
2. 중직회는 기획위원회로 하고 상주 직원들의 인사문제와 당회의 공천 사무를 공천,
3. 구역회 안에 인사위원회를 두며, 위원은 구역회에서 선출한 대표로서 구성한다.

는 원안을 통과시킴으로써 이 문제를 일단락지었다.

이 원칙의 통과로 장로들의 교회행정 참여가 활발하게 될 근거를 마련한 셈이 되었고, 헌법 및 규칙 개정안이 만장일치로 통과되어 총리원이 감리회 본부로, 연회가 중앙연회로 존속하게 되었으며, 감독의 임기는 2년으로 재선할 수 없게 되었다. 또한 감독회장은 4연회 감독이 6개월씩 순번제로 하게 되었으며, 연회 총무는 감독이 선출, 임기는 2년으로 결정했다. 이로써 장기간의 감리교회의 분규는 일단락되었고 일치를 모색하기 위해 노력했던 평신도들의 노력과 기도가 결실을 맺게 되었다.

4. 미군철수 반대를 위한 연합

인권(人權)을 주요 정책으로 삼은 미국의 남부 조지아 프레인즈(Plains)의 땅콩 농장 주인이며 침례교회 집사인 지미 카터(J. Carter)가 미국 대통령으로 취임하면서 세계의 인권유린 국가들에 대해 인권존중의 정책을 강력하게 요청하였다. 한국의 박정희 군사 정부는 소위 긴급조치라는 초헌법적 악법을 발표하고 유신정부나 국가원수를 비방하는 사람들을 무자비하게 다루고 있었기 때문에 카터 행정부의 표적이 될 수밖에 없었다. 따라서 카터 행정부는 한국에 대한 압력 수단으로 미지상군 철수를 선언하게 되었다. 이 선언은 우리 민족의 운명에 직결되는 것으로서 한국교회는 이를 좌시할 수 없었다. 왜냐하면, 미군의 철수는 바로 북한의 남침으로 연결될 수 있고, 이 문제는 정치적 문제를

넘어 민족과 교회 전체의 문제였기 때문이었다.

교회는 우선 미군철수를 반대하는 운동을 벌이기로 하고 1977년 5월 22일 NCC 주최로 미군철수 반대 기도회를 새문안교회에서 각 교파가 연합하여 드리기로 하였다.

예장 통합측 교회는 동년 5월 25일 영락교회에서 약 2만 명의 교인이 운집한 가운데 교회와 민족의 생존을 위해 기도하였다. 이 예배에서 교회는 미국 대통령과 상 하원 의장에게 보내는 메시지를 채택하였다. 메시지는 38선의 설정, 6 25사변, 휴전협정이 모두 미국 정부의 일방적인 결정에 의한 것임을 상기시키면서 미국의 한국에 대한 도덕적 책임을 환기시켰다. 장로교회는 미국에 미군철수 반대 사절단을 보내 미국교회와 정계 요로에 미군철수 반대 의사를 전달하였다. 미국연합장로회 총회가 우리 교회의 요청을 받아들여 주한 미군의 철수가 재고되어야 된다는 요지의 성명서를 채택, 미국 정부에 강력하게 요청하였고, 남장로교회도 카터 행정부에 주한 미군철수 유보권고 건의문을 보내 자매교단으로서의 충정을 보여 주었다.

하나님께서 우리 민족을 사랑하셔서 결국 미 지상군 철수는 유보되었다. 그러나 여기서 우리가 되짚고 넘어가야 하는 것은 당시 우리 나라가 세계 앞에서 인권유린국가라는 낙인을 찍힌 점에 대해 교회로서도 반성의 여지가 있음을 시인해야 할 것이다.

5. 구속자를 위한 신·구교 기도회

대체로 협력관계보다는 갈등관계에 놓여 있던 신 구교(新舊敎)가 괄목할 만한 관계의 정립이 이루어지게 된 계기는 1962년부터 시작된 가톨릭교회의 제2차 바티칸 공의회에서 개신교에 대해 지금까지 열교(裂敎)라 하여 이단시하던 입장을 바꾸어 "갈라져 나간 형제들"(Separated Brethren)이라고 규정하면서부터였다. 근래 우리 나라에서 양교회는 '일치기도주간'을 맞아 1968년 1월 18일부터 25일까지 한국교회 사상 처음으로 명동성당에서 두 교회가 공동기도회를 가짐으로써 이들 두 교회 관계의 새로운 장을 열게 되었다.

박정희 군사정권은 자신들의 정권 연장과 영구 집권을 위해 1972년 비상사태를 선포하고 유신헌법이라는 것을 제정, 공포하였고, 긴급조치라는 초헌법적 악법을 만들어 국민들의 기본권을 짓밟는 일을 감행하였다. 이에 뜻있는 목사, 신부, 교수, 대학생, 재야 인사들이 항거하고 나서자, 정부는 이들에 대해 무자비한 탄압을 가했다. 신 구교의 화합은 이와 같은 고난의 현장에서 이루어졌다. 긴급조치 위반 혐의로 구속된 사람들을 위한 신 구교 연합기도회가 1974년 9월 22일 명동성당에서 있었다. 신 구교의 12개 단체가 주관한 기도회에는 1천 6백 명의 교우와 시민들이 참석한 가운데 구속자를 위한 기도를 드렸다. 신부들의 공동집전으로 시작된 예배에서는 강론에 이어 남녀 신도대표들이 구속자를 위하고 사회정의를 위해 기도하였고, '우리의 선언'과 주관 단체들의 행동 자세를 위한 결의문을 발표하였다.

주관단체들은 이번 기도회를 계기로 범교회적으로 뜻을 같이하는 젊은이들과 함께 '한국교회 사회정의구현위원회'를 발족시킨다고 선언하였다. 여기에 참가한 단체들은 한국가톨릭노동청년회, 한국기독학생회총연맹, 한국가톨릭노동장년회, 대한YWCA연합회, 한국가톨릭농민회, 대한YMCA연맹, 한국가톨릭학생총연합회, 기독교도시산업선교회, 안양 근로자회관, 경수산업선교회, 에큐메니칼 현대선교협의체, 수도권 특수지역선교회 등이었다.

신 구교가 고난받는 이들과 사회정의 구현을 위해 힘을 모을 수 있었던 것은, 같은 하나님을 믿고 같은 예수를 구주로 고백하는 신앙으로써 가능한 것이었다. 이러한 협력은 신 구교는 교리의 차이를 넘어 같이 손잡고 이 땅 위에 하나님의 정의를 위해 실현되도록 노력할 수 있다는 실증을 보여 주었다.

6. 「공동번역성경」 출판

신 구교간의 화해 분위기가 익어 가면서 두 교회간에 구체적 협력의 산물이 1977년 4월 하나 나타났다. 그것은 두 교회가 같이 사용하고 있는 성경을 공동으로 번역, 출판한 일이었다. 1968년 두 교회는 이 일에 착수하기로 합의하고 '성서공동번역위원회'를 발족시켜 그 작업에 착수하였다. 이 일은 9년 만에 완수되어 신 구약 '공동번역' 성경전서가 외경을 포함하여 총 3,430면의 방대한 단일 권으로 출간되었다. 이 일은 '세계에서 처음으로 신 구교가 공동으로 하나의 성서를 읽게 된 것'일 뿐만 아니라 우리의 교회 역사에 처음으로 출간된 공동성경이 되는 것이다. 이 번역본은 원본에 대한 신 구교 학자들 간의 견해를 여러 해 동안 조정하고 쉬운 한국말로 번역하여 중학생 정도의 청소년들과 젊은 세대들이 부담 없이 읽게 한 점이 장점으로 지적되고 있다. 외경은 신 구약성경 중간에 삽입함으로써 외경을 사용하는 가톨릭교회를 위해 배려하였다.

이 같은 신 구교간의 성경 공동번역은 하나님의 말씀으로 두 교회가 함께 협동하고 이해를 증진시키며, 앞으로 에큐메니칼 정신으로 협조한다는 좋은 선례를 남긴 획기적 사건이라고 보아야 할 것이다.

7. 「통일찬송가」 출간

그 동안 한국교회는 각 교파가 서로 다른 찬송가를 사용해 왔는데, 모든 교회가 다같이 쓸 수 있는 통일된 찬송가를 만드는 것이 바람직하다는 교계의 의견에 따라 1976년 '찬송가통일위원회'가 발족되어 이 사업을 위한 준비 작업에 들어갔다. 그 후 개편찬송가와 새 찬송가의 판권을 갖고 있는 교계의 대표들이 모여 '한국찬송가공회'를 1981년 4월, 정식으로 발족시켰다. 공회는 1982년 부활절까지 통일찬송가 출판을 목표로 작업을 서둘렀고, 음악분과위원회가 추천한 529곡을 선택, 545장으로 결정하였다.

「통일찬송가」는 한국선교 100주년을 기념하는 사업 가운데 가장 중요한 연합 사업의 일환으로 추진되다가, 드디어 8년의 각고 끝에 1983년 12월 첫선을 보였는데, 모두 558장의 찬송가와 76편의 교독문을 담고 있다. 이 찬송가의 출간으로 "한 하나님, 한 주님, 한 성령을 믿는 한국 개신교회 8백만 성도들은 한 찬송가를 한 입으로 불러 하나님을 찬송할 수 있게 되었다." 통일찬송가의 출간은 한국 개신교 사상 처음 있는 일로서 한국교회가 일치 추구를 위해 노력하는 좋은 본보기가 되었고, 앞으로 교회 연합사업의 성과를 기대할 수 있는 좋은 계기가 되었다. 분열에만 익숙해 온 우리 교회가 합심하여 하나되는 일도 감당해 나갈 수 있다는 실례가 되어 앞으로 계속해서 모든 교파들이 이와 유사한 연합 사업을 추진할 수 있다는 희망을 주었다.

8. 일본교회의 한국교회에 대한 사과

일제 35년 식민지 통치기간 동안, 아니 1895년 을미사변으로 명성황후 민비를 그 침전에서 살해하고 시체를 끌어내어 숲속에서 석유를 뿌려가며 태워 없앴던 때로부터, 일제의 우리 민족과 국가에 대한 만행은 처절하게 계속되었다. 1945년 그들이 제2차 세계대전에서 패전을 할 때까지 저지른 죄과는 수만 년을 두고 사죄하고 보상해도 다 갚지 못할 것이다. 그러나 해방된 지 20년이 지나도록 일본이나 일본교회가 한국에 지은 죄악에 대해 사죄 한 번 한 일이 없었는데, 1965년 9월 5일 일본 기독교 각파 대표자 대회가 동경에서 열렸을 때, 과거 일본 통치시대에 한국민과 한국교인들에게 범한 과오를 사과(謝過)하는 서한을 박정희 대통령과 이효상 국회의장, 그리고 한국기독교연합회에 보냈다. 이 서한의 요지는 다음과 같다.

1. 일본인이 과거 한국을 통치했을 때, 한국인과 한국인교회에 대해 범한 과오를 사과한다.
2. 일본은 새로운 평화국가로 출발하고 그를 위해 노력한다.

3. 한 일 양국 기독교의 유대강화가 한 일 양국 유대 강화의 길이라고 생각하고, 이를 위해 각 종파 교인들이 최선의 노력을 다한다.

일본교회가 이러한 사과의 일환으로 3 1운동 당시 일제의 가장 처참한 만행 중의 하나로 지적되는 수원 제암리교회 복구가 있었다. 1969년 '한국 제암리교회 소타(燒打)사건 사죄위원회'가 800만 엔을 모금하여 제암리에 새 예배당을 건축하였다.

일본교회가 일제의 식민지 통치에 협력하고 천황을 현인신(現人神)으로 인정하며 한국교회에 대해 신사참배를 하도록 강요하면서 음양으로 우리 교회에 가한 음해는 말로 다 표현할 길이 없다. 그런데 저들은 해방이 된 지 20년이 지나도록 공식적으로 단 한 번도 한국민과 교회에 저들 국가와 국민, 그리고 교회가 지은 죄과에 대해 사과한 일이 없었고, 오히려 개인들 중에는 일본이 한국을 통치해서 오늘 한국이 근대화되고 발전할 수 있는 기틀을 마련했다는 망발을 서슴지 않는 사람들이 적지 않게 있어 왔다. 그런데 이제 20년이 지난 후에 일본교회가 저들의 과거를 회상하면서, 잘못을 시인하고 사과를 한 것은 너무나 때가 늦은 감이 없지 않다. 그러나 그들이 뒤늦게나마 과거를 반성하고 진정으로 참회한다면, 우리는 그리스도 안에서 용서해야 하고, 또한 그리스도 안에서 형제로서 사랑을 나누어야 할 것이다. 그러나 우리는 그들의 과오를 "그리스도 안에서 용서는 하지만, 결코 잊을 수는 없다."

제28장
1960~1970년대의 부흥운동과 사회운동

1. 전군신자화운동

　전군신자화(全軍信者化)운동은 1970년대 초부터 시작되었다. 이 운동은 당시 1군사령관이었던 한 신(韓信) 장군이 이스라엘 군대가 막강한 전투력을 갖게 된 직접적인 동기가 바로 그들의 민족종교인 유대교의 신앙에서 나온다는 사실을 간파한 데서 비롯되었다. 그는 대한민국 군대를 신앙으로 무장하는 것이 전투력 향상에 도움이 된다고 판단하고, 1군 산하 모든 장병들이 신앙을 갖도록 지도하라고 명령하였다. 이에 발맞추어 군종감실은 이 기회가 군인들에게 복음을 전할 수 있는 좋은 기회라고 생각하고 '전군신자화운동'을 전개하게 되었다.
　전국교회는 군복음화운동을 적극 지원하기로 하고, 우선 훈련병들이 훈련에 지쳐 있을 때 영혼의 휴식을 얻을 수 있도록 논산 훈련소에 1천 5백 명을 수용할 수 있는 예배당을 건축하기 위해 모금운동을 전개하였다. 그리고 성서공회에서는 성경 46만 권을 당시 군종감 한준섭 대령에게 전달하였다. 또한 국제기드온협회에서는 3백만 예비군에게 성경을 전달하겠다고 약속하였다. 이 운동의 극대화를 위해 후원회에서는 일선 군목들에게 오토바이 150대를 지원하기도 했다.

전군신자화운동이 전개되는 과정에서 소위 '합동 세례식'이라는 새로운 형태의 세례식이 군부대에서 시행되기 시작하였다. 합동 세례식은 심지어 군목도 없는 부대에서 군종 사병에 의해 1972년 10월 28일 장교 17명, 하사관 56명, 사병 449명 등 500여 명이 합동으로 세례를 받는 일도 일어났다. 육군 제3사관학교에서는 사관 후보생 1,132명, 기간 장 사병 473명, 도합 1,605명의 합동 세례식이 1972년 11월에 거행되었고, 육군 7528부대에서는 1973년 10월 29일 3,200명에 대한 야전 합동 세례식이 거행되었다. 3천 명 이상이 한꺼번에 세례를 받는 일은 교회 사상 드문 일임에 틀림없다. 전군신자화운동이 전개되기 시작한 1970년에 8만 8천 명이었던 기독교 신자가 4년 후인 1974년에는 1917만 8천 명으로 늘어났다.

그 동안 이 운동을 위해 성서공회가 1972년 9월까지 46만 1천 권의 성경을 특별 제작하여 기증했고, 기드온협회는 매년 18만에서 25만 권의 성경을 기증했으며, 「기독공보」 7천여 부와, 「크리스챤신문」 2천여 부가 보급되었고, 「가정문서선교회」 20만 부 및 루터교 등에서 실시하는 통신강좌가 수만 부씩 지원되었다.

전군신자화운동의 일환으로 이루어진 집단 세례식으로 많은 불신 병사들이 기독교 신앙을 갖게 된 것이 사실이며, 교회성장에 좋은 밑거름이 되었다는 점은 부인할 수 없다. 그러나 군내에서 유행병처럼 번진 집단 세례식은 필연적으로 충분한 교리교육이나 기독교 신앙의 정확한 점검 없이 행해진 일이 많았으며, 어떤 곳에서는 병사들을 강제 동원하여 세례에 참석케 함으로써, 여러 가지 부작용을 낳기도 하였다. 그러나 전군신자화운동은 우리 교회성장사에는 지울 수 없는 획기적 전도 사업의 일환이었음은 부인할 수 없다.

2. 대형 전도집회

1970년대는 교회가 급속히 성장한 시기였다. 이런 발전은 교파를 초월한 대형집회들을 통해서 이루어진 한 결과라고 보아도 좋을 것이다. 1970년대 첫 대형집회는 1973년 5월 미국의 그레함(B. Graham) 목사 초청 부흥성회였다. 이 대회는 특히 초교파적인 대집회로서 여기에 동참하는 교파만 해도 구세군대한본영, 기독교대한감리회, 기독교대한성결교회, 기독교대한하나님의 성회, 기독교한국오순절교회, 대한기독교나사렛교회, 대한성공회, 대한예수교장로회(고신), 대한예수교장로회(통합), 대한예수교장로회(합동), 예수교대한감리회, 예수교대한성결교회, 한국그리스도교회, 한국기독교장로회, 한국루터교회, 한국연합오순절교회, 한국침례회연맹 등이었다.

이 대회는 본 대회가 열리기 전에 각지에서 예비 대회가 열렸는데, 이 지방 대회에 연인원 120만 명이 동원되었고, 결신자만도 16,703명이나 되었다. 본 대회는 5월 30일 저녁부터 51만 6천여 명이 운집한 가운데 6천여 명의 성가대가 "오직 소망은 그리스도"를 합창하면서 비롯된 대회에서, 그레함은 "50여 개국을 순방 집회했으나 한국의 집회는 2천년 기독교 역사상 가장 큰 역사적인 전도의 첫날이며 한국이야말로 어느 곳에서나 영적인 면에 감동을 일으키고 있다."라고 역설하면서, 이날 결신자가 2만여 명이나 되어 첫날부터 감동의 도가니로 몰아넣었다.

"5천만을 그리스도에게"라는 대회 표어 아래 첫날 집회에서 한경직 목사는 개회사를 통해 "이 역사적인 한국대회를 계기로 5천만 우리 겨레가 서로 사랑하고, 깨끗하고 아름다운 통일된 나라를 건설하게 성령의 새로운 역사가 일어나도록 하자."라고 역설하였다. 그레함 목사는 박정희 대통령도 방문하여 성경을 선물하였으며, "정신적인 강대국을 영도하는 박 대통령을 위해 기도하자."라고 제의하여 약 3분 간 한국민과 박 대통령을 위해 기도하였다. 이 대회를 통해 얻어진 결신자는 통산 3만 7천 명으로 기록되었다.

1974년 8월에는 엑스폴로 대회(성령의 제3폭발)가 한국대학생선교회(CCC) 주재로 서울 여의도 광장에서 열렸다. "예수혁명 – 성령의 제3

폭발"이라는 제목으로 세계대학생선교회 총재 빌 브라이트(Bill Bright) 박사를 위시한 국내외의 강사들이 초빙되었다. 이 대회는 세계 90여 개국으로부터 3천여 명이 참가하는 등 세계적인 전도집회로서, 다른 대회와는 달리 일과성 집회로 끝나는 것이 아니고, 전도훈련을 시켜 계속해서 전도케 하는 합숙 전도훈련을 하는 프로그램이 포함되어 있었다.

1977년 8월에는 '77민족 복음화 성회'가 여의도 광장에서 열렸다. 주최자측은 이 대회를 위해 3년간 준비를 했고, 70여회의 지구대회를 개최했으며, 사상 처음으로 1만 명이 넘는 성가대가 동원되었다. 이 집회를 계획하게 된 것은 1973년의 빌리 그레함 대회, 1974년의 엑스폴로 대회를 거치면서, 한국인에 의한 자주적인 대민족부흥집회의 필요성을 느껴, 한국 부흥사협의회를 중심으로 1907년 대부흥운동의 70주년이 되는 1977년에 대회를 개최하기로 하고 준비된 것이었다. 첫날 80만 성도들이 모이는 열성을 보였고, 밤에는 30만 성도가 남아서 철야하면서 나라와 민족을 위해 기도하였다.

1970년대의 이 같은 대규모 전도집회 결과 한국교회는 양적으로 크게 성장을 보인 것이 사실이다. 1970년대 말 한국의 종교인 통계는 한국 종교연구소의 집계에 의하면, 총인구 3천 7백만 명 중 80%인 2천 9백 18만 명이었으며, 개신교도가 701만 4천 명으로 전체 인구의 28%에 해당되고, 그 중 장로교인이 47%인 287만 명에 달한다는 통계가 나왔다.

1970년대에 이러한 대형 전도운동을 통한 한국교회 성장은 누구도 부인할 수 없다. 그러나 이러한 대형운동들에 대한 교회 안팎의 비판적 시각도 만만치 않았다. 수백만의 대중이 모여 든 것은 "오늘 한국의 기독교와 종교 및 한국을 움직이고 있는 모든 기성 제도와 질서에 대한 불평, 불만의 표시가 이러한 모임에서 나타났다는 사회학적인 문제"로 분석하는 이들도 있었고, 특히 지적된 점은 이 운동들과 집회들이 군사정권의 비호 내지는 협력에 의해 치러짐으로써 교회가 마땅히 소리내어야 하는 현시대에 대한 비판적 기능을 상실하고 있었다는 점이다.

1970년대에 교회가 급속히 성장한 이유에 대한 분석이 있어야 한다. 연세대학교의 민경배 교수는 이 이유에 대해 두 가지를 꼽고 있다. 첫째는 강력한 사회참여였고, 둘째는 복음주의적 성령운동을 통한 보수계의 수적 증가였다. 즉, 군사정권하에서 대학과 언론이 그 사명을 다하지 못하고 있을 때 교회가 분연히 일어나 과감히 군사독재 정권의 불법성을 규탄하면서 노동자, 농민 등 억압받는 계층의 대변자로서 투옥을 불사하면서 투쟁한 지식층들의 "이 용기와 통찰과 예언에 도덕적 매력을 느끼지 않을 수 없었고, 따라서 교회는 지식사회에서 조수 같은 대세로 몰리는 신앙인들을 새 구조력으로 맞이할 수가 있었다."라고 하였다.

다른 하나는 1970년대에 이루어진 경제적 성장으로 말미암아 인간의 물질생활이 윤택하게 된 것이 사실이지만, 여기에서 파생되는 필연적인 부산물은 인간을 물질만능주의로 이끌었고, 물질에서부터 얻을 수 없는 인간 영혼의 고독과 갈증을 해소시킬 수 있는 방법을 찾게 되었다. 물질의 풍요가 결코 영혼의 안식을 줄 수 없기 때문에 사람들은 종교로의 귀의라는 길을 찾게 되었고, 여기에 성령운동으로 복음화의 기치를 높게 든 교회 선교운동은 이들을 교회로 끌어들이기에 적기를 만나게 된 것이다.

그러나 교인들은 늘어나지만 그들을 양육시키고 질적 교육을 시킬 여건이 불비한 상태였다. 일찍이 이러한 점에 대해 가톨릭쪽의 비판은 신랄했다. "양보다 질이 문제다. 곧 양은 많지만 실제로 세례받은 '개신교' 신자수는 총수의 반에 불과하다."라고 지적하여, 개신교의 양적 팽창에 대한 질적 보완 미비를 비평하고 있었다. 양적 성장에 따라가지 못하는 질적 성장이 오늘 한국교회가 안고 있는 심각한 문제점 중의 하나이다.

3. 기독교 정의구현 전국성직자단 구성

박정희 군사정권이 들어선 이후 정부와 교회 간의 갈등은 날이 갈수록 심화되어 갔다. 특히 교회와 정부가 정면 대결하게 된 것은, 1965년 정부가 한 일회담을 수행하려는 데 대해 전국교회가 이를 반대하고 나선 때였다. 그 후 박정희 정권이 소위 3선을 위해 헌법을 개정하려 할 때도 교회들이 연대하여 투쟁을 벌였다. 박정희 정권은 자신들의 영구 집권을 위해 유신헌법을 공포하고, 긴급조치라는 초헌법적 악법을 만들어 이에 저항하는 시민, 대학생, 교수, 성직자 등 양심 세력들을 무차별 구속, 투옥시키기 시작하였다. 장로교 합동측 교단은 1969년 제59회 총회시에 박정희 군사정권의 유신헌법을 지지한다는 결의를 하고 지지성명을 내는 추태를 부리기도 했지만, 대다수의 교회와 교인들은 심정적으로 이에 대해 분개하고 있었다. 이에 따라 교회는 이러한 불법적 작태에 대해 침묵만 할 수 없었으므로 힘을 모아 대처하지 않을 수 없었다.

개신교 8개 교단 321명으로 구성된 '기독교정의구현전국성직자단'이 1975년 3월 20일 서울 장로회 연동교회에서 전국 성직자 120여 명이 모인 가운데 그 발단식을 가졌다. 성직자단은 대표위원으로 연동교회의 김형태 목사, 고문으로 강신명, 강원룡, 김관석 목사 등 5명을 추대하고 사무국장에 조승혁 목사를 각각 선임했다.

이들은 성명을 통해 "오늘의 권력 집단은 그 막강한 물리적 힘과 현대적 대중 조작의 기술을 총동원하여 사회의 양심세력을 탄압하고, 정권유지 획책 및 소수 특권층과 특혜 자본가의 이익을 위해 악용하고 있다."라고 지적하면서 불법, 불신, 포악으로 불의 심판을 받은 소돔과 고모라가 되는 것을 막기 위하여 소리 높여 최대의 복음을 선포한다고 하였다.

또한 오늘의 불의하고 타락한 현실은 교회가 그 예언자적인 사명을 다하지 못한 데 그 원인이 있다고 전제하고, 억압당하고 있는 서민대중과 농민과 노동자의 친구로서 그들의 권익 옹호를 위해 함께 투쟁의 대열에 참여할 것임을 분명히 했다. 아울러 모든 악법의 근원인 유신헌법의 철폐를 위하여 모든 양심세력과 힘을 합해 싸우겠다고 하였고, 성직자는 결코 위정자의 적이 아니며, 그들이 권력을 바로 사용하도록 권고하고, 위하여 기도하는 다윗 왕에 대한 선지자 나단의 입장이라고 했다. 또한 위정자가 충고를 무시하고 약자를 억압, 수탈하는 폭거를 뉘우치지 않을 때에는 재야의 모든 양심세력과 함께 투쟁을 전개할 수밖에 없다고 주장하였다.

이 성직자단에 속한 목회자들은 예장 통합측의 80여 명을 비롯하여 감리교, 기장, 성공회, 복음교회, 구세군, 성결교회, 루터교회 목사 등 352명으로 구성되어 있었다. 불의가 판을 칠 때 외로운 광야의 소리와 같이 이 사회에 정의실현을 위해 일어선 성직자들이 있어서 그 시대의 어둠을 한쪽 구석에서 밝히고 있었다.

4. 장로교(통합측) 교단측의 대정부 입장 천명

산업선교와 유신헌법 철폐를 위해 투쟁하다가 투옥된 인사들을 위한 기도회와 가족돕기 운동을 펼치는 가운데, 예장 통합측 총회는 교단 소속 인명진, 고영근 목사 석방을 위한 총회 주최 기도회를 1978년 7월 25일 연동예배당에서 총회임원, 교회연합회, 사회문제대책위원 총회 산하 30개 노회장, 총회 산하 각 기관장 등 200여 명이 모인 가운데 개최하였다. 여기서 총회는 아래와 같은 요지의 성명서를 채택하여 그 입장을 천명하였다.

1. 오늘 우리 교회가 처하고 있는 이 나라의 상황은 국민의 총화를 전제로 한 중대한 시국에 접어들었다.…… 교회와 국가는 대한민국 헌법이 보장한 국가와 교회의 분리 원칙에 기초하여 각자의 안보를 유지하고 신장시키기 위해 서로 존중하고 협력해야 할 시대적 필요성에 민감해져야 할 것이다.
2. 소속 교단 성직자에 대한 법적 제재에 있어서는 불구속으로 재판을 받게 하고, 해 교단의 책임 있는 자율적인 규제를 받도록 하는 것이

　　　　……총화풍토 조성의 첩경임을 깨달아야 할 것이다.
 3. 성경말씀을 대통령 긴급조치 위반으로 기소하는 등의 신성모독죄를 범하는 것과 …… 기독교 선교의 활동 범위를 어떤 정치적 이기주의에 의하여 임의로 한정시키려는 오류를 범하기 쉽다는 사실을 관계 당국은 각성해야 할 것이다.
 4. 작금에 야기되고 있는 도시산업선교에 대한 피차의 오해와 충돌을 해소하고 예방하기 위해 교회와 국가 사이에 교차적인 협의기구를 설정하여 인권의 안보와 국가의 안보가 조화를 이루고 사회정의와 경제정의가 일치할 수 있도록 서로가 충분한, 그리고 진실한 협의를 해야 할 긴박성을 느껴야 할 것이다.

성명서는 8·15광복절을 기하여 모든 수감되어 있는 성직자와 양심수들의 일대 석방을 요구하는 것으로 끝맺었는데, 한국의 장자교단으로서 정부에 대한 교단의 입장을 분명히 하였다.

5. 기독교교회협의회(NCC) 선교자유 수호를 위한 결의

한국 기독교교회협의회 6개 교단의 노회장급 교회지도자전국대회가 1975년 5월 8일 크리스천 아카데미하우스에서 모였다. 여기서 지도자들은 "긴박한 현 시국에서 전국교회의 단결된 선교 과제 수행과 그 자유수호를 위해 최선을 다할 것"을 다짐하고, 선교비 사건으로 구속된 교역자들의 석방도 당국에 요구하기로 하였다.

교회가 종교자유와 선교사역에 중대한 침해를 받을 때 정부를 향해 목소리를 모을 수 있었던 것은 한국교회가 사회문제에 등돌리지 않았다는 의미가 되었고, 침묵으로 묵종만 하지 않음을 보여 주는 한 증좌(證左)가 되었다.

한국교회의 여성운동과 선교 100주년 기념

1. 한국 여성운동의 태동

한국 여성들은 전통적으로 유교의 가부장적 사회 문화 속에서 지내오면서 억압과 차별을 받으며 살아왔다. 그러나 교회를 통해 여성의 인권이 신장되고 그 사회적 지위가 두드러지게 향상된 것이 사실이다. 그러나 이론적으로는 그렇지만 실제로 그 차별은 아직도 도처에 산재해 있는 것 또한 사실이다.

한국에서 여성의 차별이 가장 심한 곳은 직장이다. 이러한 전통에 저항하는 운동이 처음으로 동일방직(東一紡織)에서 터져 나왔다. 이 회사에 노동조합이 결성된 것은 1946년인데, 1960년대에 이 회사의 종업원 중 여성 근로자는 1,300명이고 남성 근로자는 불과 200명밖에 안 되었지만, 노조 간부는 항상 남성들이 독차지하였다. 그런데 1972년 이 회사 노조 사상 처음으로 여성이 지부장이 되는 이변이 일어났다. 그렇게 된 직접적인 동기는 조화순 목사가 1966년부터 이 회사에서 산업선교활동을 하기 시작한 데 근거한다. 조 목사는 여자 직공들을 데리고 소그룹활동과 성경공부를 시키면서 근로자들의 의식에 전환을 가져오게 했던 것이다.

또한 박정희 군사정권에 종지부를 찍게 한 시발이 되는 사건도 역시 여성 근로자들이 주축이 된 'YH노동조합사건'이었다. 이 사건은 1979년 YH에 근무하던 여성 근로자들이 당시 야당인 신민당사에서 농성을 한 사건으로, 한국노동운동사에 기록될 만한 중대한 사건으로서 파업을 주도한 지부장 최영순, 부지부장 이순주, 사무장 박태연이 모두 기독교인들이었고, 산업선교에서 훈련받은 사람들이었다는 데에서 한국여성노동운동의 새로운 장이 시작되었다고 보아야 할 것이다.

1970년대부터 불기 시작한 서구에서의 여성신학의 발전은 한국교회와 사회에도 영향을 미쳐 여성들에게 역사의식과 사회참여의식을 불러 일으켰다. 이에 대한 구체적 모습은 1976년 4월에 '한국교회 여성연합회'의 발족으로 나타났다. 예장 통합, 기독교감리회, 기독교장로회, 구세군, 성공회, 루터교회 등 6개 교파가 연대하여 구성한 이 연합회는 남녀차별철폐, 미국과 일본에서의 민족 차별에 대한 항의에서부터 시작하여 핵무기, 환경문제까지 다양한 분야에서 목소리를 높이기 시작하였다.

또한 YWCA에서도 가족법 개정, 소비자 보호, 근로여성 복지문제, 주부클럽, 어머니 교실 등을 통하여 여성 복지와 인권 향상에 괄목할 만한 일을 계속하고 있다. 이러한 일련의 여성운동은 한국교회의 여성운동을 가속화시키는 계기가 되었다.

2. 한국 여신학자협의회

기독교가 처음부터 남성 위주의 종교로 그 역사를 이어 오고 있는 현실을 직시하고 여성들이 신학의 보조나 부속 정도로 인식되는 것을 불식시키며, 여성의 위치를 신학적으로 확립하고 앞장 서서 계도해 나간다는 기치 아래 1979년 1월 한국교회여성연합회 주최로 한국 여신학자

모임이 있었다. 여기에서 한국 여신학자협의회를 창립하기로 하고, 1980년 4월 기독교회관 대강당에서 창립총회를 갖고 박순경 교수(이화여대)를 초대 회장으로 선출하면서 그 첫 발을 내디뎠다. 이 협의회의 목적은 한국의 "모든 여신학자들이 하나가 되어 자질을 향상시키고 여성 신학을 수립함으로써 교회선교에 이바지함과 동시에 평화와 정의의 사회를 이 땅 위에 건설함을 목적으로 한다."라고 천명하였다.

회원은 신학과정을 이수한 사람과 현역 여교역자를 원칙으로 하고 있다. 조직은 공동대표단과 기획, 교육, 신학, 목회, 홍보출판, 섭외, 사회, 재정위원회 등 8개 위원회로 구성되어 있어서 각 분야의 일을 다양하게 수행하고 있다.

동협의회는 교회의 여성이 교회의 문제, 사회의 문제를 어떻게 직시하고 극복해 나갈 것인지, 새로운 미래를 어떻게 창출할 것인지를 연구하고, 교회여성이 자유와 사랑과 평화가 지배하는 미래의 새로운 인류 공동체를 형성하기 위해 정진한다고 하였다. 이로써 남성위주의 교회운영과 신학 독점을 창조질서 회복의 차원에서 남녀가 공유하고, 동반자로서 서로 힘을 모아 선교와 봉사에 임할 것을 촉구하는 전기를 마련하였다.

3. 여성안수의 실현

"성직은 남성들만의 것인가? 여성은 성직에 임할 수 없는가? 여성은 장로안수도 불가능한 것인가?"라는 문제는 오랜 세월 동안 교회 안의 첨예한 논란의 대상 중 하나였다. 가톨릭교회에서는 물론 여성의 성직 임명을 엄격히 거부하고 있다. 그러나 개신교회는 각 교파에 따라 다른 입장을 갖고 있다. 미국의 경우, 컴버런드(Cumberland) 장로교회가 이미 1889년에 장로교 역사상 처음으로 여성안수를 실현하였고, 북장로교회는 1950년대에, 남장로교회는 1960년대에 여성에게 안수하여 목사직을 허락하였다.

그러나 한국은 미국과 그 문화적 상황이 달라 여성에 대한 차별문화가 오래 유지되어 왔으므로 여성의 안수는 성경적, 신학적 문제로 끝나는 것이 아니고, 문화의 문제라는 또 다른 요인이 크게 작용하고 있다. 그러나 국내에서도 감리교회는 이미 1930년대에 여장로 제도를 두었고, 기독교장로회, 순복음교회, 오순절, 성결교회 등의 교회가 이를 허용하고 있으며, 성공회도 1988년 7월에 모인 세계 성공회 주교회의에서 여성에게도 사제직을 부여할 수 있다고 결의하였다.

  한국 개신교 최대 교단인 장로회 총회에 여성안수 문제가 처음으로 대두된 것은 1933년 제22회 총회가 평북 선천에서 모였을 때 함남노회 여전도회연합회가 함남노회를 통해 여장로 제도를 허락해 달라는 청원을 했으나, 총회는 이를 기각해 버리고 말았다. 당시 함북 성진교회 김춘배 목사의 여권문제에 대한 「기독신보」 기사가 총회적인 문제가 되어 연구위원이 나와 연구한 결과 여성안수를 인정하는 자는 장로회 목사가 될 자격이 없다고 결정한 일이 있었다. 따라서 1930년대에는 여성안수 문제가 전혀 고려의 대상이 될 수 없는 분위기였다.

  그런데 이 문제는 1953년 총회시에 다시 거론되었다. 당시 여전도회 전국연합회는 총회 헌법개정을 하던 때에 발맞추어 여장로 직제를 신설해 달라는 청원을 했다. 그러나 총회는 이런 제안을 거절하고 대신 권사(勸事)제도를 설치하기로 결의하였다.

  장로회가 통합, 합동 총회로 분열된 후 여성안수 문제가 보수적인 합동총회에서는 거론조차 될 수 없었지만, 대체로 온건한 통합측에서는 계속 이 문제가 총회에 상정되었고, 총회는 연구위원을 내어 연구케 하였다. 한국여신학자협의회는 세미나를 개최하고 통합측 총회가 여성안수를 허락할 수 있도록 요청하고, 교회 내에서 여성을 차별하는 법 조항을 개정해 줄 것을 촉구하는 성명서를 발표하기도 하였다. 통합측 전국여교역자회도 여성안수 문제를 시급한 문제로 다루면서, 이의 실현을 위해 힘을 모으고 그들의 입장을 밝히는 성명서를 발표하였다.

  이러한 일련의 여성안수 실현을 위한 노력들이 드디어 결실을 가져오게 되었다. 1994년 장로회(통합측) 총회는 여성안수 건을 압도적 다수로 통과시켜 이 일을 위해 수고한 이들에게 승리를 안겨 주었다. 총회의 결의안이 각 노회에 수의된 결과, 이 또한 압도적 다수로 통과되어 장로교 100년의 역사에서 여성안수가 실현되었다. 그러나 아직도 여성안수를 거부하는 교회들이 다시 이 일을 이루기까지 얼마를 더 기다려야 하는지는 아무도 알 수 없는 일이다.

4. 한국교회 선교 100주년 기념

한국에 선교사가 처음 들어온 것은 1884년 미국 북장로회 선교사 호레이스 알렌(Horace Allen)의 입국이었다. 따라서 한국교회 선교의 시점을 이 해로 잡으면 선교 100주년은 1984년이 되는 셈이다. 물론 1884년을 선교의 기점으로 잡는 데에 대해 이론이 없는 것은 아니었지만, 대체로 한국교회 여러 교파가 이에 동조함으로써 1984년을 선교 100주년으로 합의하고 한국의 제 교회가 연합으로 이 행사를 성대하게 치르기로 결의하였다.

1980년 12월 한국기독교교회협의회(NCC) 주선으로 한국 기독교 100주년 기념사업협의회 발기위원회가 조직되었다. 이듬해인 1981년 9월 동협의회가 창립되어 국내 20개 개신교 교단과 25개 기독교 기관이 공식적으로 참여하였는데, 주요 사업으로는,

1. 한국 기독교 100주년 기념 선교대회를 1984년 8월 15일부터 19일까지 서울 여의도 광장에서 거행,
2. 기념센터 건립,
3. 기념대회, 순교자 추모예배, 종합예술축전, 연구 및 강연회, 교육대회,
4. 사랑의 실천운동,
5. 기념 교회당 건립

등을 결정하였다.

　개신교 선교 100주년 기념행사는 1884년 8월 15일 전야 집회를 시작으로 그 역사적 막이 올랐다. 첫째 날은 '화해와 일치의 밤,' 둘째 날은 '교회성장과 갱신의 밤,' 셋째 날은 '민족통일과 평화의 밤,' 넷째 날인 마지막 날은 연합예배로 빌리 그레함 목사가 특별설교를 하였다. 연인원 350만이 동원되었고 기념사업의 일환으로 벌인 헌혈운동에도 4천 명이 참여하였다. 대회를 치르고 난 후 여러 가지 부정적 평가도 없지 않았으나, 처음으로 한국의 개신교 전교단이 합심하여 이 뜻깊은 행사를 치른 것만으로도 긍정적 평가를 받을 만했다.

5. 언더우드 내한 100주년 기념 연합예배

　호레이스 언더우드가 최초의 개신교 성직자로서 이 땅을 처음 밟은 것은 1885년 4월 5일 부활주일이었다. 대한예수교장로회 통합, 합동, 고신, 대신, 그리고 기독교장로회 등 언더우드 선교를 뿌리로 하는 5개 장로교단으로 구성된 장로교협의회는, 그가 이 땅에 온 100년을 기념하는 예배를 1985년 4월 5일 한국장로교회의 어머니 교회인 새문안교회에서 드리기로 합의하였다.

　이 예배에는 언더우드의 손자 원일한(H. G. Underwood)과 기타 그의 가족들 30여 명이 자리를 함께하여 소개되었고, 그들에게 한국선교에 헌신한 것을 치하하는 감사패를 주었다.

　한국교회의 개신교 선교 100주년 사업은 1985년 10월 14, 15일에 순교자 기념예배와 기념대회를 거행함으로써 사실상 마무리되었다. 4년 동안 100주년 기념사업과 행사들이 줄을 이었는데, 이 일을 추진하면서 교회들이 서로 협동하고 일치를 추구하는 데 노력을 경주한 것은 긍정적으로 평가받을 만하였다. 그러나 행사들이 지나치게 평면적이고 외형적인 사업 중심으로 이루어졌고, 행사가 끝나고 나서 과연 100주년을 지내면서 한국교회가 무엇을 남겼는가 돌이켜보면 요란한 소리는 많았지만 정작 알찬 수확은 별로 없지 않았느냐 하는 비판의 소리가 적지 않았다. 특히 선교 2세기를 향하는 한국교회가 나아가야 할 방향 설정이 미흡한 것은 교회가 시급히 해결해야 할 문제점이라고 지적해야 할 것이다.

6. 교황 요한 바오로 2세의 방한

개신교가 선교 100주년을 맞아 한창 그 기념사업에 분주해 하고 있을 때, 선교 200주년을 맞는 한국 가톨릭교회도 가장 뜻깊은 행사를 갖게 되었다. 그것은 교황 요한 바오로 2세(John Paul Ⅱ)가 교황으로서는 한국 가톨릭 역사상 처음으로 우리 나라를 방문한 것이다. 그는 1984년 5월 3일, 5일 간의 일정으로 한국 땅을 밟았다. 그는 3일 오후 김포공항에 도착, 전두환 대통령과 천주교 주교단의 영접을 받으며 한국에 첫발을 내디뎠다. 그가 이 땅에 발을 디딘 것은 한국 가톨릭교회가 과거 200년 동안 이 땅에서 그 선교의 기틀을 만들기 위해 이름 없이 죽어 간 수많은 순교자들을 생각하면 그들에게는 참으로 뜻깊은 일이 아닐 수 없다. 그가 한국에 머무르는 동안 들려준 강론과 말씀은 한국민들에게 깊은 감동을 주었고, 103위 성인의 시성식을 집전함으로써 한국 천주교 200주년 기념을 더욱 뜻깊게 하였다.

또한 그는 광주에 내려가서 그 곳의 아픈 상처를 달랬고, 소록도 나병 환자촌을 방문하였으며, 노동자, 농어민을 만났으며, 교황청 대사관에서 타종교 지도자들을 만났고, 개신교 지도자들과도 따로 만나 그리스도 안에서 형제된 사실을 확인하였다. 그러나 그의 방한은 가톨릭교회가 전통적으로 그랬던 것같이 정치적 냄새를 짙게 풍겨 만만치 않은 비판도 제기되었다. 그러나 일부의 부정적인 면에도 불구하고, 그의 방한은 한국 가톨릭교회 역사에 기록하고 길이 기억할 만한 거사 중 하나였음에 틀림없다.

7. 정의 평화 창조질서의 보전대회

세계교회협의회(WCC)가 주최하는 '정의 평화 창조질서의 보전(JPIC)대회'가 1990년 3월 5일 서울의 잠실 역도경기장에서 개막되었다. 8일간 계속된 이 대회에서는 현재 인류가 안고 있는 위기상황을 진단하고 이를 극복하기 위한 방안을 기독교적 입장에서 전세계 그리스도인들이 어떻게 대처하며 신앙적으로 해결할 방도를 토의하였다.

이 대회에는 미수교국 20여 개 나라 대표 140명을 포함해 124개국으로부터 1천여 명의 대표들이 참석해서 다양한 강좌와 토의를 벌이는 국제대회로 진행되었다. 여기서 다루어진 중요문제들은 세계경제 체재의 모색, 세계질서 재편과 제3세계 문제, 소수민족문제와 관련한 새로운 국제정치 구조의 형성문제, 인종문제에 대한 국제적 관심의 고양, 환경문제에 대한 국제적 관심 등이었다.

첫날 개막식에서 WCC 부회장인 월터 마클루(Walter P. Makhulu) 주교는 개회사를 통해 "우리가 분단국 한국에서 모인 것은 한국 기독교인들의 평화통일 노력에 동참하기 위한 것"이라고 전제하고, "분단 극복을 위해 세계교회가 공동노력으로 그 해결책을 모색해야 한다."라고 강조했다.

대회의 폐막 메시지에서 불의, 전쟁, 창조질서의 파괴에 의해 지구상의 모든 생명이 위협받고 있다며 정의, 평화, 창조질서의 보전을 위해 세계교회가 결속하여 예수님이 오신 세상으로 과감히 나아가야 한다고 다짐하였다. 정의, 평화, 창조질서의 보전을 위해, 정의로운 경제질서를 위해서, 그리고 외채의 굴레로부터의 해방을 위해서, 모든 국민과 민족의 참된 안전보장을 위해서, 비폭력 문화를 위해서, 지구의 환경을 보존하고 창조질서의 보전과 아울러 조화 있게 살 수 있는 문화를 만들기 위해 노력할 것을 결의하였다.

이 대회에서 한국교회는 참석한 모든 회원들에게 한반도의 분단극복이 인류 평화와 직결된다는 사실을 인식시키고 한민족의 자주적인 통일에 적극적인 지지와 협조를 요청하여 긍정적인 반응을 얻어 냈다. 또한 이번 대회의 의의는 개신교는 물론 가톨릭까지, 그리고 개신교 내의 보수적인 교회들이 한자리에 앉아 인류의 과제를 숙의했다는 점이다. 비록 문제의 접근이나 이해에는 여전히 많은 차이가 있었지만, 당면한 인류의 문제를 같이 숙의하고 대안 모색을 했다는 점에서 의의를 찾을 수 있을 것이다.

여기서 다루어진 문제는 비단 기독교 세계 뿐만 아니라 전세계의 모든 종교와 국가들이 같이 고민하고 해결해야 되는 인류의 과제이기에 어느 국가나 종족, 또는 한 종교의 문제가 아니고 전인류의 문제라는 점에서 모든 문제가 해결될 때까지 지속적으로 안고 씨름해야 하는 문제라 할 수 있다. 하나님이 창조하신 세상, 그리고 우리와 후손들이 살아야 하는 이 세상은 반드시 창조의 질서를 회복하고 인류공동의 번영과 행복 추구를 위해 노력해야 할 것이다. WCC 총무 에밀리오 까스트로(Emilio Castro)가 이 대회에서 밝혔듯이 "한국은 정의 평화 창조질서의 보전에 관해 총체적 과제를 안고 있는 소우주"라는 표현은 한국의 현실을 직시한 언급이라 여겨진다. 따라서 한국교회의 사명은 크며, 하나님의 특별하신 은총이 더욱 기대되는 시점이기도 하다.

제30장
새로운 세기를 향하여 – 통일을 위한 전진

1. 남북교회 교류의 시작

　해방 이후에 강대국들에 의해 일방적으로 설정된 38선, 6·25사변 이후에 역시 우리의 뜻과 다르게 그어진 휴전선으로 남북은 국토와 민족이 갈리었다. 이데올로기의 차이는 민족이라는 같은 핏줄기 역시 갈라 놓았다. 남·북이 통일을 해야 된다는 소리는 높아도 어떻게 통일해야 하느냐 하는 문제가 제기되면 백인 백색의 이론이 나올 수밖에 없다. 그러나 남북의 교회는(만일 북에도 진정한 교회가 있다면) 한 하나님을 믿고 예수를 우리들의 구주로 고백하는 것으로서 공통분모를 찾을 수 있다. 따라서 사회의 어느 집단보다도 쉽게 남북이 접근할 수 있는 통로가 될 수 있을 것이다.

　해방 직후 북한에는 김일성 공산당 정부가 들어서면서, 소위 '조선기독교도연맹'이라는 공산당 어용 단체가 생겨나 합법적인 우리 교회기구였던 '5도 연합회'를 와해시키고, 이에 속한 목사, 장로 및 교인들을 탄압한 사실은 이미 살펴본 바 있다. 후에 김일성의 교회박멸 정책에 따라 연맹에 가입한 목사들도 모두 유배, 처형시켜 버림으로써 이북에 교회가 없다는 사실은 여러 통로를 통해 확인된 바 있다.

이렇게 오랫동안 남북이 갈리어 서로 왕래는 말할 것도 없고 서신 거래조차 없다가 1972년, 갈라진 지 30여 년 만에 처음으로 평양과 서울에서 남북적십자 회담이 열린 역사적 사건이 있었다. 그러나 이 일은 일과성에 그쳐 버렸고, 그 후에 한동안 남북교류는 중단된 상태에 놓여 있었다. 그런데 갑자기 일찍이 없어졌던 소위 '조선기독교도연맹'이라는 단체의 이름으로 1974년 2월 5일 평양 방송을 통해 성명서가 나오게 됨으로써 한국교회는 이에 민감하게 반응하였다. 이 때만 해도 남한 교회의 북에 대한 불신은 매우 큰 상태였다. 따라서 남북한 교회의 교류라는 것을 점치기는 어려웠다. 그러나 시간이 지나면서 점점 남북교류의 기운이 감돌기 시작하였다.

1985년에 이르러 남과 북의 대화 창구가 서서히 다시 열리기 시작하였는데, 남북한 정부가 서로 대화를 나눌 것을 제의하고 이의 실현을 위해 남북한 고위 대표들이 서울과 평양을 상호 방문하자고 하는 의견에 합의하였다. 이에 따라 우리 교회도 남북문제에 대한 태도와 목소리를 같이하는 것이 좋겠다는 의견에 따라 '한국교회 남북문제대책협의회'를 범교단적으로 발족하게 되었다. 1985년 1월, 예장 통합측 등 12개 교단장과 주요인사 12명 등 모두 24명이 모여 남북대화 과정에서 제기될 종교문제에 한국교회의 의견과 행동을 통일하자는 데 뜻을 같이하고, 한경직 목사를 명예회장으로, 예장 통합측 총회장 박종열 목사를 대표회장으로 하는 임원회를 구성하였다.

이 협의회에는 예장 통합, 합동, 기장, 침례, 루터교회, 복음교회, 예수교 감리회, 나사렛교회 등의 교단이 참가하였고, 기타 각 교단의 원로들이 모두 참가하여 "남북 평화통일을 지향하여 남북간에 대화를 진행함 …… 기독교가 하나의 창구를 가지고 대처함"을 목적으로 하였다. 한국교회가 앞으로 남북통일을 대비해 일치된 노력을 경주하자는 것은 긍정적 평가를 받을 만하다. 그러나 보다 폭넓은 기구가 되기 위해서는 보다 많은 교단들이 가입할 수 있도록 문호를 개방하고 의견수렴에 중지를 모아야 한다는 소리도 들려왔다.

2. 평화통일 논의의 시작

반세기 가량 남과 북으로 갈려 갈등을 겪고 있는 우리 민족과 국가의 평화통일에 대한 논의가 1980년대에 들어와서 서서히 일기 시작하였다. 이 일이 처음 시작된 것은 1981년 4월에 있었던 '한 독교회협의회'에서 NCC 안에 '통일문제연구위원회'를 두기로 한 데서 비롯되었다. 이에 따라 1983년에 모인 한 미 교회협의회에서는 미국도 한반도 분단의 책임이 있음을 확인하였다. 이러한 논의는 1984년 일본 도잔소(東山莊)에서 '동북아 평화에 관한 세계기독교협의회'에서 구체화되었다. 이 협의회에서 한국(남한)과 미국, 일본을 비롯한 여러 나라의 기독교인들이 모여 동북아시아의 평화, 특히 한반도의 평화와 통일을 위해 교회가 기여할 수 있는 방안이 심도 있게 논의되었다. 이 회의에는 처음에 북한측에서도 참가하려 했으나 실현되지 못하고 축전만 보내 왔다.

이러한 노력은 구체적인 결실을 가져 왔는데, 그것은 1986년 9월에 WCC국제위원회가 주관하는 '제1차 남북 기독자회의'가 스위스 글리온(Glion)에서 개최된 것이다. 남북한 대표 11명이 참석한 이 회의는 실로 남북이 갈라진 지 반세기 만에 양쪽 교회 대표들이 상면한 역사적 모임이었다. 여기에서 구체적인 합의가 이루어진 것은 없었으나, 남북 교회 지도자들이 함께 모여 예배드리고 성만찬을 할 수 있었다는 것만으로도 충분한 의의가 있었다.

그 후 1988년 4월 인천에서 '한반도 평화통일을 위한 기독교 세계대회'('세계기독교한반도평화협의회'라고도 부른다.)가 세계 각국에서 온 300여 명의 남녀 성직자, 평신도들이 모인 가운데 개최되었다. 이 회의에서는 NCC가 견지해 온 기존 입장을 재확인하였고, 세계의 교회들이 협력하여 한반도의 평화 정착과 통일을 위해 노력하고 기도한다는 데 의견의 일치를 보았다. 이에 대해 기독교장로회나 기독교 대한복음교회에서는 적극 지지하고 나섰지만, 예장 통합측에서는 자체 안에서 의견이 엇갈려 통일된 견해가 나오지 못하고 갈등을 노정시켰다.

이 인천회의는 외부로부터의 협력보다는 남북이 직접 교류하자는 쪽으로 방향이 설정되면서 남북 만남의 제의가 연이어졌다. 때를 맞추어 정부에서도 '7 7선언'을 발표하여 남북 당사자들의 모임을 제의하였으므로 분위기는 익어 갔다. 복음교회가 남북한 공동 성탄예배를 제안하였고, 전국목회자정의평화실천협의회도 남북한 공동 추석예배를 제안하였다. 심지어 보수계열의 한국교회청년협의회에서도 남북공동신앙 대성회를 갖자고 제안하였다. 그러나 이런 제의는 북쪽에서 구체적 대응을 하지 않음으로써 실현되지 못하였다. 따라서 이런 문제는 고도의 정치성이 수반되는 문제로서 교회의 의지나 제안으로 이루어지는 것은 아니고, 결국 여러 요인들이 복합적으로 성숙될 때만이 가능하다고 하는 사실을 다시 한번 일깨워 주었다.

3. 평양에 첫 예배당 건립 - 봉수교회

1987년 6월 미국 교회협의회(NCC-USA) 대표단 10명이 북한의 기독교연맹 평화통일위원회라는 단체의 초청으로 평양, 개성 등지를 방문하고 한국에 와서 보고회를 가질 때만 해도 북한의 어느 곳에도 교회당이 있는 것을 보지 못했고 다만 가정교회(Home Church)를 방문했다고 보고하였다.

그런데 한국 종교사회연구소(소장 윤이흠 서울대교수)가 창립을 기념하여 가진 '한국 종교문제 대토론회'라는 발표에서 고태우(高太宇) 외국어대 강사는 '북한 종교상황연구'에서 1980년대에 북한은 종교정책에 변화를 가져오고 있는데,

   1. 북한을 방문하는 해외 기독교인들에게 자체 출판했다는 찬송가와 성

경(1983년 출판)을 선물하거나 중공의 가정교회를 모방한 북한판 가정교회를 공개하고,
2. 방치해 두었던 불교 사찰의 일부를 1970년대 말부터 복원하여 서방측 기자들이나 불교계 인사들에게 공개하면서 불교의 실재를 보이려고 노력하고 있으며,
3. 해외 종교계 인사들과 활발한 접촉 및 방북 초청 등의 변화를 보이고 있다고 말하였다.

그런데 WCC 직원 자격으로 북한을 방문하고 돌아온 박경서 목사가 평양의 봉수동에 해방 이후 최초로 예배당이 건축중이라는 놀라운 소식을 전해 주었다. 뿐만 아니라 남한교회가 WCC를 통하여 교회의 집기를 보내 준다면 받을 용의가 있다는 소식도 알려 주었다. 이러한 사실은 1988년 북한을 방문하고 돌아온 재미목사 홍동근(洪東根)에 의해 확인되었다. 그는 평양시 만경대 구역 봉수동에 300명 수용의 붉은 석조 건물의 봉수교회가 신축중에 있고, 10월 말에 헌당예배를 드릴 예정이라는 보고를 하였다.

뿐만 아니라 성당도 지어졌는데, 동평양 선교리 구역 장충동에 200명 수용의 건물이 지어졌다고 하였다. 그 후 봉수교회는 완공이 되었고, 북한을 방문한 재미교포들 중에 이 교회에서 북한 교인들과 함께 예배를 드리고 오는 사람들이 늘어갔다.

이들 예배당과 성당이 어떤 성격의 것인지 미루어 짐작을 할 수 있으나 어떻든지 북한에 예배당과 성당이 서고, 교회가 존재한다고 하는 것은 반가운 일임에 틀림없다.

4. 남북교회 대표 회동 – 스위스 글리온에서

세계교회협의회(WCC) 국제위원회가 주관하는 남북한 지도자 회의가 1986년 9월 스위스 글리온(Glion)에서 남북한 대표 11명이 참석한 가운데 역사적인 막을 올렸다. 여기서 남과 북으로 갈리었던 두 교회의 대

표들이 만나 상호 관심사를 토의하였고, 이해의 폭을 넓힐 수 있었다. 그러나 이 첫 회담에서 별다른 성과는 없었고, 다만 서로 만났다는 데 의의를 두고 헤어질 수밖에 없었다. 그 후 제2차 회의 역시 글리온에서 WCC의 주선으로 1988년 11월 23일부터 25일까지 비공개로 진행되었다. 남한에서는 대한 성공회의 김성수 주교(KNCC 회장), 조용술 목사, 구세군의 김석태 사령관, 이효재 교수(이화여대), 강문규(YMCA 이사장) 씨 등 11명이 참석하였고, 북한측에서는 고기준(조선기독교도 연맹회장), 김운봉(연맹 평양지부 부위원장), 이송봉 목사, 김남혁(연맹 지도위원), 김혜숙(통역) 등 7명의 대표가 참석하였다.

이날 고기준 목사는 세계 인류사에서 한 문화, 한 말, 한 피를 가진 민족으로서 분단된 상태로 서로 만나지 못하고 함께 예배드리지 못하는 민족은 우리뿐이라고 하면서,

> 이역만리 남의 나라 땅에서나마 같이 하나님께 예배드리고 있다고 생각하니 마음속에 생각나는 게 많다. 후손들한테는 조국의 분단된 상태를 넘겨 줘서는 안 되며, 그리스도 안에서 우리가 화해와 사랑을 이루어 가는 평화의 군사로서 함께 기도하고 일해 나갈 수 있기를 바란다.

라고 소감을 피력하였다.

남북교회는 자주, 평화, 민족 대단결을 통일의 3대 기본원칙으로 하고, KNCC가 채택한 '민족통일과 평화에 대한 한국기독교회 선언'을 수락하며, 1995년을 희년으로 선포하여 8 15 직전 주일을 '평화, 통일 기도주일'로 지키기로 합의하였다. 또한 두 교회는 WCC를 통하여 자료와 정보교류를 활성화하기로 합의함으로써 서로의 협력을 강화하기로 하였다.

북한에 있는 교회가 어떤 교회인지 확인할 길은 없지만, 어떻든 남과 북이 그리스도의 이름으로 함께 예배드리고 함께 통일을 위해 기도할 수 있었던 것은 다가올 통일을 대비하기 위한 하나의 예비 단계로서 의

의가 있다고 평가할 수 있을 것이다. 그러나 이 성명서가 발표되고 나서 한국의 교회는 NCC 가맹 교단에서 뿐만 아니라, 비가맹 교단을 중심으로 강력한 이의가 제기되었다. 특히, 합의문 중에 미군의 철수와 같은 민족의 생존권에 관한 민감한 문제에 대해서 강력한 반대의사가 표출되면서, NCC가 결코 한국 개신교의 대표일 수 없으며, 이는 일부 진보적 인사들의 의견에 불과하다는 성명서를 보수측 교단들이 주축이 되어 발표하였다. 따라서 이 합의문에 대한 논란이 한동안 계속될 수밖에 없었다.

제3차 회의는 1990년 12월 역시 글리온에서 열렸으며, 1986년 7월 27일 WCC 제6차 총회가 폐막될 때 '한반도의 평화와 통일'이라는 정책 성명을 채택하였고, 1989년 8월 26일 모였던 세계개혁교회연맹(WARC) 제22차 총회에서도 '한반도의 통일과 화해'라는 성명서를 채택하여, 한반도 통일문제는 세계교회의 공통된 관심의 대상이 되었다. 1991년 2월, 호주 캔버라에서 모인 WCC 제7차 총회에는 조선기독교도연맹 대표 4인이 관찰자의 자격으로 참석하여 그들의 세계교회와의 유대관계를 맺기 원하는 모습을 보여 주었다.

5. 통일을 위한 범종단 협의체 구성

분단된 국토와 민족이 통일되어야 한다는 명제는 어느 특정 집단이나 종파의 문제가 아니고 모든 민족의 공통된 문제일 수밖에 없다. 이 문제를 위해 통일염원 평화 대행진이 개신교, 천주교, 불교 등 3개 종파와 50여 개 재야 단체가 연합한 가운데 1988년 7월 2일부터 4일까지 열려 통일을 위한 노력을 다짐한 바 있었다.

이런 종단간의 움직임 속에서 1993년 7월에 개신교, 천주교, 불교, 원불교 등 4개 종단의 통일운동 연대기구인 '민족의 화해와 통일을 위한 종교인 협의회'가 출범하였다. 서울 연지동 기독교회관 2층 예배실에서 창립총회를 갖고, 공동대표에 김상근 목사, 함세웅 신부, 지선 스님, 김 현 교무 등 4명을 선출했다. 이날 총회에 참석한 인사들은 한국 기독교사회연합, 전국목회자정의평화실천협의회, 한국교회여성연합회, 천주교정의구현전국사제단, 실천불교전국승가회, 원불교사회개벽교무단 등에서 주도적 역할을 하는 인사들이어서 사실상 이 단체들의 총합과 같은 성격을 띠게 되었다.

이 협의회가 발족하게 된 동기에 대해, 정부 안에 반통일세력이 인적, 제도적 장벽을 확고히 구축하고 있으며, 통일문제에 관해 이전보다 전향적으로 임하는 새 정부가 오히려 더 강경하게 창구 단일화 논리를 펴면서 민간통일운동을 제어하려는 경향을 보이고 있는 상황에 맞서 위축된 민간통일운동을 활성화하려는 것이라는 설명을 하였다. 협회는 이날 발표한 선언문을 통해 앞으로 "통일운동에 대한 다양한 접근법을 존중하고,…… 이 바탕 위에서 민간의 자주적 통일 운동 세력들이 작은 차이들을 극복하고 하나가 되는 데 기여하고자 한다."라고 밝혔다.

통일을 위해 많은 사람들이 의견을 모으고 힘을 합하는 것은 바람직스러운 일이나, 이것이 일부 급진적 인사들의 일방적 주도로 이끌려 가는 것은 바람직하지 못할 뿐만 아니라, 모두가 참가해야 할 과제인 통일문제를 편향적으로 몰고 갈 위험이 있다는 점 또한 경계해야 할 것임을 지적해 두어야 하겠다.

한국기독교교회연합회(NCC)는 글리온에서 남북 대표들이 모여 합의한 대로 1995년을 희년(禧年)으로 삼고, 그 때까지 남북통일을 이룬다는 목표 아래 남북이 합심하여 기도하면서 다양한 사업을 벌였으나 그런 꿈은 이루어지지 않았고, 아직도 통일의 날은 멀리 있는 것같이 보인다. 북한의 동포들이 수해로 인해 굶주려 죽어 가고 있다고 하는 슬픈 소식이 전해지고 있는데, 우리 동족들은 언제까지나 이런 고난의 세월을 보내야 하는지 안타까운 마음을 금할 수 없다. 그러나 통일은 우리에게 언젠가는 이루어질 것이다. 그러나 그것이 언제인가 하는 문제는 오직 하나님만이 아실 뿐이다. 우리는 다만 이 일이 속히 이루어지기 위해 기도하고 노력할 뿐이다.

결 론

　우리 민족은 반만 년의 역사를 이어 왔다. 그러나 그 역사는 수난의 연속이었다. 강대국 사이에서 항상 전쟁에 시달렸으며, 침략과 수탈의 연속으로 영일(寧日) 없는 나날을 보내 왔다. 그러나 그러한 와중에서도 잡초처럼 끈질긴 생명력은 쇠잔하지 아니하고 그 명맥을 이어 오고 있다. 때로는 투쟁으로, 때로는 움츠러들면서도 민족의 얼은 꿋꿋이 살아 있어 후대에 전수되어 오늘에 이르고 있다.
　우리 민족의 역사 속에 잡다한 종교들이 부침(浮沈)했지만, 그것들 중 어느 하나도 우리 민족의 종교로서 자리잡지 못하고 명멸(明滅)하고 말았다. 따라서 외국 사람들이 우리 민족을 보고 종교가 없는 민족이라는 말들을 하기도 하였다. 그러나 이것은 곧 기독교가 이 땅에 들어오기에 적당한 토양을 제공했다는 의미이기에 여간 다행한 일이 아니다.
　하나님의 섭리로 우리 민족에게 기독교 복음이 들어온 지 벌써 2세기가 지나고 있다. 먼저 이 땅에 들어온 로마 가톨릭교회는 혹독한 고난과 박해 속에서도 그 교회의 무수한 순교자들의 피를 밑거름으로 성장하면서 영욕(榮辱)의 역사를 지녀왔다. 개신교회는 로마 가톨릭교회보다 1백 년 늦게 들어왔지만 어쩔 수 없이 개국한 나라의 형편과 맞물려 서구 제국들의 내한과 더불어 이 땅에 선교의 기틀을 마련하게 되었다. 개신교는 밀려오는 일본 제국주의에 저항하는 우리 민족과 더불어 정치적 운동에 개입하여 연대투쟁은 하지 않았지만 항일하는 일에 있어서 여러 모양으로 결속함으로써 놀라운 선교의 성공을 거둘 수가 있었다.

뒤떨어진 문화와 과학의 발전을 염원하면서 국가의 장래를 염려하던 민족의 지도자들이 교회로 밀려들어 왔고, 도탄에 빠져 헤매이던 일반 백성들은 새로운 신앙에 몰입함으로써, 기적과 같은 교회성장을 가져올 수 있게 되었다. 이는 하나님께서 우리 민족을 사랑하셔서 수천 년 동안 참하나님을 알지 못하고, 거짓된 신을 섬기며, 사신 우상을 섬기면서 어두움 속에서 살아 오던 우리 민족에게 복음을 허락하셔서 우리가 살아 계신 참하나님을 섬길 수 있게 되었고, 예수 그리스도를 통하여 영원한 생명을 소유할 수 있게 된 것은 하나님의 섭리에 기인한 것임을 고백할 수밖에 없다.

일제 치하에서 나라를 빼앗긴 설움에 울던 백성들에게 내일에 대한 소망을 제공하고 고난 속에서 하늘을 향에 두 손 들고 애원할 수 있는 믿음과 비전을 제공해 준 교회는, 이 민족과 더불어 울고 웃던 가장 친근한 벗이었다. 일제 말엽의 왜곡된 역사의 소용돌이 속에서 굴절된 모습을 보인 때도 있었지만, 그 마음속에 타고 있는 신앙의 불꽃은 꺼지지 않고 밝아 오는 새벽을 기다리고 있었다. 6 25의 참화와 군사독재의 암울한 시대에도 교회는 늘 그 자리에 의연히 서 있어 민족의 지표로서의 위치를 확보하기 위해 노력했던 모습도 찾아볼 수 있다.

이제 한국교회는 21세기의 새 시대를 맞는 문턱에 서 있고, 선교 2세기에 접어든 지 이미 10여 년이 지나고 있다. 한국교회는 하나님께서 우리 민족을 향해 원하시는 뜻을 헤아려 이 시대에 짊어지고 갈 십자가를 직시하고 그 사명 감당을 위해 최선을 다해야 할 것이다. 특별히 한국교회는 이제 우리 민족 역사 속에서 자행한 온갖 부끄러운 역사를 청

산하기 위해서 참회운동과 더불어 새로운 각오로 이 시대에 주어진 사명을 감당해 나가야 할 것이다. 이 민족과 교회 속에서 역사하신 하나님께서 불원한 장래에 통일을 허락하실 줄 믿으며, 통일된 조국의 하늘 아래서 남과 북이 하나가 되어 이 민족과 세계를 위한 사명을 감당할 책임을 재확인해야 할 것이다.

교회의 사명은 민족과 국가의 갈 길을 제시해 주는 것이며, 올바른 역사관과 가치관, 그리고 시대적 사명을 자각케 함으로써 민족의 의식과 문화 속에 깊이 뿌리박아 기독교가 참된 의미의 우리 민족 종교가 되기 위해 부단한 노력을 경주해야 할 것이다.

"오직 하나님께만 영광이 있을지어다."(Soli Deo Gloria).

한국기독교회사연표

연대	주요사건
635	네스토리우스파 선교사 알로펜(Alopen)이 당나라에 도착. 태종의 환대를 받고 선교 시작.
1235	프란시스칸 수도사 윌리암 루브르크(W. Rubruck) 한국을 서구세계에 소개.
1549	그레고리오 데 세스페데스(G. de Cespedes) 신부 경남 웅천에 머물다 감.
1610	허균 북경에 가서 가톨릭 신앙과 접촉.
1644	소현 세자와 아담 샬(Adam Schall) 친교, 소현 귀국 후 곧 사망.
1777	권철신, 정약용, 정약전, 이 벽 등이 경기도 광주군 소재 주어사(走魚寺)에서 천주교리 학습.
1784	이승훈 북경에서 그랑몽 신부로부터 베드로란 영세명으로 영세.
1785	서울 진고개의 김범우 집에서 교도 다수 모여 교회 시작.
1790	조상제사 반대문제로 박해 시작.
1791	전라도 진산에서 윤지충, 권상연 사형당함. 신해교난의 시작.
1792	북경 주교 구베아, 교황 비오 6세에게 조선교회 설립을 보고.
1794	청국인 신부 주문모 밀입국.

1800		김대비의 섭정, 전국 천주교도 1만여 명에 달함.
1801	2	신유교난. 이승훈, 정약종의 순교, 정약전, 정약용의 정배(定配).
	7	황사영 체포, 백서사건.
1825		정하상, 이여진 등이 로마교황에게 서한 전달.
1831	9	로마의 그레고리 16세, 조선교구 설정.
1832	4	조선 초대 주교 브뤼기에르, 조선 향발(向發).
	6	선교사 귀츨라프 황해도, 충청도 연안에서 선교 시도.
1836	12	김대건, 최방제, 최양업 3명이 마카오로 유학.
1839	2	기해교난의 시작.
	10	척사윤음을 발표.
1845	8	상해에서 김대건이 최초의 한국인 신부가 됨.
1846	7	김대건의 순교.
1866	7	미선 제너럴 셔먼호 대동강에서 소각되고, 영국인 로버트 토마스 목사 순교.
	10	프랑스군 강화도에서 패전, 퇴각.
1871	4	척화비 세움.
1874		파리에서 달레의 「조선교회사」 출간.
1876	2	일본과 병자수호조약 체결.
		만주에서 이성하, 이응찬, 백홍준, 김진기 등이 한인 최초로 신교신자로 수세.
1882	4	한 미 수호조약 체결.
		목단(牧丹)에서 존 로스와 서상륜이 마가, 누가복음 번역 간행.
1883	4	일본에서 이수정이 세례받고 입교, 목단에서 서상륜이 요한복음 번역 간행.
1884	9	미국 장로교의 알렌(H. A. Allen, 安連) 의사 서울에 도착.
	12	솔내에서 한국 최초의 예배당 건립.
		일본 횡빈(橫濱)에서 이수정이 마가복음 번역 간행.
1885	4	광혜원 설립, 언더우드, 아펜젤러의 입국.
1886	6	스크랜턴 여사, 이화학당 설립.
	7	노도사(노춘경) 국내 최초로 수세.
1887	9	새문안교회 설립.

	12	국내 최초의 성찬식 거행.
1889	3	언더우드가 의주 건너편 안동에서 33명에게 세례를 베품.
	10	호주 장로교회 데이비스, 캐나다 펜위크 도착, 한국 전도시작.
		북장로교의 마펫(S. A. Moffett) 목사 내한.
1890	6	지프에 있는 존 네비우스 목사 부부 내한, 네비우스원칙 제공.
	9	언더우드, 서울에서 최초로 사경회 개최.
1892		수요예배(3일)의 시작.
1894		평양, 숭실학당 설립.
		장로교 「찬양가」 서울서 발간.
1895		청 일전쟁으로 교회 피해 막대.
	10	민황후 시해 당함, 춘생문 사건.
1896		서병호(徐丙浩), 최초의 유아세례 받음.
1897	5	경기도 고양에 최초의 남감리교회 설립.
	9	알렌, 미국 대리공사로 임명됨.
	6	캐나다 장로교 한국선교 시작.
1900		평양의 김종섭과 송천의 서경조, 장로 취임.
	5	신약전서 완역, 횡빈(橫濱)에서 인쇄 37,000부 발간.
		평북 선천북교회에서 최초의 전도회 조직.
1901	5	제주도에서 천주교 신축민란.
		평양의 마펫 선교사가 신학생(김종섭, 방기창) 2명을 교수하기 시작함.
		북감리교 김창식, 김기범, 최초의 평신도 목사로 안수.
1902		아펜젤러 선교사 군산 앞 바다에서 익사.
1903	10	러시아 정교회 한국교회 설립.
1904	10	최근대식 세브란스 병원 준공.
1905		장로교에 독립장로교회 창립을 확정 계획, 장로교 12신조 채용 결의.
	7	헐버트, 고종의 부탁으로 워싱턴으로 밀파.
1906		안식교의 삼육학교 설립.
	10	성서공회에서 고종에게 신약전서 2권 헌상함.
1907	1	평양, 원산, 서울, 목포를 중심으로 전국에서 대부흥회.
	6	감리교 협성신학교 설립, 장로회신학교 제1회 졸업식, 7인 졸업.

	9	장로회독노회 창립, 제주도에 이기풍 목사를 전도인으로 파송.
	12	평양에 안창호가 대성학교 설립.
1909	10	가톨릭 신자 안중근이 만주 하얼빈에서 이또오 히로부미를 격살.
1910	2	'백만인 구령운동' 교파연합으로 진행.
		에딘버러 국제선교협의회에 윤치호 파견.
	8	한 일병탄.
1911	1	협성신학교 제1회 졸업식.
		구약성경 완역, 예수교서회에서 간행.
1912		남감리교 선교연회 조직, 양주삼, 정춘수, 김흥순 등 목사 안수.
		'105인 사건'으로 윤치호 이하 120여 명을 기소 재판, 105인 유죄판결 받음.
	9	장로회 총회 조직, 피어선 성경학교 개교.
1913	8	성공회, 한국 최초 김희준, 구건조 부사 성직.
1914	1	성공회신학교 강화(江華)에서 개교.
1915	3	조선총독부 개정사립학교규칙 발표, 기독교교육의 대폭 제한.
	7	언더우드, 연희전문학교 설립.
1916	2	협성신학교 「기독신보」 창간.
1918	3	장로회신학교 계간지 「신학지남」 창간.
	7	'조선기독교회'의 김장호 목사, 장로교에서 정직 처분.
	10	대구의 이만집 목사 자치운동 시작.
1919		만국장로연합협회에 임종순, 남궁혁 파견.
	3	3 1운동에 교회의 대대적인 참여와 그 피해 손실 막대, 평양 장로회신학교의 개교 연기.
1921	9	동양선교회, 조선예수교동양선교회 성결교회로 개칭.
	11	제1회 전국주일학교 대회.
1922		세계기독교학생대회에 신흥우, 이상재, 김활란, 김필예 등 참석.
	10	서울 대한여자기독교청년회(YWCA) 창립.
1923	1	대구 남성교회의 이만집 목사, 장로교에서 분열 자치선언.
1924	3	김교신 무교회주의 제창.
	5	조선여자기독교청년회 세계 YWCA에 가입.
1925	3	성결교 교리, 조례 제정 발표.

1926	5	성공회 정동대성당 축성(祝聖).
1927	5	토마스 목사 순교기념회 결성, 무교회주의 성서연구회 설립.
1928		예루살렘 국제선교협의회에 정인과, 양주삼, 신흥우, 김활란 참석.
1930	7	이용도 목사의 부흥회 전국에서 시작.
	12	조선 남 북감리교연회 합동하여 '조선감리교회' 설립, 초대 총리사에 양주삼 목사.
1931	9	천주교 조선 교구 설립 100주년기념대회.
1932	4	감리교 남녀 협성신학교 통합, 감리회신학교로 발전.
		월간「신앙생활」창간, 주필 김인서.
	10	원산신학산파의 접신극 사건.
1933	7	이용도 목사, 장로교와 감리교에서 각각 이단정죄, 10월 별세.
		조선예수교회 설립, 대표 이호빈, 이종현, 백남주.
1934		유형기 목사 편「아빙돈단권주석」발행.
1935		신사참배문제 한국교회 시련 시작.
	9	장로교총회 김춘배 목사의 여권문제, 김영주 목사의 창세기 저자문제,「아빙돈단권주석」을 이단으로 정죄.
	12	복음교회 창설, 초대감독 최태용 목사.
1937	3	한국어의 사용을 총독부가 강력 금지함,「표준성경주석」1권 발행.
1938		평양 숭실전문학교, 신사참배 반대 폐쇄.
	9	장로교 제27회 총회에서 신사참배 불법으로 가결 선포.
		평양 장로회신학교 신사참배 반대로 폐쇄.
1939	3	조선신학원 기성회가 서울에서 김대현 장로, 차재명 목사 등을 중심으로 조직.
	5	김활란 이화여자전문학교 교장으로 취임.
	10	(후)평양 장로회신학교 재건.
1940	4	조선신학원 경기도지사 인가로 승동교회에서 개교.
		제1대 원장 김대현, 교수 김재준.
1941	6	무기휴교(1940. 10. 3)에 들어갔던 감리교신학교 재개교, 교장은 김인영.
	12	대동아전쟁 도발.
1942	3	「성서조선」필화사건, 김교신, 유달영, 노평구 등 검거.

	9	외국 선교사 전원 출국.
		한국인 최초의 천주교 주교 노기남 서울교구장 승좌(昇座).
1943	4	혁신교단 출현, 구약 대부분과 신약 및 찬송가의 일부 폐지 강요.
	5	동아기독교, 안식교 강제해산, 일본기독교 조선장로교단 조직.
1944	4	주기철, 이영한, 전치규, 최봉석 목사 등 순교.
		연희전문학교를 경성공업전문학교로 개칭케 함.
1945	8	해방, 남북한교회의 재건운동, 출옥성도들의 개혁안 제출.
1946	9	경남노회에서 고려신학교 설립(박윤선 목사, 한상동 목사).
		평양에 감리교의 성화신학교 개교, 교장 배덕영 목사.
		한상동 목사 경남노회 탈퇴.
1947	4	조선신학교 학생 51명 총회에 진정서 제출.
1948	8	WCC 창립총회(암스테르담)에 김관식, 엄요섭 참석.
1949		북한에서 기독교도연맹 총회장에 김익두 목사 취임(창립 1946년).
		일본교회, 한국 NCC에 과거 사죄 메시지 전달.
1950	4	장로회 총회가 대구에서 모였으나 조선신학교, 고려신학교 문제로 정회.
	6	6·25동란 발발. 송창근, 양주삼, 남궁혁, 박현명, 김유순 목사 등 납북.
1951		한국신학대학, 문교부로부터 대학 인가.
		총회신학교 개교, 총회에서 조선신학교의 합법성 부인, 고려파 장로회 분리.
1953		조선신학교파 기독교장로회로 분립.
1954		세계기독교통일신령협회(통일교) 조직, 대표 문선명.
	6	서울에 기독교중앙방송국 개국.
1955	3	감리교에 전밀라 목사 안수로 한국 최초의 여목사 탄생.
		한국예수교전도관 조직 창설, 대표 박태선.
1956	12	극동방송 개국.
1957	1	연희대학교와 세브란스의학전문학교 통합, 연세대학교로 출발.
1958	10	이화여자대학교에 기독교학과 설치.
1959	3	감리교 호헌파, 총리원파 합동 실현(감독 김종필).
	9	장로교, 통합과 합동 양파로 분열.

1960	2	예수회 경영의 서강대학 개교.
	4	4 19 학생의거, 박태선 장면 정권에 의하여 실형받음.
		고신파, 예장 NAE파와 합동총회.
1961	4	서울여자대학교 개교.
1963		고신파, 예장 합동파 각각 환원.
1964		연세대학교 안에 교파 합동의 연합신학대학원 설립.
1965	5	성공회 한국인 최초 주교 이천환, 서울 교구장 취임.
	7	전국신학대학협의회(KAATS) 창립.
1966		장로회 초동교회에서 최초의 신 구교 합동예배 거행.
1968		침례교의 두 교회가 합동하여 한국침례교회로 발족.
	4	김수환 대주교로 승품(陞品), 서울 대교구장에 착좌(着座).
1969		예수교장로회 통합측 WCC에 재가입.
	9	예수교장로회 합동측 삼선개헌 지지 성명.
1970		통일교 정통시비 문제로 교회 내 소란.
1971		신 구교 합동 성서번역판인 공동번역 완성 간행(성서공회).
1972	4	중부전선에서 3,478명 장병에 대한 최초의 합동세례식 거행.
	5	빌리 그래함 한국전도대회, 여의도에서 개최, 36,122명의 결신자.
	6	아세아방송국 개국.
1973	5	한국기독교 전국청년연합회협의회 발족.
	8	'엑스폴로 74' 기독교 세계복음화대회(여의도).
1978	10	대한감리회 합동총회, 4부 연회 선출.
1979	1	NCC 6교단장 "통일교는 기독교가 아니다" 성명.
	10	박정희 대통령 시해 서거, 비상계엄령 선포.
1980	3	장신대, 감신대, 한신대, 서울신대에 공동박사 과정 개설.
	5	전국교회 광주민주화운동 수습기도회.
1981	2	한국장로교협의회 창립.
	10	조용기 목사 이단 시비.
1082	9	NCC 일본의 역사왜곡 사건에 성명 발표.
1983	12	「통일찬송가」 발행.
1984	5	로마교황 요한 바오로 2세 한국 방문.
	8	한국 기독교 100주년 선교대회.

1985	6	한국 기독교지도자협의회 단군성전 문제대책협의회 조직.
1986	1	신 구교 일치 기도회가 성공회 서울대성당에서 모임.
	4	미국교회협의회(ANCC) 북한방문단 방북.
1987	7	한국 성서 찬송가 100년 전시회 개최.
	9	새문안교회 창립 100주년 기념예배.
1988	3	연세대학교 100주년 기념관 봉헌예배 거행.
	5	문교부가 종교과목을 교양필수 선택을 하는 교육과정의 개정이 이루어짐.
	11	남북한 기독교지도자 2차 회의 스위스 글리온에서 개최.
1989	2	2 8독립선언 70주년 기념식 서울 YWCA 대강당에서 개최.
	3	전국민족민주운동연합 고문 문익환 목사 평양 방문.
1990	3	정의 평화 창조질서의 보전(JPIC) 세계대회 개최.
	4	한국천주교회 산하 평화방송(PBC) 개국.
	5	한국인 최초의 수녀 이비비 수녀 영결미사 대한성공회 서울대성당에서 거행.
1991	5	다미선교회 이장림 목사 광주실내체육관에서 1992년 10월 휴거 대성회 개최.
	9	일본그리스도교단 신사참배강요 공식사죄방문단 내왕.
		소망교회 곽선희 목사 개인자격으로 최초로 북한에 들어가 봉수교회에서 설교.
1992	4	기독교대한감리회 서울연회 재판위원회 변선환, 홍정수 교수 교단 재판사상 최고형에 해당하는 출교구형.
	5	영락교회 한경직 원로목사 1992년 템플턴상 수상.
	10	시한부종말론자들의 10월 28일 휴거설은 불발로 끝남.
1993	4	남 북교회 처음으로 부활절 연합예배.
	9	(통합측) 여성안수 헌의에 대하여 기각 결의.
	10	조용기 목사 사이비문제 논란.
1994	1	빌리 그래함 평양서 집회 및 김일성 면담.
	7	김일성 사망.
	9	대한예수교장로회 통합측 여성안수 결의.
1995	2	'제암리교회사건' 일본 역사교과서에 수록.

	4	예장(통합측) '여성안수' 노회 수의결과 압도적 가결.
	12	기독교 TV 방송 시작.
1996	2	한국기독교교회협의회 집단지도체제로 전환키로 결정(공동회장 - 교단대표).
	3	예장 합동개혁 1, 2, 합동보수 1, 2, 합동총회, 보수연합이 대한예수교장로회(합동개혁)로 통합.
	4	예장 통합측 최초의 여장로 안수(안동교회, 박숙란 장로).
		예수교대한성결교회 분리 총회 개최(총회측, 신학교측).
		기독교대한하나님의 성회 제45차 총회에서 한국기독교교회협의회에 가입할 것을 결의.
	7	기독여민회 창립 10주년.
		제1회 장신대 목회자 아카데미 개최(장소 - 장로회신학대학교).
		기독교대한하나님의 성회 - 한국기독교교회협의회 가입(8번째).
	9	여성안수기념 "연지교회" 창립.
		장로교 연합예배(장소 - 서울 명성교회, 8개 교단, 5,000여 명 참석).
	10	예장 통합측 최초의 여성목사 안수(울산동신교회, 박진숙 목사).
		언더우드 목사 서거 80주년 추모예배(미국).
		예장 독노회 총회에서 주기철 목사 복권 선언.
	11	중국 연길교회(담임목사 - 류두봉) 입당예배.
		예장 개혁측에서 목회자 윤리강령 발표.
		기독교대한하나님의 성회 통합측과 수호측 통합 선언.
1997	1	한국교회 주요 14개 교단에서 "한국기독교북한동포후원기구" 조직 결의.
		정부에서 국가고시 평일 실시 발표.
		성직자 1천 인 시국 선언.
	3	남 · 북 미교회협의회 개최(뉴욕).
	4	1997 한 · 미교회협의회 개최(스위스 로잔).
		예장 통합측 서울 동노회에서 주기철 목사 복권 선언 및 장로회신학대학교에서 주기철 목사 졸업대장 등재 결의.
	5	한 · 중교회협의회(한국기독교교회협의회 · 중국기독교협회, 장소 - 중국 남경).

	6	"독일교회의 날" 남북교회 대표자 회동.
	7	중국 연길시 연길교회 헌당.

      6   "독일교회의 날" 남북교회 대표자 회동.
      7   중국 연길시 연길교회 헌당.
           한국장로교협의회와 예장협의회 통합→한국장로교총연합회 출범.
      8   세계개혁교회연맹 제23차 총회.
           제1회 한 중 기독교 학술 문화 세미나.
     10   숭실대학교 개교 100주년.
           세계개혁교회연맹 동북아 지역 협의회 총회 및 신학협의회 개최.
     12   한국교회 주요 15개 교단장 경제위기 극복을 위한 시국선언문 발표.
           이기풍 선교센터 준공 감사예배.
           예장 통합측 남선교회 70주년 기념교회(조양교회) 입당.
           예장 통합측 여교역자연합회 20주년 기념교회(예지교회) 창립.

1998   1   예장 합동측 중심의 보수교단 연합으로「예장출판사」창립 총회(6개 교단연합).
           영국성서공회가「예수성교누가복음젼셔」를 대한성서공회에 기증(전 세계에 단 6권만 존재).
      3   「한반도의 통일과 나눔」협의회(남 북 호주 일본, 장소 – 호주 에드몬드 라이스 수양관).
           예장 통합측과 일본 예수그리스도교단 선교협약 체결.
      4   한국장로교총연합회에서 매년 성령강림주일을 장로교 일치주일로 제정 선포.
      5   아 태 성결교회연맹총회(7개국 참가, 주제 – "21세기 아시아 태평양 성결교회 연맹과 세계 선교", 장소 – 서울 올림픽파크텔).
           이기풍 선교기념센터 개관.
      7   1998 한 일십자가 대행진.
      8   제1회 기독교 교사대회(주제 – "다음 세대를 책임지는 기독 교사", 장소 – 강원대학교).
           제1차 해외 한인교회 교육과 목회 세미나(장소 – 이기풍기념관).
           한 일 도시, 농어촌 선교(URM)협의회(주제 – "세계화 사회에 있어서의 한 일 URM운동의 과제와 역할").
           제7회 세계 칼빈 학술대회(장로회신학대학교, 횃불 트리니티신학대학원).

개역개정판 성경전서 출판(대한성서공회).
9 범교단 신사참배 교단분열 참회 및 구국기도회.
제1회 장신 국제학술대회 개최(주제 - "통일 이후의 삶 : 자본주의와 사회주의와의 만남, 그 이후").
제18차 세계 오순절대회 개최(주제 - "21세기의 오순절", 장소 - 여의도순복음교회, 잠실 올림픽 주경기장, 80개국, 8,000여 명 참가).

간추린 **한국
교회의
역사**

초판발행 1998년 12월 5일
6쇄발행 2012년 9월 10일

지 은 이 김인수
펴 낸 이 채형욱
펴 낸 곳 한국장로교출판사
주   소 110-470 / 서울 종로구 연지동 135 한국교회100주년기념관 별관
전   화 (02) 741-4381 / 팩스 741-7886
영 업 국 (031) 944-4340 / 팩스 944-2623
등   록 No. 1-84(1951. 8. 3.)

ISBN 978-89-398-0069-4 / Printed in Korea
값 10,000원

편 집 장 정현선   **표지디자인** 김지수
업무과장 박호애   **영업과장** 박창원

※ 이 출판물은 저작권법에 의해 보호를 받는 저작물이므로 무단전재와 무단복제를 할 수 없습니다.